民主主義の死に方

How Democracies Die

二極化する政治が招く独裁への道

スティーブン・レビツキー
ダニエル・ジブラット
濱野大道 訳
池上彰 解説

新潮社

民主主義制度が民主主義を殺す

解説・池上　彰（ジャーナリスト）

〈「訓練も経験も積んでいない六〇過ぎの素人《しろうと》が、大統領選に出るって?」と彼は言った。「そんなバカげた話はない」〉

思わず二〇一六年のアメリカの話だと思ってしまいそうだが、これは一九二四年のアメリカ大統領選挙に立候補を考えていた自動車王ヘンリー・フォードについての当時の上院議員の感想だ。

一九二四年のアメリカでは、ドナルド・トランプのような人物は党の大統領候補にすらなれなかった。それなのに、なぜ二〇一六年はそうでなかったのか。この本は、その謎を解き明かそうというものだ。

本書を読むと、民主主義体制がいかに脆弱であるかを痛感する。脆弱であるからこそ、かつて民主的な選挙で選ばれた政治的リーダーたちが次第に独裁化していくとき、それを阻止できなかったのだ。ドイツのヒトラー、フィリピンのマルコス、ベネズエラのチャベス、ロシアのプーチン、トルコのエルドアン……。

本書の著者は、こう断言する。〈今日の民主主義の後退は、選挙によって始まるのだ〉

トランプ快進撃を見誤る

二〇一五年夏、私はテレビ番組で、翌年のアメリカ共和党の大統領候補選びに不動産王のドナルド・トランプ氏が名乗りを上げていることを紹介した。女性蔑視の暴言を繰り返し、民主的な手続きを軽んじる。女性関係のスキャンダルが次々に出て来る。歴代の大統領候補は自身の納税証明書を公開して、自分がいかにきちんと納税しているかをアピールするが、それを拒否。大金持ちなのに税金を納めていない疑惑が浮上している。それでもテレビの選挙報道では人気を得ている。

こんな解説に対し、番組キャスターが、「で、トランプさんはどこまで行くんでしょうね？」と問いかけた。私は、「まあ、来年までには消えていくでしょうね」と答えたのだ。

私は間違っていた。消えるどころか、翌年になると、トランプの勢いは一段と強まった。ツイッターを駆使し、並みいる共和党のライバルを次々になぎ倒した。

ただし、そのなぎ倒し方が凄かった。共和党のライバルのマルコ・ルビオに対しては「ちびのマルコ」、ジェブ・ブッシュには「弱虫」、テッド・クルーズには「ウソつきテッド」と悪態のつき放題。これでは政策をめぐる討論にはならない。政策で討論しようと待ち構えていた共和党のライバルは、これで調子を狂わせ、テレビで見ていると、まるでトランプに言い負かされているように見えてしまった。実際には討論にはなっていなかったし、トランプの話に実のある政策の話はなかったのだが、政策を語ろうともしないアウトサイダーに、政治のベテランは翻弄された。

「訓練も経験も積んでいない七〇過ぎの素人」に、ライバルはことごとく討ち死にした。

トランプの政治集会を取材したが、どこに行っても演説はワンパターンだった。「ＩＳ（イスラム国）をつくったのはオバマだ。ヒラリーはインチキな犯罪者だ。俺が大統領になったらヒラリーを刑務所にぶち込む。メキシコとの国境に壁を築く」

政治漫談とでも呼べるだろうか。それでも支持者は熱狂した。いや、だからこそ「わかりやすい話だ」と支持者は納得した。そして遂に共和党の大統領候補の座を勝ち取った。

だが、大統領候補を指名する共和党大会でトランプを支持する演説をする人は少なかった。共和党主流派は、トランプを忌み嫌って応援演説を断ったからだ。大会の時間をもたせるため、会場ではバンド演奏を何度も挿入して時間を稼ぐ始末だった。それでもトランプの指名を阻止するには至らなかった。

その後もトランプの勢いは止まらない。選挙中には、トランプの女性蔑視の発言が暴露されたり、トランプにセクハラされた女性たちが次々に名乗りを上げたりしたが、トランプの支持率は下がらなかった。従来の政治の常識が全く通用しなかったのだ。

「どちらが勝つかわからない」

そんな様子が、日本にいるとわからなかった。二〇一六年秋、日本国内では「大統領選挙はヒラリーの勝ち」というムードだった。

このとき、アメリカで取材をしていた私は、「選挙の結果は予断を許さない。どちらが勝つかはわかりません」とリポートした。アメリカの地方に行くと、トランプが破竹の勢いだったからだ。対抗馬の民主党のヒラリー・クリントンは、経験豊富だが「既成の政界の汚辱にまみれている」と否定的に受け取られていた。政治集会に女性は集まるが、高齢者ばかり。若者の姿がない。

それに対して、政界に汚染されず、不動産業で大成功を収めている実業家。「彼ならアメリカを立て直してくれるのではないか」と期待が高まる。

そんな様子を肌で感じていたので、「どちらが当選してもおかしくない」と言っていたのだ。日本国内では、「そんなこと言って……」と、あまり真面目に受け取ってもらえなかったが。

日本国内でのアメリカのニュースの多くは、「ニューヨークタイムズ」や「ワシントンポスト」の報道に依拠している。ニューヨークや首都ワシントンなど東海岸のインテリたちは、トランプの粗野な言動に辟易し、消極的にヒラリーを支持していた。彼らを取材源にしている両紙も、自然とヒラリー優位の見解に立っていた。

当時、私はテレビの取材でトランプ人形を購入し、持ったままでニューヨーク・マンハッタンのイタリアンレストランに入った。周囲で食事をしている人たちが、トランプ人形を見て笑い出した。軽侮の笑いだった。こんな雰囲気の中で取材していたら、ヒラリーが勝つのは当然だと思うだろう。

だが、アメリカの大統領選挙の仕組みは、トランプ候補に有利に働いた。大統領選挙は日本で「直接選挙」と説明されることが多いが、実際は異なる。有権者は「大統領選挙人」を選び、大統領選挙人が大統領を選出するという「間接選挙」なのだ。

米国民はヒラリーを選んだはずだった

二〇一六年の大統領選挙で、総得票数ではヒラリーがトランプより二九〇万票も多かったのだが、大統領選挙人の数はトランプの方が多かった。

なぜ、こんな仕組みになったのか。本書がわかりやすく解説する。合衆国憲法の起草者たちは、〈一般市民が候補者の適性を確実に判断できるとは考えていなかった。アレクサンダー・ハミルトンが心配したのは、人気投票だけで大統領が選ばれた場合、恐怖や無知を巧みに利用する人物がいとも簡単に当選し、暴君として国を支配するようになるのではないかということだった〉。

そこで各州が有識者を選挙人として選び、彼らが自分たちに代わって投票するようになった。しかし、やがて政党が登場すると、各州は、特定の政党支持者を選ぶようになる。

かくして大統領選挙は州ごとに予備選挙が実施されるようになっていたが、実際に決定権を持っていたのは「組織人」と呼ばれていた政党のインサイダーだった。

国民や政党の党員の意向にかかわらず、党の幹部たちが党の大統領候補を決めていた。いまから見れば、とても民主的な選出方法ではないが、その結果、とんでもない候補、いわゆるアウトサイダーが選ばれることはなかった。政党が「門番」の役割を果たしていたという。

フォードもリンドバーグも阻止できた

もし一九二四年に、現在のような民主的な選挙システムがあったなら、ヘンリー・フォードが民主党の大統領候補になっていた可能性が高い。フォードは当時、国民の熱狂的な支持を受けていたからだ。民主党の候補者になれば、本選挙でも勝ち抜いて、大統領になっていた可能性が高いだろう。

私たちはヘンリー・フォードのことを自動車のフォードを大量生産するシステムを築いた自動車王としてしか認識していないが、フォードは反ユダヤ主義者で人種差別主義者だった。ドイツのアドルフ・ヒトラーはフォードを絶賛していた。その後、一九三八年にナチ政権はフォードに勲章を贈っている。

もしフォードが大統領に就任していたら、アメリカは反ユダヤ主義の立場でドイツと協力していたかもしれない。歴史は大きく変わっていただろう。皮肉なことに民主的な制度がなかったことで、アメリカの民主主義は守られたのだ。

フォードが民主党の大統領候補になるのを阻止したシステムは、一九四〇年の共和党大会でチャールズ・リンドバーグが候補になるのを阻止するときにも働いた。リンドバーグといえば、大西洋を無着陸で単独横断飛行した英雄だ。アメリカ国民の圧倒的な支持を得たリンドバーグは、「民族純化」を唱え、ナチ政権下のドイツを回って勲章を授与されている。アメリカ大統領への野心を隠さなかったリンドバーグは、「アメリカ優先委員会」(アメリカ・ファースト・コミティ)を代表して全米を演説して回ったという。このとき「アメリカ・ファースト」という言葉が出ているのだ。

ここで私たちは、「アメリカ・ファースト」をスローガンにして大統領選挙に勝った候補のことを思い出す。

だが、このとき共和党の幹部たちは、リンドバーグの過激な主張を恐れ、党の候補者にはしなかった。ここでまた、民主的でない仕組みのおかげで民主主義は救われた。

とはいえ、民主的な仕組みが整備されていないことには不満が高まる。全国から選ばれた代議員たちが多数決で大統領候補を決めるべきだという声が高くなり、一九七二年の大統領選挙から、現在のようなシステムが確立した。〈民主・共和両党の圧倒的大多数の代議員が州単位の予備選挙や党員集会で選ばれることになった〉

当時、この改革に先立ち、二人の政治学者が、こう警告していたという。

〈事前選挙によって過激派や大衆扇動家の候補が生まれやすくなる。党への忠誠心をもたない彼らには失うものなど何もなく、平気で国民の憎悪を掻き立て、くだらない約束をするにちがいない〉

恐るべき慧眼だったというべきだろう。「民主的」なシステムになった結果、何が起きたのか。

「民主的な制度」が民主主義を破壊する

二〇一六年の大統領選挙中、共和党幹部たちは青くなっていた。アウトサイダーで政治経験が全くないドナルド・トランプが共和党の大統領候補になる勢いだったのに、これを阻止する手段がなかったからだ。幹部たちが鳩首《きゅうしゅ》協議を重ねたが、かつてのようなシステムは存在しなかった。共和党の予備選挙で圧倒的な強さを見せたトランプを、幹部たちが阻止するわけにはいかなかった。幹部たちは、トランプが大統領候補になるのを、なす術《すべ》もなく見ているしかなかった。

つまり、予備選挙という大変民主的な制度を導入したことで、とても民主的とは呼べない候補が当選する道を開いたのだ。

トランプはかつて民主党員だった。途中で共和党に鞍替えしたが、共和党員としての活動歴があったわけではない。仲間の共和党員を平気で罵る彼には、共和党への忠誠心など存在しなかった。予言通り〈党への忠誠心をもたない〉人物が候補者になり、民主党のヒラリーへの〈国民の憎悪を掻き立て〉、メキシコとの国境に壁を建設するという〈くだらない約束をする〉ことになった。

政治経験がないトランプ大統領は、中国と台湾の歴史的経緯も朝鮮戦争のことも国際貿易のことにも無知をさらしながら、世界を混乱に巻き込んでいる。

ギングリッチから始まった

トランプが当選する土壌は、最近になって生まれたわけではない。一九七九年、ニュート・ギングリッチが共和党の下院議員に当選し、首都ワシントンにやって来たときから、共和党の変質が始まったと著者は指摘する。

ギングリッチは、手段を選ばない民主党叩きを始める。〈政治を戦争とみなす〉人物だという。議会を「腐敗している」と非難し、民主党議員をムッソリーニに喩えるという過激な言説で有名になり、一九九五年から九九年まで下院議長を務めた。

当時、民主党のビル・クリントンの不倫疑惑が出るや、これを徹底的に追及したことで知られるが、あまりに執拗な攻撃ぶりに有権者が愛想を尽かし、共和党の支持率が下がったために責任を取って議員を辞職した。

民主党を叩くためなら手段を選ばず、議会が混乱しても構わない。ギングリッチの手法は、これ以降、共和党の常套手段になっていく。

そのギングリッチは、クリントン大統領の不倫疑惑を追及中、実は自分も不倫をしていたことを、後になって告白。病気になった妻を捨てたことで批判を受けることになる。

しかし、彼はめげない。

二〇一二年の大統領選挙で民主・共和両党の候補者選びが始まる前、私はアメリカのアイオワ州にいた。この州は全米で最初に党員集会が開かれる場所だ。共和党を支持するキリスト教福音派は、ここで共和党から立候補しようとしている政治家たちを集めて立会演説会を開催した。福音派として、誰を支持すべきか探るためだ。当方としても、どんな人物が共和党の大統領候補になりうるのか知りたい。候補者の品定めの取材中、人混みの中から脂ぎった野心満々の白髪の男性が現れ、私に握手を求めた。ギングリッチだった。

といっても、私を認識していたわけではない。集会参加者と片っ端から握手をしていただけだったのだ。

「柔らかいガードレール」という概念

それにしても、なぜアメリカの政治はこんな状態になってしまったのか。著者は「柔らかいガードレール」という概念で説明する。合衆国憲法はよくできているが、憲法があるから民主主義が守られていたわけではない。競い合う政党同士が「相互的寛容」と「自制心」を持っていたからだという。〈寛容と自制の規範はアメリカの民主主義の〝柔らかいガードレール〟として機能し、党派間の闘いを避けるために役立っていた〉というのだ。そのガードレールがないと、〈党同士の血みどろの闘いが生まれ、〈一九三〇年代のヨーロッパや一九六〇～七〇年代の南米など世界じゅうで民主主義を崩壊させてきた〉。

トランプ大統領が誕生したということは、アメリカで、この「柔らかいガードレール」が機能しなくなっていることを示している。

どうして機能しなくなったのか。詳しくは本書をどうぞ。本書の分析は実に明晰で説得力がある。

いまのアメリカの姿が見えてくるのだ。

では、アメリカの民主主義を強くするにはどうしたらいいのか。「柔らかいガードレール」を再建するしかない。それこそが民主主義を復興させることになる。

このところ日本でも「安倍一強」体制の下で、国会の討論が討論として機能しなくなっている。官僚たちは上を見て忖度《そんたく》し、政党同士は罵り合う。最終的には数を頼んでの強行採決で法案が成立していく。

日本の「柔らかいガードレール」はどうなるのだろうか。

二〇一八年七月

装幀　石間 淳

家族に捧げる
リズ・ミネオとアレハンドラ・ミネオ＝レビツキーへ
スリヤ、ライラ、タリア・ジブラットへ

民主主義の死に方　二極化する政治が招く独裁への道　目次

※訳注は〔　〕で示した。

民主主義の死に方

二極化する政治が招く独裁への道

HOW DEMOCRACIES DIE
by Steven Levitsky and Daniel Ziblatt

Published in agreement with the author,
c/o BAROR INTERNATIONAL, INC., Armonk, New York, U.S.A.
through Tuttle-Mori Agency, Inc., Tokyo

はじめに

　アメリカの民主主義は危険にさらされているのか？　まさかこんな質問を投げかけることになるとは思っていなかった。私たちふたりは一五年来の同僚で、世界のほかの場所やほかの時代に起きた民主主義の崩壊について考え、執筆し、学生たちに教えてきた。ヨーロッパの暗黒の一九三〇年代、南米の抑圧的な一九七〇年代……。私たちはこれまで何年ものあいだ、世界各地に出現した独裁政治の新たな形について研究してきた。民主主義がどのように、そしてなぜ死ぬのか？　それを追究することこそ、私たちの職業においてもっとも大切なことだった。

　しかしふと気づくと、私たちはこの国に視線を向けようとしていた。この二年のあいだに多くの政治家がとった言動は、アメリカ合衆国では前例のないものばかりだった。しかしそれは、世界のほかの場所で起きた民主主義の崩壊において前兆となってきたものだった。それでも、多くのアメリカ国民と同じように、私たちは恐怖を感じながらも、この国でそんなに悪い事態になるはずがないと自分に言い聞かせようとしている。民主主義は往々にして脆《もろ》いものだ。だとしても、私たちの社会の民主主義はこれまでどうにか重力に逆らいつづけてきた。憲法、自由と平等を尊《とうと》ぶアメリカ的信条、歴史的に強固な中産階級、高いレベルの富と教育、大きく多様な民間部門《プライベート・セクター》。こういったすべてのことが予防接種のごとくうまく働き、世界じゅうで起きてきたような民主主義の破綻から私たちを護《まも》ってくれるにちがいない——。

そうわかってはいても、不安が消えることはない。今日《こんにち》のアメリカの政治家は、ライバルを敵として扱い、報道の自由を脅《おびや》かし、選挙の結果を受け容れることを拒もうとする。彼らは、この国の民主主義の緩衝材として機能する裁判所、諜報機関、倫理局といった機関の力を弱めようとする。それはアメリカだけの話ではない。専門家たちは、世界じゅうで民主主義がますます危険な状態に陥っていることを指摘してきた。長いあいだ民主主義が当然のように存在してきた場所でさえも、いまや例外ではない。たとえば、ハンガリー、トルコ、ポーランドでポピュリスト政権が民主主義を攻撃した。オーストリア、フランス、ドイツ、オランダ、そしてヨーロッパ各国で、過激派勢力が選挙で劇的に票を伸ばした。そして二〇一六年にはアメリカの歴史ではじめて、公職に就いた経験がなく、憲法によって保障された権利を明らかに軽視し、はっきりとした独裁主義的傾向のある男が大統領に選ばれた。

これらのすべてのことは何を意味するのか？　世界でもっとも古く、もっとも成功した民主主義のひとつが衰亡しようとしているのだろうか？　私たちはいま、その崩壊のさなかにいるのだろうか？

一九七三年、チリの首都サンティアゴの街では数カ月にわたって緊張が高まっていた。そして九月一一日の正午、イギリス製ホーカー・ハンター戦闘機が空高くから急降下し、市の中心にある新古典主義建築の大統領官邸・モネダ宮殿を爆撃した。激しい攻撃を受けたモネダ宮殿は炎上。三年前に左派連立政権のリーダーとして大統領になったサルバドール・アジェンデは、宮殿に立てこもった。アジェンデ政権になって以来、チリは社会不安、経済危機、政治停滞に見舞われていた。アジェンデは自分のやるべき改革が終わるまで大統領を辞めないと言い張っていたが、決定的瞬間がついに来てしまった。アウグスト・ピノチェト将軍が指揮するクーデターによって、チリ陸軍が国を掌握しようとしていたのだ。その運命的な日の朝早く、アジェンデは国営ラジオを通して挑戦的な声明を発表し、民主主義を護るために通りに繰り出してほしいと支持者たちに訴えた。しかし、反対運動が起こることはなかった。ラジオへの反響はまったくなく、宮殿を警護していた憲兵たちは大統領を置き去りにして逃げた。それから数時間後、アジェンデ大統領は死んだ。同じように、チリの民主主義も死んだ。

銃を持った男たちによって無理やり奪われる——私たちは、そうやって民主主義が崩壊すると考えがちだ。冷戦のあいだに起きた民主主義の崩壊の四分の三近くは、クーデターによるものだった。アルゼンチン、ブラジル、ドミニカ共和国、ガーナ、ギリシャ、グアテマラ、ナイジェリア、パキスタン、ペルー、タイ、トルコ、ウルグアイの民主主義はすべてクーデターによって死んだ。さらに最近でも、軍事クーデターによって二〇一三年にエジプトのムハンマド・ムルシー大統領が、二〇一四年にタイのインラック・シナワトラ首相が失脚した。これらすべてのケースでは、軍事力と圧力を用いた壮大なやり口によって民主主義が消えた。

「民主主義の死」は選挙から始まる

しかし、軍事クーデターほど劇的ではないものの、同じくらいの破壊力をもつ別の過程を経て民主主義が崩壊する例も少なくない。つまり軍人ではなく、選挙で選ばれた指導者によって——自分を権力の座へと押し上げた制度そのものを破壊しようとする大統領や首相によって——民主主義が死ぬこともあるのだ。一九三三年にドイツ国会議事堂放火事件を起こしたヒトラーのように、短期間のうちに民主主義を取りのぞいてしまう指導者もいる。しかし多くの場合、民主主義は見えにくいプロセスによって少しずつゆっくりと浸食されていく[1]。

たとえばベネズエラでは、もともと政治のアウトサイダーだったウゴ・チャベスが政治エリートを「腐敗している」と激しく非難し、より本物に近い民主主義を築き上げると約束し、石油による豊かな富を使って貧困層の生活を向上させることを誓った。当時、多くのベネズエラの一般市民は政府から無視されている、あるいは不当な扱いを受けていると感じていた。チャベスはそんな市民の怒りを巧みに利用し、一九九八年に大統領に当選した。選挙の夜、彼の地元であるバリナス州の女性有権者は次のように語った。「ベネズエラの民主主義はウイルスに感染している。私たちに与えられた抗生物質はチャベスだけだった[2]」

公約に掲げた大改革を始めたとき、チャベスはそれを民主的に進めた。一九九九年、彼は新たな憲法制定会議を開くための自由選挙を行ない、圧倒的多数の議席を獲得した。これによって、〝チャベス派〟が独断で新憲法を作れる体制ができあがった。とはいえ、それはあくまでも民主的な憲法だった。その正当性を強調するように、翌二〇〇〇年には新たな大統領選と議会選が行なわれ、チャベスとその支持者はここでも勝利を収めた。すると、チャベスのポピュリズム政策に対して激しい反対運動が巻き起こり、二〇〇二年四月には軍が一時的に政府を制圧したこともあった。が、クーデターは失敗に終わった。勝利したチャベスは、自らの政策が民主的に正当なものであるとさらに強く訴えることができるようになった。

チャベスが独裁主義への最初の明らかな一歩を踏み出したのは、二〇〇三年になってからのことだった。その年、国民の支持が薄れはじめると、野党は大統領の罷免を求める国民投票を実施しようとした。チャベスはそれを一年後に延期し、そのあいだの原油価格の高騰を背景になんとか信任を勝ち取った。二〇〇四年、政府はこの国民投票の請願書に署名した人々をブラックリストに載せるとともに、最高裁判所を実質的に支配した。

チャベスは次々と非民主主義的な政策を進めていった。しかし、二〇〇六年の大統領選で圧倒的な勝利を収めたことによって、民主主義という名の〝上辺〟はなんとか保たれていた。二〇〇六年以降、チャベス派はさらに抑圧的になり、大手テレビ局を閉鎖し、反政府系の政治家、裁判官、著名人らをあいまいな容疑で逮捕・追放し、無期限に政権を維持できるように大統領の任期制限を撤廃した。

二〇一二年、チャベスは癌に侵されて死に際にいたものの、再選を果たす。この選挙は国民の自由投票によるものではあったが、公正とはいいがたかった。ほとんどのマスコミはチャビスモ（チャベス主義）寄りの報道を繰り返し、政府機関の大部分はチャベスに有利に働くように機能していた。一年後に死んだチャベスのあとを引き継いだニコラス・マドゥロは、二〇一四年、またもや不正が疑われる選挙によって再選された。その後、彼の政権は野党第一党の党首を逮捕した。

そのような弾圧があったにもかかわらず、二〇一五年の議会選挙では野党が圧倒的な勝利を収めた。この流れは、ベネズエラがもはや民主国家ではないという専門家たちの主張とは食いちがうように思われた。ベネズエラがやっと独裁国家として広く認められるようになったのは、二〇一七年に一党独裁による新たな憲法制定会議が議会の権力を奪い取ったときだった。つまり、チャベスが最初に大統領選に勝ってから二〇年近くたってからのことだった。

いま、民主主義はこのように死んでいく。今日の世界では、ファシズム、共産主義、あるいは軍事政権などによるあからさまな独裁はほぼ姿を消した。[3] 軍事クーデターやそのほかの暴力的な権力の奪取はきわめてまれであり、ほとんどの国では通常どおり選挙が行なわれている。それでも、民主主義は別の過程を経て死んでいく。冷戦後の民主主義の崩壊のほとんどは、将軍や軍人ではなく、選挙で選ばれた政治家が率いる政権そのものによって惹き起こされてきた。[4] ベネズエラのチャベスのように、選挙で選ばれた多くの指導者が民主主義の制度を壊してきた。ジョージア(旧グルジア)、ハンガリー、ニカラグア、ペルー、フィリピン、ポーランド、ロシア、スリランカ、トルコ、ウクライナ……。今日の民主主義の後退は、選挙によって始まるのだ。

〝合法的〟な浸食

選挙というプロセスを挟んだ民主主義の崩壊は、恐ろしいほど眼に見えにくい。一方、チリのピノチェト将軍が起こしたような典型的なクーデターによる民主主義の死は眼のまえで起き、誰の眼にも明らかだ。大統領官邸が燃える。大統領が殺され、逮捕され、追放される。憲法は停止され、破棄される。しかし、選挙を経た民主主義の崩壊では、このようなことは何ひとつ起こらない。戦車が通りに出てくることもない。憲法やそのほかの名目上の民主主義的制度は残ったままで、国民は引きつづき選挙に行って投票できる。選挙で選ばれた独裁者は民主主義の上辺を保ったまま、その中身を骨抜きにしていく。

この場合、民主主義をくつがえそうとする政府の動きの多くは、議会に認められ、裁判所に受け容れられているという点において〝合法的〟なものだ。それどころか、民主主義をよりよいものにする取り組みだと描かれるケースも多い。司法制度を効率化する、腐敗をなくす、選挙制度を浄化する……。新聞はこれまでどおり発行されるものの、買収されるか、あるいは自己検閲を強いられる。市民は引きつづき政府を批判できるものの、批判した者は税金絡みなどの法的トラブルに巻き込まれることが多くなる。これが、のちの大きな混乱の種となる。人々は実際に起きていることにすぐには気づかず、いまだ民主主義の下に暮らしているのだと信じつづける。二〇一一年、非営利組織のラティノバロメトロはベネズエラ国民を対象に、自分たちの国の民主度を1（まったく民主的ではない）から10（完全に民主的）で評価してもらうという世論調査を行なった。すると五一パーセントの回答者が8以上の点数をつけた。[5]

政府が明らかに〝一線を越えて〟独裁政権になる瞬間を特定することはできない。クーデターも起きず、緊急事態宣言も発令されず、憲法も停止されない。つまり、社会に警鐘を鳴らすものは何もない。そのような状況下では、政府の職権乱用を非難する人々はときに、大げさだと笑われたり、嘘つきのレッテルを貼られたりする。多くの人にとって、民主主義の浸食は眼に見えないものなのだ。

独裁者の卵

アメリカの民主主義がこのように後退していく危険はあるのか？　アメリカの民主主義の基盤は、ベネズエラやトルコ、ハンガリーのものよりも強固であることはまちがいない。だとしても、後退を防げるほど強固なものなのだろうか？

そのような問いの答えを探し出すためには、日々の新聞の見出しや緊急ニュース速報に満ちた世界から一歩離れる必要がある。もっと視野を広げ、これまでの歴史のなかで世界の民主主義が経験してきたことから教訓を導き出さなくてはいけない。ほかの国の民主主義の危機について学ぶことによって、私たちは自国の民主主義が向き合っている課題についてより深く理解できるようになる。

たとえば、ほかの国の歴史的な経験を参考にすれば、権力を握るまえの独裁者の卵を〝リトマス試験紙〟で特定することができるはずだ。過去の民主的な指導者たちはどのような過ちを犯し、独裁者の卵が権力の道へと突き進むきっかけを作ってしまったのか？　反対に、ほかの民主主義国家は、過激主義者を権力から遠ざけるためにどんな工夫をしてきたのか？　このような視点から、私たちは多くのことを学べるはずだ。

また、世界のさまざまな国を比較することによって、選挙で選ばれた独裁者たちが、驚くほど似たような戦略を使って民主主義の制度を破壊してきた事実が明らかになる。そこにパターンを見いだすことができれば、民主主義の崩壊への道筋がより明らかになり、より対抗しやすいものになるはずだ。ほかの民主主義国家において、選挙で選ばれた独裁者はどのように排除されたのか？　あるいは、排除されなかったのか？　そのような実例について学ばなければ、今日のアメリカの民主主義を護ることはできない。

すべての社会において――健全な民主主義のなかでさえも――過激な思想をもつ大衆扇動家がときどき表舞台に出てくるものだ。アメリカ合衆国も例外ではなく、ヘンリー・フォード、ヒューイ・ロング、ジョセフ・マッカーシー、ジョージ・ウォレスなどの過激論者が一定の人気を得たこともあった。民主主義を護るためのひとつ目の大切な試練は、そのような政治家が現われるのを防ぐことではなく、過激主義者が権力を握るまえに政治指導者たち（とくに政党）が早い段階でそれを阻止することだ。彼らを政治のメインストリームから遠ざけ、彼らへの支持や協力を拒み、必要なときには対立相手と手を組んで民主的な候補者のサポートをしなくてはいけない。人気のある過激主義者を隔離するためには、政治的な勇気が必要になる。恐怖、日和見《ひよりみ》主義、誤算によって既成政党が過激主義者をメインストリームに近づけたとき、民主主義は危険にさらされる。

いったん独裁者の卵が権力を握ってしまったら、民主主義はふたつ目の試練に直面することになる――その独裁的な指導者は民主主義の制度を壊そうとするのか、あるいは制度によって抑え込まれるのか？　制度そのものだけでは、選挙で選ばれた独裁者を抑制することはできない。まずなによりも、政党、組織化した市民、そして民主主義的な規範によって憲法を護ることが大切だ。しっかりとした規範を抜きにして、憲法の抑制と均衡が民主主義の理想的な砦《とりで》として機能することはない。

制度は政治的な武器になる。制度を支配する者たちは、制度を支配しない者たちに対して、その武器を力強く巧みに使うことができる。これを利用して、選挙で選ばれた独裁者は民主主義を壊そうとする。裁判所やそのほかの中立機関を抱き込んで自分の武器へと変え、メディアと民間部門を買収し（あるいは脅して黙らせ）、政治のルールを書き換えて対立相手に不利な状態を作る。選挙を通して生まれた独裁体制の悲しいパラドックスは、〝民主主義の暗殺者〟が、民主主義の制度そのものを使って――徐々に、さりげなく、そして合法的に――民主主義を殺そうとするということだ。

〝柔らかいガードレール〟

二〇一六年一一月、アメリカはひとつ目の試練を乗り越えることに失敗し、民主主義的な規範への忠誠が疑わしい人物を大統領に選んだ。ドナルド・トランプの予期せぬ勝利は、市民の不満だけで生み出されたのではなく、過激な扇動家への候補指名を内部で防げなかったという共和党の失敗によって生み出されたものだった。

その脅威はどれほど深刻なのだろう？

多くの専門家は、この国の憲法に光を見いだそうとしている。アメリカの憲法はまさに、ドナルド・トランプのような扇動家を妨げ、抑え込むために作り出された。このマディソン（第四代大統領）主義的な抑制と均衡のシステムは二世紀以上にわたって保たれ、南北戦争、世界大恐慌、冷戦、ウォーターゲート事件にも耐えてきた。だとすれば、当然トランプにも耐えることができるにちがいない

——。

果たしてそうだろうか？　その歴史をとおして、アメリカの抑制と均衡のシステムはきわめてうまく機能してきた。しかしそれを可能にしたのは、建国の父たちが作り上げた立憲制度ではない（少なくとも、それだけではない）。民主主義がもっともうまく機能し、より長く生き残るのは、憲法が成文化されていない民主主義の規範によって支えられているときだ。

アメリカの抑制と均衡のシステムはこれまで、ふたつの基本的な規範によって当たりまえのように保たれてきた。まずひとつは「相互的寛容」——競い合う政党がお互いを正当なライバルとして受け容れるという理解。もうひとつは「自制心」——組織的特権を行使するとき、政治家は節度をわきまえるべきであるという考え。

二〇世紀のほとんどのあいだ、このふたつの規範がアメリカの民主主義を陰で支えてきた。二大政党の有力者たちは、お互いを正当なライバルとして受け容れた。そして、制度をコントロールする側になったときに、それを利用して党にもっと有利な状況を作りたいという衝動を抑え込んできた。寛容と自制の規範はアメリカの民主主義の〝柔らかいガードレール〟として機能し、党派間の闘いを避けるために役立っていた。党同士の血みどろの闘いこそが、一九三〇年代のヨーロッパや一九六〇～七〇年代の南米など世界じゅうで民主主義を崩壊させてきたのだ。

しかしいま、アメリカの民主主義のガードレールの力は弱まりつつある。アメリカの民主主義的規範の衰えは、一九八〇年代と九〇年代に始まり、二〇〇〇年代に入って加速した。バラク・オバマが大統領になるころまでに、とくに共和党の政治家の多くが民主党議員の正当性に疑問を呈し、自制心を投げ出し、どんな手段を使ってでも勝つという戦略をとるようになった。ドナルド・トランプはこの流れをさらに速めたが、もともとは彼が惹き起こしたことではなかった。アメリカの民主主義が直面している問題は、もっと根深いものだった。

民主主義的な規範の弱まりは政党の極端な二極化に根差したものであり、この二極化はたんなる政策の差を越えて人種と文化の大きな対立にまで影響を及ぼしている。社会の多様化に合わせて人種間の平等を実現しようとするアメリカの試みは、陰湿な反応を生み出し、二極化を強める原因になってきた。[6] これまでの独裁政権についての研究からひとつ明らかになった共通点があるとすれば、極端な二極化こそが民主主義を殺すということだ。

民主主義の教訓

だからこそ、私たちは警戒しなければいけない。二〇一六年、アメリカ人はただ大衆扇動家を大統領に選んだだけではない。かつて民主主義を護っていた規範がすでに弱まりはじめていたタイミングで、その選択をしたのだ。ほかの国の経験は、極端な二極化が民主主義を殺すということを私たちに教えてくれる。しかし同時に、崩壊が必ず起きるわけでもないし、後戻りできないわけでもないということも教えてくれる。本書では、ほかの国の民主主義の危機から導き出された教訓をもとに、アメリカの民主主義を護るために市民がとるべき戦略と、とるべきではない戦略を示したい。

当然ながら、多くのアメリカ人はこの国の現状に恐れを抱いている。しかし、民主主義を護るためには恐怖や怒り以上のものが必要になる。私たちは謙虚かつ大胆にならなくてはいけない。ほかの国の経験から学び、警告サインを見つけ、偽りの警告を見抜かなければいけない。ほかの国の民主主義を破滅に導いた致命的な失敗に気づかなければいけない。そして、過去の民主主義の大きな危機に市民がどのように立ち上がって向き合い、社会に深く根差した分裂を乗り越え、崩壊を避けてきたのかを学ばなければいけない。歴史は同じようには繰り返さないが、韻《いん》を踏む〔米作家マーク・トウェインの言葉」。歴史が約束してくれるのは――本書を通して訴えたいのは――私たちは手遅れになるまえに〝韻〟を見つけられるということだ。

第1章

致命的な同盟

馬と鹿のあいだで喧嘩が起きると、馬は猟師のところにいき、鹿を懲らしめるのを手伝ってくれと乞うた。猟師は同意し、こう言った。「鹿を倒すことを望むなら、この鉄の器具をきみの顎につけさせてくれ。そうすれば、おれはこの手綱できみを導いていける。それと、この鞍を背中に置かせてくれ。そうすれば、敵を追うときにおれがしっかりつかまっていられる」。馬がその条件に同意すると、猟師はすぐに馬に鞍と手綱を取りつけた。猟師の助けを借りた馬は、すぐに鹿を退治することができた。馬は猟師に言った。「さあ、すぐに降りて、口と背中からこいつを外してくれ」。猟師は「友よ、そんなに急ぐなよ」と答えた。「このほうがずっといい。ハミと拍車をつけたままきみを手元に置いておくことにするよ」

――イソップ寓話集「馬と鹿と猟師」より

一九二二年一〇月三〇日、ミラノから列車の寝台車でやってきたベニート・ムッソリーニは、午前一〇時五五分にローマに着いた。[1] 彼はイタリアの首相に就任して新しい内閣を作るために、国王によって首都に招かれたのだった。数人の護衛兵に囲まれながら、ムッソリーニはまずホテル・サボイアに入った。それから、黒で統一したジャケット、シャツ、山高帽に身を包み、国王の住むクイリナーレ宮殿に悠々と闊歩していった。そのころのローマには、不穏な空気がただよっていた。さまざまな軍服を着たファシスト党員たちが、街の通りを歩きまわっていたからだ。ムッソリーニはその光景のもつ力について意識しつつ、宮殿の大理石の床をゆっくりと歩き、国王に挨拶した。「陛下、どうか服装についてはお赦しください。戦場から駆けつけたものですから[2]」

これこそ、ムッソリーニの伝説的な「ローマ進軍」のはじまりだった。〝黒シャツ隊〟の大群がルビコン川を渡り、イタリアを社会主義から救って権力を奪い取る——。この物語はファシストの〝正典〟となり、一九二〇年代から三〇年代にかけて祝日のたびに大々的に宣伝され、子どもたちが使う教科書でも詳しく解説された。ムッソリーニは自らの役割をきっちり認識し、この進軍の様子を神話化しようとした。その日、ローマのひとつ手前の駅に着いた彼は、護衛兵に囲まれながら馬に乗って街に入ることを計画していた。[3] この計画は最終的には実行されなかったものの、のちに彼は自らの政権奪取をファシストの新時代の幕開けを告げる「革命」「反乱のための行動」と位置づけ、あらゆる手を使ってローマ進軍の〝伝説〟を作り上げていった。[4]

真実はもっと平凡なものだった。黒シャツ隊のメンバーのほとんどにはろくに食事も武器も与えられておらず、集団でローマに進軍したのは、ムッソリーニが首相就任のために国王に招かれたあとのことだった。国じゅうの至るところで活動していたファシストの分隊は恐ろしい存在ではあったもののの、政権を奪おうとするムッソリーニの企みは革命とはほど遠いものだった。彼は自らの政党が議会でもつ三五票（総数は五三五）、エスタブリッシュメント政治家の分裂、社会主義への恐れ、三万人の黒シャツ隊による暴力の脅威を利用し、臆病な国王ビットーリオ・エマヌエーレ三世の注意を惹いた。国王はムッソリーニを政治界の希望の星だと認め、社会の不安を和らげてくれる人物だと考えた。

ムッソリーニの首相就任によって政治の混乱が落ち着き、社会主義の脅威が薄れていくと、イタリアの株式市場は急騰した。ジョバンニ・ジョリッティやアントニオ・サランドラなどの自由主義体制派の重鎮の政治家たちは、この歴史的な変化に拍手喝采を送り、ムッソリーニを有益な協力者だとみなした。しかしイソップ寓話の馬のように、イタリアはすぐに〝ハミと拍車〟の支配下に置かれることになる。

似たような話は、ここ一〇〇年ほどのあいだに世界各地から聞こえてきた。政治の世界のアウトサイダーたちの多くが、同じ道をたどって――国内から姿を現わし、強力な政治家との連携や選挙を通して――権力の座へと昇りつめていった。アドルフ・ヒトラー、ブラジルのジェトゥリオ・ドルネレス・バルガス、ペルーのアルベルト・フジモリ、ベネズエラのウゴ・チャベス……。どのケースにおいてもエリート政治家たちは、権力を与えるふりをしてアウトサイダーを抑え込み、のちに主流の政治家が主導権を取り戻すことができると踏んでいた。しかし、その計画はいつも裏目に出た。野心、恐怖、誤算が危険な分量で混ざり合い、政治家たちは同じ致命的な過ちを犯すことになる――未来の独裁者に嬉々として権力へのカギを渡してしまうのだ。

政権がすがった「最後の一手」

なぜ海千山千の長老政治家たちがこんな過ちを犯すのか？

これを解明するとき、一九三三年一月のアドルフ・ヒトラーの台頭ほどわかりやすい例はないだろう。ヒトラーが暴力的な反乱を起こす能力をはじめて誇示したのは、一九二三年のミュンヘンのビアホール一揆のときだった。

その日の夜、ピストルで武装したヒトラー信奉者のグループがいくつかの政府施設を奇襲して制圧し、さらにバイエルン州高官が集うミュンヘンのビアホールに突撃した。結局、準備が不充分だったこの反乱は当局によって抑え込まれ、ヒトラーは九カ月にわたって刑務所暮らしをすることになる。そのあいだに彼は悪名高い自伝的著書『我が闘争』を書き上げ、選挙によって権力を手にしてみせると公《おおやけ》に訴えるようになった。

当初、ヒトラー率いる国家社会主義ドイツ労働者党を支持する声は少なかった。当時のワイマール共和国の政治システムは、民主主義促進を謳うカトリック派、リベラル派、社会民主派による連立政権によって一九一九年に築かれたものだった。しかし一九三〇年はじめ、ドイツ経済の落ち込みを背景に中道右派が内紛の餌食《えじき》となり、共産党とナチス党が支持を増やしていった。

世界大恐慌による経済停滞が続く一九三〇年三月、民主的に選ばれた政府が瓦解。政治の行き詰まりによって政府の活動が妨げられるなか、第一次世界大戦の英雄で名ばかりの現職大統領だったパウル・フォン・ヒンデンブルクはここで荒技を繰り出す。ワイマール憲法には、議会が過半数の票を超える指名候補を出せないという例外的なケースにおいて、大統領が首相を指名できるという規定があった。フォン・ヒンデンブルクはその規定を利用した。

正式な投票を用いずに首相（と大統領）を強引に指名する目的は、政治的な支配を保つためだけでなく、右派左派の急進論者を脇に追いやるためでもあった。まず、中央党の経済学者ハインリヒ・ブリューニング（のちにドイツから亡命し、ハーバード大学の教授になった）が首相として経済を立て直そうとしたが、あえなく失敗。彼の首相としての在任期間は短いものだった。フォン・ヒンデンブルク大統領が次に白羽の矢を立てたのは、貴族の血を引くフランツ・フォン・パーペンだった。さらに政権への落胆が広がると、フォン・パーペンの親友でありライバルでもある国防相のクルト・フォン・シュライヒャーが首相職を引き継いだ。ところが、国会で過半数の議席をもたない政府側の窮境は続いた。当然ながら、指導者たちは次の選挙を怖れた。

政権幹部は「いまこそ最後の一手を打つときだ」と確信した。一九三三年一月末、敵対し合う保守派の指導者たちが秘密会談を行ない、ある結論を導き出した――人気のあるアウトサイダーが政府のトップに立たなければいけない。指導者たちはその人物のことを忌み嫌っていたが、少なくとも彼には大勢の支持者がいることを知っていた。それになにより、政権幹部たちは彼をコントロールできると考えていた。

一九三三年一月三〇日、この計画のおもな立案者のひとりであるフォン・パーペンは自らの不安を追い払い、危機状態にあるドイツの首相にアドルフ・ヒトラーを就任させるという賭けに出た。そのとき、彼はこんな発言で国民を安心させようとした。「われわれは自分たちのために彼を惹き入れることにした……二カ月後、われわれによって再び隅へと追いやられた彼は、悲鳴を上げているにちがいない」(5)。歴史上、これほど深刻な判断ミスがあっただろうか？

悪魔との取引

イタリアとドイツの出来事は、しばしば独裁者に権力を与えることになる〝致命的な同盟(6)〟を象徴するものだった。いかなる民主主義においても、ときに政治家は厳しい問題に向き合うことになる。経済危機、国民の不満の高まり、主流政党の選挙での敗北は、もっとも経験豊かなインサイダーの判断にさえ影響を与える。

　カリスマ的なアウトサイダーが現われ、旧体制への抵抗によって人気を得たとき、力を失いつつある主流派の政治家たちは、その人物を自分の側に惹き入れようと考えたくなるものだ。ライバルよりさきにその反乱者と手を組むことに成功したインサイダーは、アウトサイダーの勢いと人気を利用し、ほかの政治家よりもうまく立ちまわることができるようになる。そして主流派の政治家は、自分の政策の実現のためにアウトサイダーを利用できると考えるようになるのだ。

　しかしこの種の悪魔との取引は、アウトサイダーに有利に働くことが多い。なぜなら、同盟によってアウトサイダーが一定の社会的地位を得ると、権力争いの正当な参加者として世間から認められるようになるからだ。

　一九二〇年代はじめのイタリアでは、社会不安の広がりによってストライキが頻発し、古くからのリベラル体制が崩れようとしていた。五期にわたって首相を務めてきた老齢のジョバンニ・ジョリッティは、伝統的な政党で議会の議席の過半数を確保するというこれまでの方策に失敗した。

　一九二一年五月、ヤケになった彼はまわりの反対を押し切り、早いタイミングで選挙に打って出た。ファシストの大衆人気を利用しようと考えたジョリッティは、始まったばかりのムッソリーニの運動を支援することを決め、統一会派「国民ブロック」[7]にナショナリスト党、ファシスト党、自由党を招き入れた。が、この戦略は失敗に終わった。国民ブロックは全体の二〇パーセント以下の票しか得ることができず、ジョリッティは辞職を余儀なくされた。しかし、ムッソリーニの国政進出により、彼が率いる寄せ集めの集団に正当な地位が与えられ、それがのちの台頭へとつながることになった。

チャベスを利用した元大統領

こういった致命的な同盟が結ばれるのは、大戦間のヨーロッパにかぎったことではない。たとえば、ウゴ・チャベスの台頭にも似たような致命的な同盟が大きな影響を与えていた。一九五八年の民主化以来、ベネズエラは南米でもっとも古い民主主義国家であることを誇りにしてきた。若い陸軍士官だったチャベスは、失敗したクーデターの主導者であり、公職に就いたこともない政治的アウトサイダーだった。しかし、強力なインサイダーからの大きな後押しが、彼に権力の階段を駆け上がらせた――ベネズエラの民主主義の創設者のひとりである、元大統領のラファエル・カルデラだ。

ベネズエラの議会政治は長いあいだ、二大政党制によって運営されてきた。中道左派の民主行動党とカルデラ率いる中道右派のキリスト教社会党（ＣＯＰＥＩ）は、三〇年以上にわたって平和裏に政権交代を繰り返してきた。一九七〇年代までのベネズエラは、多くの国がクーデターや独裁に苦しめられてきた中南米のなかでも珍しく、模範的な民主主義国家とみなされてきた。

ところが一九八〇年代に入ると、石油に依存した経済は停滞が続き、一〇年以上におよぶ経済危機の末に貧困比率は二倍近くまで跳ね上がった。当然ながら、ベネズエラの国民は不満を募らせていった。一九八九年二月に起きた大規模な暴動は、既成政党の地位がもはや安泰ではないことを意味するものだった。三年後の一九九二年二月には、若い陸軍士官のグループがカルロス・アンドレス・ペレス大統領に対するクーデターを試みた。ウゴ・チャベス率いるこの反逆者たちは、南米解放の偉大な英雄であるシモン・ボリバルにちなんで自らを「ボリバリアン」と呼んだ。

クーデターは失敗に終わった。逮捕されたチャベスはテレビカメラのまえに現われ、支持者に武器を捨てるように告げた（「自分たちの使命はいまのところ頓挫した」という彼の宣言は後世まで語り草になった）。すると多くのベネズエラ人、とりわけ貧困層がチャベスを英雄視するようになった。一九九二年一一月に二度目のクーデターが失敗したあと、投獄されたチャベスはそれまでの方針を変え、選挙を通して権力を追い求めることを決めた。そのためには、彼には助けが必要だった。
元大統領のラファエル・カルデラは評価の高いベテラン政治家だったが、一九九二年の時点で彼の政治家としてのキャリアは終わりに近づいていた。四年前、党の大統領選候補に選ばれなくなって以来、彼は政治遺産のような扱いを受けていた。しかし当の本人は、七六歳になってもまだ大統領に返り咲くことを夢見ていた。そんな彼にとって、チャベスの登場は最後の命綱のようなものだった。チャベスがはじめてクーデターを起こした夜、カルデラ元大統領は国会の緊急両院合同会議の途中で椅子から立ちあがり、反体制派の理念に賛同してこう言った。

いま、自由と民主主義のために犠牲を払えと人々に求めることはむずかしい。自由と民主主義は、彼らに食べ物を与えてはくれない。生きるために必要な費用の天文学的な増加を防ぐことも、社会に蔓延《はびこ》る腐敗を終わらせることもできない。世界的な視野で見たとき、この腐敗がベネズエラの制度を日々蝕んでいることは言うに及ばない(8)。

この見事な演説が、カルデラの政治家としてのキャリアを復活させた。チャベスを支持する反体制派の有権者たちをうまく取り込み、カルデラは国民からの支持を広げていった。そして一九九三年、彼は大統領に返り咲いた。

犯罪者から大統領候補へ

カルデラから大々的に賞賛されたことによって、世論調査でのチャベス人気はうなぎ上りになった。それどころか、チャベスには新たに信憑性が与えられることになった。チャベスとその同志たちは、三四年続いてきた民主主義を破壊しようと試みた人々だった。にもかかわらず、元大統領のカルデラはクーデターの主導者たちを過激主義者として非難するのではなく、公の場で同情を示した。結果としてチャベスは、政治の主流へとつながる扉のカギを手にすることになった。

さらに、カルデラはベネズエラの既成政党に致命傷を与え、チャベスのために大統領官邸の扉を開くことになった。彼はそれまでの方針を一八〇度転換し、半世紀近くまえに自身が設立したCOPEI党を離れ、独立候補として大統領選に出馬した。たしかに、その時点ですでに既成政党は危機的な状況に陥っていた。しかし、その崩壊を決定づけたのは、カルデラの離党とその後の反体制運動だった。(9)カルデラが一九九三年の選挙で反政党の姿勢を明確に打ち出したことによって、既存の政党システムは消え去り、将来的にアウトサイダーが政治の世界に入り込むための道が拓かれることになった。チャベスがついにその道を歩いたのは、五年後のことだった。

一九九三年当時、チャベスは大きな問題を抱えていた。彼はまだ拘置所に収監されており、反逆罪のための裁判を待っていた。ところが一九九四年、いまや大統領になったカルデラはチャベスの容疑をすべて取り消した。チャベスに力を与えるためにカルデラが最後にとった行動は、牢獄の扉──つまり権力への扉──を開けることだった。釈放された直後、記者にどこに行くのかと訊かれたチャベスは、「権力に向かっていく(10)」と答えた。チャベスの釈放はカルデラが選挙期間中から公約に掲げていたことであり、この行動は国民から熱狂的に支持された。

多くのベネズエラのエリート政治家と同じように、カルデラはチャベスの人気をつかの間の流行だととらえていた(11)──次の選挙までに世間での人気は消えているにちがいない、と。しかし、カルデラは大きな過ちを犯した。正式な裁判のあとに恩赦を与えるのではなく、すべての容疑をただ取り消したことによって、チャベスをクーデターの元リーダーから有力な大統領候補へと一夜のうちに変身させてしまったのだ[12]。一九九八年一二月六日、既成政党が支援する候補者をいとも簡単に破り、チャベスは大統領に選ばれた。通例では大統領就任式のなかで、退任するカルデラ大統領がチャベスのために就任の宣誓を行なうことになっていた。しかし彼はそうすることができず、代わりに隅のほうでむっつりと突っ立っていた[13]。

それぞれの人間としての性格は大きく異なるものの、ヒトラー、ムッソリーニ、チャベスが権力の座に就くためにたどった道は驚くほど似通っていた。彼らはみな、世間の注目を集める才能をもったアウトサイダーだった。くわえて、この三人が権力への道を駆け上がることができたのは、主流派の政治家たちが警告サインを見落とし、彼らに権力を渡してしまった(ヒトラーとムッソリーニの場合)、あるいは権力への扉を開いてしまった(チャベスの場合)からだった。

現役の指導者たちが政治的責任を放棄したとき、往々にしてその国は独裁政治へのはじめの一歩を踏み出すことになる。チャベスが大統領選に勝った数年後、ラファエル・カルデラは自身の過ちについてこう要約した。「チャベス氏が大統領になる可能性なんて、一ミリたりともないと思っていた。誰もがそう考えていたよ[14]」。ヒトラーが首相になった翌日にはすでに、それまで彼を支援していた著名な保守派の政治家が次のように認めた。「私は人生でもっとも愚かなことをしてしまいました。世界の歴史上もっとも影響力のある大衆扇動家と手を組んでしまったんです[15]」

政党は民主主義の門番

すべての民主主義がこの罠に落ちるわけではない。ベルギー、イギリス、コスタリカ、フィンランドなど、大衆扇動家の台頭に直面しつつも、なんとか彼らを権力の中枢から遠ざけることができた国も少なくない。どうやってそれを成し遂げたのか？　投票者の立派な行動が大衆扇動家を追放した、と多くの人は考えたがる。ベルギー人やコスタリカ人はたんに、ドイツ人やイタリア人よりも民主的だったにちがいない。結局のところ政府の運命は市民の手のなかにある、と私たちは信じようとする。人々が民主主義的な価値に意味を見いだしつづければ、民主主義は安泰なはずだ。市民が独裁主義者を進んで受け容れようとしたとき、遅かれ早かれ、民主主義は危険にさらされる――。

この考えは誤りであり、民主主義のなかで〝人民〟が思いどおりに自らの政府を形作ることができるという理想論にすぎない。一九二〇年代のドイツとイタリアにおいて、大多数の有権者が独裁政治を支持していたとは考えにくい。ナチス党とファシスト党が権力を握るまえ、その党員数は人口の二パーセント未満にすぎず、自由で公正な選挙での両党の得票数は過半数に遠く及ばなかった。それどころか、多くの有権者がヒトラーとムッソリーニに反対の立場をとっていた。ふたりが権力を手にしたのは、彼らの野心の危険性に気づいていない政治的インサイダーの後押しがあったからだ。

ウゴ・チャベスは有権者の過半数の票を得て大統領に選ばれたが、ベネズエラの人々が独裁的な指導者を求めていたという証拠はほとんどない。当時のベネズエラ国民の民主主義への支持率は、安定的に民主主義が保たれていたチリより高かった。一九九八年のラティノバロメトロの調査によれば、六〇パーセントのベネズエラ人が「いかなる状況下においても民主主義は最高の政府の形である」という意見に賛成した。一方、「状況によっては民主的な体制よりも独裁政治が好ましい」と答えたのは二五パーセントだけだった。[16]対照的にチリでは、「いかなる状況下においても民主主義は最高の政府の形である」という意見に賛成したのは回答者の五三パーセントにとどまった。

どんな民主主義社会にも潜在的な大衆扇動家は存在し、そのうち何人かがどこかのタイミングで国民の心をとらえる。しかし一部の民主主義国家では、政治指導者が警告サインに眼を光らせて対策を講じ、権力の中心から遠く離れた場所に独裁者を押し留めておこうとする。過激主義者や大衆扇動家が台頭しはじめたら、政治指導者たちは一丸となって彼らを孤立させ、打ち倒そうとする。もちろん、過激主義者を封じ込めるためには一般市民の力も大切になる。しかしもっと重要なのは、政治エリート（とくに政党）がフィルターとして機能できるかどうかだ。つまるところ、政党こそが民主主義の門番なのである。

独裁者の四つの行動パターン

独裁者を締め出すためには、まず彼らを特定しなくてはいけない。残念ながら、誰が独裁者かを見きわめる完璧な事前警告システムは存在しない。たしかに、権力の座に就くまでの行動によって、明らかに独裁者だと認識されるケースも少なくない。たとえば、ヒトラーは一揆を起こして失敗し、チャベスは武装蜂起に失敗し、ムッソリーニは暴力的な民兵組織である黒シャツ隊を指揮した。二〇世紀なかば、アルゼンチンのフアン・ペロンは、大統領になる二年半前にクーデターを起こして成功させた。

しかし多くの政治家は、権力を手にするまえに自らの独裁主義の全貌を明らかにするわけではない。なかには、はじめは民主主義的な規範を忠実に護り、あとになってそれを放棄する政治家もいる。たとえば、ハンガリーのオルバーン・ビクトル首相がそのひとりだ。オルバーン率いるフィデス＝ハンガリー市民同盟（フィデス党）は、一九八〇年代末に自由民主主義を掲げて活動を始めた。一九九八年から二〇〇二年の第一次政権のあいだ、オルバーンは民主的に政権運営を進めた。二〇一〇年に首相に返り咲いたあと、彼が一気に独裁に転じたのは大きな驚きだった。

では、明らかに反民主主義的な行動の形跡がない政治家の場合、その内に隠れた独裁主義を見抜くためにはどうすればいいのか？　ここで、著名な政治学者ホアン・リンスの研究に注目したい。ワイマール共和制下のドイツに生まれ、内戦中のスペインで育ったリンスは、民主主義を失うことの危険について嫌というほど知っていた。のちにイェール大学の教授となった彼は学者人生の大部分を費やし、民主主義が死ぬ経緯とその理由について解き明かそうとした。リンスが導き出した結論の多くは、短いながらも画期的な名著『民主体制の崩壊　危機・崩壊・均衡回復』（内山秀夫訳、岩波書店、一九八二年）にまとめられている。一九七八年に出版されたこの本では、政治家の役割の大切さがとりわけ強調され、彼らの行動いかんで民主主義が発展・衰退する可能性があることが説明されている。リンスはさらに、反民主主義的な政治家を見抜くための〝リトマス試験紙〟を作り上げようとした[17]（しかし、彼の提案した試験紙はまだ不完全なものだった）。

私たち著者はリンスのこの著書を参考に、独裁者を見きわめるための四つの危険な行動パターンの例を導き出した[18]。①ゲームの民主主義的ルールを言葉や行動で拒否しようとする。②対立相手の正当性を否定する。③暴力を許容・促進する。④対立相手（メディアを含む）の市民的自由を率先して奪おうとする。表１では、これら四つの要素について政治家を評価するためのさまざまな例を示した。

ポピュリストのアウトサイダーたち

これらの基準のどれかひとつにでも当てはまる政治家がいたら、注意が必要だ。

では、いったいどんな種類の活動家や政治家が、独裁主義のリトマス試験紙で陽性反応を示すのだろう？　決まって引っかかるのは、ポピュリストのアウトサイダーだ。反体制的な政治家であるポピュリストは、自分が〝人民〟の声を代弁していると訴え、対立相手に〝陰謀を企てる腐敗したエリート〟のレッテルを貼って闘いを挑もうとする。

ポピュリストは既成政党の正当性を否定する傾向が強く、むかしながらの政党は非民主主義的、さらには非国民的だと攻撃する。彼らは有権者に向かって、既存のシステムは真の民主主義ではなく、エリートが乗っ取り、腐敗させ、不正に操作したものだと訴える。ポピュリストは、そのエリートを倒して〝人民〟に権力を取り戻すことを約束する。

これらの言葉の力をあなどってはいけない。ポピュリストが選挙に勝ったとき、彼らの多くは民主主義の制度を攻撃するようになる。たとえば南米では、一九九〇年から二〇一二年のあいだにボリビア、エクアドル、ペルー、ベネズエラで当選した全一五人の大統領のうち、五人がポピュリストのアウトサイダーだった——アルベルト・フジモリ、ウゴ・チャベス、エボ・モラレス、ルシオ・グティエレス、ラファエル・コレア。そしてこの五人は全員、最終的に民主主義の制度を弱体化させた(19)。

表1　独裁主義的な行動を示す4つのポイント

1．ゲームの民主主義的ルールを拒否（あるいは軽視）する	憲法にしたがうことを拒む、あるいは憲法違反も辞さない態度をとる。 反民主主義的な方策が必要であることを示唆する。（例）選挙を取り止める、憲法を侵害・停止する、特定の組織の活動を禁止する、基本的な市民的・政治的権利を制限する。 政権交代のために超憲法的な手段をとることを試みる（あるいはその手段を支持する）。（例）軍事クーデター、暴力的な反乱、政権交代を強制することを狙った大規模な抗議活動。 選挙の正当性を弱めようとする。（例）信頼できる選挙結果を受け容れることを拒む。

2．政治的な対立相手の正当性を否定する	3．暴力を許容・促進する	4．対立相手（メディアを含む）の市民的自由を率先して奪おうとする
ライバルを危険分子だとみなす。または、現在の憲法秩序に反していると訴える。 国家安全保障、あるいは国民の生活に対して、ライバルが大きな脅威であると主張する。 対立する党のライバルを根拠もなく犯罪者だとみなす。ライバルが〝法律違反〟を犯している（あるいは違反する可能性がある）と訴え、政治に全面的に参加する資格がないと主張する。 なんの根拠もなくライバルを外国のスパイだと決めつけ、敵対する外国政府にこっそり協力している（あるいは雇われている）と訴える。	武装集団、準軍事組織、民兵、ゲリラなどの暴力的な反社会的勢力とつながりがある。 自ら率先して、または協力関係にある党を通して対立相手への集団攻撃を後援・奨励する。 支持者の暴力をはっきりと非難せず、懲罰を与えないことによって黙認する。 過去に国内で起きた、または世界のほかの場所で起きた象徴的な政治的暴力事件を褒め称える（あるいは非難することを拒む）。	市民的自由を制限する法律や政策を支持する。（例）名誉毀損法・文書誹毀法の適用範囲の拡大。抗議活動、政府への批判、特定の市民・政治組織を制限する法律の推進。 対立する党、市民団体、メディアの批判者に対して法的・罰則措置をとることを示唆して脅す。 過去に国内で行なわれた、または世界のほかの場所で行なわれた政府の抑圧的な施策を褒め称える。

党が独裁者を排除する

独裁的な政治家を権力から遠ざけることは、口で言うほどたやすくはない。民主主義の大原則として、特定の政党の活動を禁じたり、特定の人間が選挙に立候補することを拒んだりするべきではない。私たち著者も、そのような方策を支持しているわけではない。むしろ、独裁者の排除に責任を負うべきなのは、民主主義の門番である政党とその指導者たちのほうだ。

門番としての役割を果たすために、主流派の政党は過激勢力を分離・無効化しなくてはいけない。行動政治学者のナンシー・ベルメオは、これを「ディスタンシング（距離をとること）」と呼ぶ。[20] 政党は民主主義を促進するために、いくつかの方法を通してディスタンシングを試みることができる。ひとつ目の方法として、選挙の際に党内の投票によって独裁者候補を排除することができる。そのためには、たとえ選挙に強い過激主義者がいたとしても、その人物に大きな役職を与えないようにすることが大切だ。

ふたつ目の方法として、政党は自分たちの集団の草の根に生まれた過激派を一掃することができる。ここでは、不穏な空気に包まれていた両大戦間におけるスウェーデン最大の保守政党・普通選挙民同盟（AVF）の動きについて見てみたい。若い活動家たちが組織するAVFの青年部〈スウェーデン民族主義青年団体〉は、一九三〇年代に入るとみるみる急進的になっていった。[21] 彼らは議会民主主義を批判し、公然とヒトラーを支持した。さらには、制服を着た突撃隊員の一団まで結成するようになった。一九三三年、AVFは対抗手段としてこの組織を党から追放した。青年団体には二万五〇〇〇人のメンバーが属しており、彼らを失うことによって、翌一九三四年の地方選挙に大きな影響が出る可能性もあった。それでも、AVFはディスタンシング戦略によって中道右派の立ち位置を護り、党内の反民主主義勢力を封じ込めようとした[22]。

三つ目の方法として、親民主主義政党は、反民主主義派の政党や候補者とのあらゆる連携を避けることができる。この章で説明したイタリアやドイツの前例のように、親民主主義政党はときに選挙で票を得るために、あるいは議会で政権与党になるために、似たようなイデオロギーをもつ過激派と協力関係を結ぶことがある。しかし長い目で見たとき、このような連携は破滅的な結果を生み出すことが少なくない。リンスが指摘したとおり、「政治的スペクトルの反対側に近い（主流派の）政党と連携したときよりも、スペクトルの同じ側の過激派と連携したとき[23]」に、民主主義はより崩壊しやすくなる。

ディスタンシングの四つ目の方法として、親民主主義政党は過激派を正当なものだと認めず、組織的に孤立させる行動をとることができる。そのために政治家は、独裁的な人物を〝正常化〟したり、彼らに社会的な地位を与えたりするような行動を避けなければいけない。一九三〇年代はじめのドイツ保守派のヒトラーとの連携、チャベスへの同情をあらわにしたカルデラのスピーチなどがそのような行動の典型例である。

最後に、過激主義者が選挙の強力な対立相手として浮上したときは、主流派の政党はいつでも統一戦線を張って相手を倒さなくてはいけない。リンスの言葉を借りれば、主流派は「イデオロギーの異なるライバルと組んででも、民主主義的な政治秩序を積極的に護らなくてはいけない[24]」のだ。普通の状況下であれば、これは多くの人にとって想像だにできない行動にちがいない。たとえば、エドワード・ケネディ上院議員やそのほかのリベラル派の民主党議員が、ロナルド・レーガン（第四〇代大統領、共和党）を支持することなどありえないだろう。イギリスの労働党とその支持母体である労働組合が、マーガレット・サッチャーを応援することなど考えられるだろうか？

そんな方策をとれば、道義的に赦されない行為だと支持者から非難の声が上がるはずだ。しかし異常な状況下においては、党指導者たちはときに勇敢な行動をとる必要がある。彼らは政党よりも民主主義と国家を優先し、どんな危機が起きているのかを有権者に詳しく説明しなくてはいけない。さきほどのリトマス試験紙で陽性反応を示す政党や政治家が選挙の有力候補として現われたとき、もはや選択肢はほとんど残されていないと考えたほうがいい。過激派に権力が渡ることを防ぐには、民主主義の統一戦線が必要になる。それが、民主主義を護ることにつながるのだ。

過激派の排除に成功したベルギー

失敗のほうがより鮮明に人々の記憶には残るものの、ヨーロッパの民主主義国家のなかには、両大戦のあいだに門番の役割をきっちりと果たした国もあった。それら小さな国の経験から、私たちは驚くほど大きな教訓を学び取ることができる。たとえば、ベルギーやフィンランドについて考えてみてほしい。ヨーロッパが政治・経済的危機に陥っていた一九二〇年代と三〇年代、両国でも早い段階から民主主義衰退への警告サインが鳴っていた——反体制過激派の台頭だ。しかしイタリアやドイツとは異なり、民主主義制度を護るために動いたエリート政治家たちによって、ベルギーとフィンランドは救われた（少なくとも、数年後のナチスによる侵略までは）。

イタリアとドイツからヨーロッパ全土にファシズムがじわじわと広がっていた一九三六年、ベルギーで行なわれた総選挙で不吉な結果が出た。独裁主義的な極右政党であるレックス党とフランデレン民族連盟（VNV）が一気に躍進を果たしたのだ。二〇パーセント近くの票を得た両党は、伝統的な三党体制（労働党、自由党、中道右派のカトリック党）に風穴を開けようとした。レックス党の指導者で、のちにナチスの協力者になるカトリック教徒のジャーナリスト、レオン・ドゥグレルからの攻撃はとりわけ強烈だった。もともとカトリック党の右派だった彼は離党後、議会民主主義を批判し、党の指導者たちの腐敗を非難した。そんなドゥグレルに、ヒトラーとムッソリーニは激励の言葉と経済的支援を与えた。

一方、議席を一気に減らした既成の中道政党は、大きな打撃を受けた。すぐ近くのイタリアやドイツで反民主主義的な動きが広がるなか、ベルギーの政党指導者たちは自らの党の生き残りに不安を抱き、いったいどう対応するべきか考えあぐねていた。とくにカトリック党は、むずかしいジレンマにさらされた。古くからのライバルである労働党や自由党と協力するべきか？　あるいは、ドゥグレル率いるレックス党――イデオロギー的には共通点があるものの、民主主義政治の価値を否定する党――と右翼同盟を組むべきか？

自らの利益よりも民主主義を優先

そそくさと退散したイタリアやドイツの主流派の政治家たちとは異なり、ベルギーのカトリック党の指導者たちは強硬姿勢をとった。彼らは、レックス党との協力は党の考え方と相容れないものだと宣言し、極右勢力と闘うために、すでに二本柱の戦略を進めていた。まず組織内部への対策として、レックス党に親近感を抱く候補者や過激な思想をもつ政治家を排除し、党の統制を強めた。また、カトリック党執行部は極右勢力との協力に対して断固として反対する態度を示した(25)。さらに外部に向けた対策として、カトリック党は自分たちの領域でレックス党と闘おうとした。そこで党執行部は、レックス党の基盤の一部だった若いカトリック教徒をターゲットに宣伝活動の戦略を練り直した。一九三五年一二月にはカトリック党青年戦線が結成され、ドゥグレルに対する反対活動が始まった(26)。

カトリック党とレックス党の最後の対立は、一九三六年の総選挙後の新政権の起ち上げを軸に展開し、結果としてレックス党は効果的に抑え込まれた(ナチスの侵略までは)。カトリック党は同党所属の現職首相パウル・ファン・ゼーラントを支持した[27]。再び首相に選ばれたファン・ゼーラントには、新政権を発足するにあたっておもにふたつの選択肢があった。ひとつ目は、フランスの〈人民戦線〉と同じ路線をとり、ライバルの労働党と組むというもの(当初、ファン・ゼーラントとカトリック党執行部はこの案を避けようとした)。ふたつ目の選択肢は、レックス党とVNVを含めた反社会主義勢力の右翼同盟を作るというものだった。選択は容易ではなかった。

脆弱なファン・ゼーラント内閣を転覆させようと試みる伝統主義者の派閥は、ふたつ目の選択肢を支持した。彼らはカトリック党員たちを刺激し、政府への抗議活動を指揮し、補欠選挙の実施を強く求めた。再び選挙が行なわれれば、レックス党の党首ドゥグレルがファン・ゼーラントに闘いを挑む予定だった[28]。しかし、一九三七年に行なわれた補欠選挙では、ドゥグレルが大敗し、政府を打ち倒そうとする過激派の計画はすべて失敗に終わった。この結果を導いた立役者は、態度を明確に示したカトリック党の国会議員たちだった。彼らは伝統主義者の派閥と一緒に歩むことを拒み、代わりにファン・ゼーラントとともに自由党や労働党と協力する道を選んだ。これこそ、カトリック党によるもっとも重要な〝門番としての行動〟だった。

じつのところ、カトリック党が正しい針路を保つことができた裏には、国王レオポルド三世と労働党の後押しがあった。一九三六年の総選挙では労働党が議会第一党になり、政権を発足させる権利を得た。ところが蓋を開けてみると、労働党は議会から充分な支持を得られないことが明らかになった。国王としては、再び総選挙を行なえば、過激主義政党がさらに議席を増やす可能性があることに気がついていた。そこで彼は主要政党の党首たちを呼び、連立政権を組むように説得した。現職のファン・ゼーラントが首相を務め、保守派のカトリック党とリベラル派の労働党の両方で政権を運営することによって、左右の反体制政党を排除するというのが国王の狙いだった。[29] 労働党はファン・ゼーラントに不信感を抱いていたものの、それでも自らの利益よりも民主主義を保つことを優先して大連立を支持したのだった。

フィンランドのラプア運動

似たような動きはフィンランドでも起きた。一九二九年、ラプア運動と呼ばれる極右活動が政界を席巻し、フィンランドの脆弱な民主主義に危機をもたらした。[30] この運動は、必要とあらばいかなる手段を使ってでも共産主義を根絶やしにすることを訴えるものだった。[31] 運動家たちは、要求が認められないときには暴力で脅し、社会主義者の協力者と思しき主流派の政治家を攻撃した。

はじめ、政権与党である中道右派の農民同盟の政治家がラプア運動家たちに近づき、反共主義を政治的にうまく利用していた。政治家たちは運動の要求を受け容れて共産主義者の政治的権利を否定し、極右勢力の暴力を容認した。[32] 一九三〇年、ラプア運動家たちが「味方のひとり」とみなしていた保守派のペール・スビンフブドが首相になると、運動家たちにふたつの閣僚ポストが与えられた。[33] 一年後にスビンフブドが大統領になった時点でも、ラプア運動家たちは過激な行動を続けていた。

共産主義が禁止されると、彼らはより穏健な社会民主党をターゲットに定めた。[34] 一部の凶暴なラプア運動家は、組合指導者や国会議員を含めた一〇〇〇人近い社会民主党員を拉致した。[35] また、ムッソリーニの伝説的なローマ進軍を真似して、一万二〇〇〇人を集めてヘルシンキに向けてデモ行進を行なったこともあった。さらに一九三二年には、(最終的には失敗に終わったものの) 政府を「ノンポリ」で「愛国的」なものへと入れ替えることを求めて蜂起を計画した。[36]

ところが、ラプア運動の過激さが増していくと、フィンランドの伝統的な保守政党は運動との関係をきっぱりと絶った。一九三〇年末ごろには、農民同盟とリベラル派の国民進歩党の大部分、スウェーデン人民党のほとんどの議員が、イデオロギーが大きく異なるライバル政党・社会民主党と協力し合うようになった。彼らは、いわゆる「正当性のための共同戦線」を組んで暴力的な過激派から民主主義を護ろうとした。[37] 保守派のスビンフブド大統領さえも、以前の同盟相手をはっきりと拒絶し、のちにその過激な活動を禁止した。[38] かくしてラプア運動は孤立し、フィンランドで生まれたファシズムの小さな芽は摘み取られたのだった。[39]

政党が門番の役割を見事に果たした例は、遠い歴史のなかにだけ存在するものではない。二〇一六年に行なわれたオーストリアの大統領選では、主要政党である中道右派の国民党（ÖVP）が効果的に極右政党の自由党（FPÖ）を抑え込むことに成功した。オーストリアには極右政治の古い歴史があり、自由党はヨーロッパでもっとも大きな力をもつ極右政党のひとつである。二〇一六年までに、オーストリアの政治システムは脆弱化が進んでいた。なぜなら、二大政党として冷戦後に大統領が順番に輩出していた社会民主党（SPÖ）とキリスト教民主主義を掲げる国民党の力が弱まっていたからだ。二〇一六年の大統領選挙では、二党の独占を打ち破ろうと、突如としてふたりの政治家が立ち上がった――緑の党の前党首アレクサンダー・ファン・デア・ベレンと極右・自由党の党首ノルベルト・ホーファーだ。

多くの専門家が驚いたことに、一回目の投票の結果、ファン・デア・ベレンと右翼のアウトサイダーであるホーファーが決選投票に進むことになった。二〇一六年一〇月に予定されていた投開票が手続きミスのせいで延期され、決選投票は一二月に行なわれた。

この時点までに、保守派の国民党の議員を含む何人かの代表的な政治家が、ホーファーと自由党を敗北に追い込まなくてはいけないと明言していた。ホーファーは移民に対する暴力行為を助長するような発言を繰り返しており、多くの国民や政治家が不安を抱いていた。もし大統領に選ばれたら、ホーファーは「大統領は政治性をもたない立場にとどまる」という歴史的規範を破り、自らの政党に特権を与えようとするのではないか――。

この脅威を目の当たりにした国民党の幹部はホーファーを倒すために、イデオロギーの異なるライバルであるリベラル系・緑の党のファン・デア・ベレン候補を支持することを決める。そのなかには、国民党の大統領候補だったアンドレアス・コールも含まれていた。さらに、党首のラインホルト・ミッターレーナー、現政権の閣僚のひとりであるソフィー・カルマシン、国民党所属の数十人の地方自治体の長らも続々とファン・デア・ベレン支持を表明した。ある手紙のなかで、元国民党党首のエアハルト・ブゼクはファン・デア・ベレンを支持する理由について次のように綴った。「いっときの感情からではなく、熟考した結論としての判断である……大統領選のあと、マリーヌ・ル・ペン、ヨッビク（ハンガリーの極右政党）、ヘルト・ウィルダース（オランダ自由党の極右政治家）、ドイツのための選択肢（ドイツの極右政党）といった過激派から祝福などされたくないという感情に突き動かされての決心だ[40]」。結果、ファン・デア・ベレンはわずか三〇万票差で勝利を収めた。

彼らのような行動をとるには、政治的に大きな勇気が必要になる。たとえば、ウィーン郊外の小さな市のステファン・シュムッケンシュラガー市長は国民党所属ながらも緑の党のファン・デア・ベレンを支持した。しかし彼の話によると、家族のなかでも意見は分かれ、同じく国民党の幹部である彼の双子のきょうだいはホーファーを支持したという[41]。シュムッケンシュラガーが説明したとおり、正しいことをするために、権力政治をひとまず脇に置かなければいけないときもあるのだ。

国民党からの支持は役に立ったのか？　実際に役に立ったというさまざまな証拠がある。出口調査によると、国民党支持者の五五パーセントがファン・デア・ベレンに投票したと答え、ファン・デア・ベレンに票を入れた有権者の四八パーセントがホーファーの当選を防ぐために投票したと答えた。くわえて、これまでオーストリアの政治を特徴づけてきた都市部と地方の大きな差（左寄りの都市部と右寄りの地方）が、二〇一六年一二月の決選投票では劇的に狭まっていたことがわかった。伝統的かつ保守的な地方の州に住む驚くほど多くの有権者が、決選投票では投票先をファン・デア・ベレンに変えた。

つまり二〇一六年、国民党の責任ある指導者たちは、自党と同じ側のイデオロギーをもつ過激派政党と組むという誘惑を追い払った。その結果として、極右政党・自由党は敗北した。その一方で、翌二〇一七年の議会選挙では自由党が躍進を遂げ、新たに生まれた右翼政権の連立パートナーになった。これは、オーストリアの保守派が直面するジレンマがいまでも続いていることを示す明らかな証拠だろう。だとしても、大統領選で過激派を遠ざけようとした国民党の努力は、現代の門番役としての有益なモデルであることはまちがいない。

門番としての役割についていえば、アメリカ合衆国にも目覚ましい実績があった。過去には過激思想をもつ人物が国民から大きな支持を得たこともあったが、民主党と共和党の両方がしっかりと彼らを端へと追いやってきた。何十年ものあいだ、両党はそのような人物を政治の主流から遠ざけることに成功してきた。そう、二〇一六年までは。

第2章

アメリカの民主主義を護る門番

アメリカ人小説家のフィリップ・ロスは『プロット・アゲインスト・アメリカ』（二〇〇四年）のなかで、歴史上の実際の出来事にもとづき、戦前のアメリカにファシズムが広がっていたらどうなっていたかを想像した。

この小説の主人公は、二〇世紀はじめにアメリカのマスコミを沸かせた英雄、チャールズ・リンドバーグだ。一九二七年に大西洋単独無着陸横断飛行に成功してたちまち名声を得た彼は、のちに過激な孤立主義を訴えはじめ、ナチス支持者になった。ロスの小説では、ここから歴史が奇妙な方向へと向かう——リンドバーグは世間から忘れ去られるのではなく、一九四〇年にフィラデルフィアで開かれた共和党大会に飛行機に乗って登場する。午前三時一四分、二〇回目の投票までもつれた会場には八方塞がりの雰囲気がただよっていた。しかし突然「リンディ！　リンディ！　リンディ！」の叫び声が会場から湧き起こり、制御不能のその声は三〇分にわたって続いた。強烈な集団ヒステリーのなか、彼の名前が党の大統領指名候補として提案され、支持され、拍手喝采によって認められる。政治経験こそないリンドバーグだったが、マスコミの扱い方は誰よりも心得ていた。彼はまわりのアドバイスを無視し、かの有名なひとり乗り飛行機〈スピリット・オブ・セントルイス号〉に飛び乗る。フライトゴーグル、ロングブーツ、ジャンプスーツ姿のリンドバーグは州から州へと飛行機で移動し、選挙活動を続けた。

現実とは逆さまのこの小説世界では、リンドバーグが現職のフランクリン・ルーズベルト（第三二代、民主党）に勝利する（のちにリンドバーグの選挙活動がヒトラーとつながっていたことがわかる）。大統領になったリンドバーグが敵国と平和条約を結ぶと、反ユダヤ主義と暴力がアメリカ全土に解き放たれる。

多くのアメリカ人は、二〇一六年の大統領選挙とフィリップ・ロスのこの小説のあいだにたくさんの類似点を見いだした。民主主義者としての資質も怪しいアウトサイダーが、外国の後押しによって権力を握る——この前提はどう考えても似通っていた。しかし、この比較からもうひとつの驚くべき疑問が浮かび上がってくる。一九三〇年代のアメリカは厳しい経済危機に陥っていたにもかかわらず、なぜこれが実際に起きなかったのだろう？

アメリカの大衆扇動家たち

二〇一六年以前に過激思想をもつ大衆扇動家が大統領選で勝てなかった理由は、そのような候補者がいなかったからではない。さらに、彼らに対して国民からの支持がなかったからでもない。それとは反対に、過激主義者は古くからアメリカの政治世界にぽつりぽつりと現われていた。実際、一九三〇年代だけでも、八〇〇以上の極右過激派集団がアメリカ合衆国に存在していた[1]。

この時代に活躍したもっとも著名な人物のひとりが、反ユダヤ主義を唱えるカトリック教会司祭、チャールズ・カフリンだった。彼が出演した超国家主義的なラジオ番組は大人気を博し、リスナー数が一週間で四〇〇〇万人を超えることもあった。カフリン司祭は反民主主義的な発言を公の場で繰り返し、政党の廃止を訴え、選挙の価値に疑問を投げかけた。一九三〇年代に彼が発行した新聞『社会的正義』(*Social Justice*)は親ファシストの立場をとり、ときにムッソリーニを「今週の顔」に選んだり、ナチス政権をたびたび擁護したりした。[2] そのような過激主義を訴えていたにもかかわらず、カフリン司祭の人気にはすさまじいものがあった。『フォーチュン』誌は、彼の登場を「ラジオ界で起きた史上もっとも大きな出来事」[3]と形容した。カフリンは国じゅうをまわり、満員のスタジアムや講堂で演説した。[4] 街から街に移動するときには、ファンが道路脇に並んで彼を見送ったという。[5] 当時の専門家の一部は、カフリンのことを「ルーズベルトの次にアメリカでもっとも影響力のある人物」と呼んだ。

ルイジアナ州知事を経て上院議員になったヒューイ・ロング(自称「キングフィッシュ」)もまた、世界大恐慌を背景に名を馳せた過激主義者のひとりだった。歴史学者アーサー・シュレジンジャー・ジュニアは彼のことを「稀代の大衆扇動家……南米の独裁者バルガスやペロンと似た男」[6]と表現した。ロングは街頭演説が巧みな政治家で、躊躇なく法の支配を無視した。[7] 知事時代の彼は、シュレジンジャーがいうところの「アメリカ史上もっとも全体国家主義に近づいた状態」を作り上げ、賄賂と脅迫の合わせ技で州議会、裁判所、メディアを服従させた。[8] 州憲法の存在を知っているかと野党議員に尋ねられたとき、ロングは「いまは私が憲法だ」[9]と答えた。新聞編集者のホディング・カーターはロングを「アメリカの国土から生まれたはじめての真の独裁者」[10]と呼んだ。フランクリン・ルーズベルトの選挙運動責任者だったジェームズ・A・ファーリーは、一九三三年にローマでムッソリーニと会ったとき、「眼のまえのイタリア人独裁者を見てヒューイ・ロングを思い出した[11]」と綴った。

富の再分配を訴えるロングには、熱烈な支持者がいた。一九三四年の時点で、彼は「すべての上院議員に送られてきた合計数より多くのファンレターを受け取り、それは大統領に送られてきた数よりも多かった[12]」という。そのころまでに、ロングの「富の共有運動」は全国に二万七〇〇〇の下部組織をもつほど広がり、名簿には約八〇〇万人分の名前が登録されていた[13]。ロングは大統領選に出馬する意欲をみせ、『ニューヨーク・タイムズ』紙の記者にこう語った[14]。「私ならルーズベルトに勝てる……彼よりももっと多くの公約を実現できる。向こうもそう気づいているだろうね[15]」。実際、ルーズベルトはロングのことを深刻な脅威だとみなしていた。しかし一九三五年九月にロングは暗殺され、その脅威は消えることになった[16]。

赤狩り、人種差別

アメリカ社会で独裁主義者が人気を博すという傾向は、第二次世界大戦後の経済成長期まで長く続いた。たとえばジョセフ・マッカーシー上院議員は、冷戦期における共産主義者の破壊活動に対する恐怖を巧みに使い、ブラックリスト作り、検閲、本の発禁処分などの政策を推し進めたが、アメリカ国民から幅広い支持を得た[17]。マッカーシーの政治権力が頂点を迎えたころに行なわれた世論調査の結果を見ると、アメリカの有権者の半数近くが彼を支持していたことがわかる。一九五四年に上院で彼に対する譴責《けんせき》決議が可決されたあとでさえも、ギャラップ社の世論調査でのマッカーシーへの支持率は依然として四〇パーセントを記録していた[18]。

一〇年後、あからさまな人種差別主義を唱えるアラバマ州知事のジョージ・ウォレスが一躍時《とき》の人となり、一九六八年と七二年の大統領選で驚くべき活躍をみせる。ジャーナリストのアーサー・ハドリーは、ウォレスは「〝強者を嫌う〟という古くから続く高潔なアメリカの伝統に訴えかけ、〝単純で古いアメリカの怒り〟を利用する天才だった[19]」と説明した。ときに暴力行為をうながし、憲法的な規範をこともなげに無視する姿勢をみせたウォレスは、次のように宣言した。

憲法よりも強力なものがひとつある……人々の意志だ。そもそも、憲法とはなんだろう？　それは人々が作り上げたものであり、そのもととなる動力源は人々なのだ。だから人々が望めば、憲法を廃止することもできる[20]。

ウォレスのメッセージ――労働者階級の白人の被害者意識と経済不況への憤りに対するポピュリスト的な訴えに、人種差別を織り交ぜたもの――は、民主党の伝統的な支持者であるブルーカラー層の心をとらえていった[21]。第三政党の候補者としてウォレスが大統領選に出た一九六八年に行なわれた世論調査では、およそ四〇パーセントのアメリカ人が彼の考えを支持するという結果が出た[22]。さらに一九七二年の大統領選では、民主党予備選でウォレスが有力候補に躍り出たことによって、エスタブリッシュメントに衝撃が走った。一九七二年五月、ウォレスの選挙運動の勢いは暗殺未遂によって失速するが、その時点までの予備選では、一〇〇万票以上の差をつけてジョージ・マクガバン（最終的な大統領候補）をリードしていた[23]。

このように、アメリカでは古くから多くの独裁主義者が活躍してきた。カフリン、ロング、マッカーシー、ウォレスのような人物が、有権者の三〇〜四〇パーセントに上る大きな少数派から支持を得るのは珍しいことではなかった。私たちはときに、アメリカの国家としての政治文化は、そのような独裁主義に対してある程度の免疫があると思いがちだ。しかし、それはバラ色の眼鏡を通した歴史観でしかない。未来の独裁者から実際にこの国を護ってきたのは、民主主義を保とうとするアメリカの強い姿勢ではなく、むしろ門番として機能する政党のほうだった。

非民主主義的な政党の機能

ウッドロウ・ウィルソン大統領（第二八代、民主党）の任期が終わりに近づいた一九二〇年六月八日、共和党の代議員たちが候補者選びのためにシカゴ・コロシアムに集まっていた。壁が旗で覆われたホールの換気は悪く、室内の温度は三五度を超えた。四日間にわたる九回の投票を経ても、結論はまだ出ていなかった。金曜日の夕方、近くのブラックストーン・ホテル一三階にある404スイートでは、共和党全国委員会のウィル・ヘイズ委員長と『ハーベイズ・ウィークリー』誌を出版する有力な実業家ジョージ・ハーベイが、元祖〝煙に満ちた秘密部屋〟で上院議員や党幹部らのグループと次々と会議を開いていた。(24) ジャーナリストに「保守派《オールド・ガード》」と呼ばれる彼らは、酒を飲み、葉巻をふかし、なんとか突破口を見つけようと夜遅くまで話し合った――大統領候補指名に必要な四九三人の代議員票を獲得できる候補者は誰か？

党大会の投票で首位を走っていたのは、レオナルド・ウッド少将だった。彼はセオドア・ルーズベルト（第二六代、共和党）の古くからの盟友で、予備選挙では熱狂的な人気を集めており、週のはじめに行なわれた投票でトップの二八七人の代議員を獲得した。そのうしろにはイリノイ州知事のフランク・ローデン、カリフォルニア州選出のハイラム・ジョンソン上院議員が控えていた。四位のオハイオ州選出のウォレン・G・ハーディング上院議員は大きく出遅れ、六五・五人分の代議員票しか獲得できていなかった。党大会の会場にいた記者たちは次のように伝えた。「誰もハーディングのことは話していない……彼は有望なダークホースであるとも目されていない」(25)。しかし、記者たちはブラックストーン・ホテルでの話し合いに関する噂を耳にしていた。とりわけ熱心な記者はホテルの一三階に行き、４０４スイートのまえで様子を見守った。記者たちの眼のまえを、数多くの著名な上院議員たちが行き交っていた――マサチューセッツ州のヘンリー・カボット・ロッジ、イリノイ州のマコーミック、コロラド州のフィップス、ニューヨーク州のカルダー、マサチューセッツ州のクレイン元上院議員……。

４０４スイートの室内では、それぞれの候補者の長所と短所が注意深く検討され、話し合いが続いていた（「ノックスは年寄りすぎる」「ロッジはクーリッジ（第三〇代大統領）のことが嫌いだ」）。夜中の一時、「オールド・ガード」の七人のメンバーが部屋に残り、起立投票を行なった。二時一一分、ジョージ・ハーベイに呼び出されて部屋にやってきたハーディングは、自分が大統領候補に選ばれたと知らされてびっくり仰天した。すぐに噂は広がった。翌晩には一〇回目の投票が行なわれ、汗だくの代議員たちはやっとのことで緊張から解き放たれた。大喝采のなか、ウォレン・G・ハーディングが六九二・五人分の代議員票を得て圧勝した。予備選挙でわずか四パーセント強の票しか得られなかった彼が、一九二〇年大統領選の共和党候補に選ばれたのだった。

いまでは、タバコの煙に満ちた部屋での決定を好む人はいなくなったが、それも当然の話だろう。いうまでもなく、そんなのは民主主義的なやり方とはいえない。当時、大統領候補は小さな黒幕の集団によって選ばれていた。一般市民に対してはもちろんのこと、黒幕は党員に対して理由を説明する必要もなかった。さらに、煙に満ちた部屋が必ずしも優れた大統領を生み出すとはかぎらなかった。事実、ハーディング政権はスキャンダルまみれだった。しかし密室での候補者選びには、今日では忘れられがちな利点もあった――門番として機能し、明らかに不適切な人物が選挙に出たり要職に就いたりするのを防ぐことができた。これは、党執行部の高潔さが生んだ結果ではない。むしろ大きく作用したのは、いわゆる〝党の重鎮たち〟が確実に勝てる安全な候補を選ぼうとしたことだった。このリスク回避の精神こそが、過激派の排除につながっていた。

選挙人団による間接選挙

門番の制度の起源は、共和国としてのアメリカの建国までさかのぼる。一七八七年に作られた合衆国憲法は、世界ではじめての大統領制を作り上げた。この大統領制は、門番としての役割に独特の問題をもたらすものだった。議会民主主義では、与党の国会議員から首相が選ばれる。すると必然的に、政治的インサイダーたちが認めた人物が首相として選出されることになる[26]。要は政府を作るというプロセスそのものが、フィルターの役割を果たしているのだ。それとは対照的に、大統領は議会の現役議員から選ばれるわけでも、議会によって選ばれるわけでもない。少なくとも理論の上では、大統領は一般の人々によって選ばれ、誰でも立候補して——充分な支持を得られれば——当選することができる。

合衆国憲法の起草者たちは、門番の役割をどう保つべきかについてひどく憂慮していた。憲法と選挙制度を設計しようとした彼らは、多くの点において、今日の私たちと同じジレンマと闘っていた。まず、彼らが望んだのは君主ではなく、選挙で選ばれる大統領だった。つまり、「共和制の人民統治」という原則にしたがい、国民の意思を反映できる人物だった。その一方で起草者たちは、一般市民が候補者の適性を確実に判断できるとは考えていなかった。アレクサンダー・ハミルトンが心配したのは、人気投票だけで大統領が選ばれた場合、恐怖や無知を巧みに利用する人物がいとも簡単に当選し、暴君として国を支配するようになるのではないかということだった。「歴史の教えてくれるところでは——」とハミルトンは『ザ・フェデラリスト』〔合衆国憲法の批准を推進するために書かれた論文集〕

のなかで綴った。「共和国の自由を転覆するにいたった連中の大多数のものは、その政治的経歴を人民へのこびへつらいから始めている。すなわち、扇動者たることから始まり、専制者として終わっているのである」[27]。ハミルトンと仲間たちは、選挙には内蔵式の審査システムのようなものが必要だと考えた[28]。

そこで起草者たちが考え出したのが「選挙人団」のシステムだった。最終的に合衆国憲法第二条によって間接選挙方式の制度ができあがったが、それは『ザ・フェデラリスト』第六八篇のハミルトンの考えを反映したものだった。

大統領に適する資質とはどういうものかを分析でき、また、選択にあたっては、熟考するにふさわしい状況の下で、また、しかるべき理由と動機とをもち合わせる点でも好ましい条件の下で行動できる人々によって、直接（大統領が）選挙されることが望まれていた[29]。

かくして、それぞれの州の地元の名士からなる選挙人団が作られ、彼らが大統領選びに最終的な責任をもつことになった。この方式の大切さについて、ハミルトンは「大統領という公職が、必要とされる資格を充分に備えていないような者に託されることはけっしてない……低級な裏工作の才能と人気取りの小細工だけ」の人間は、自然と淘汰されることになると論じた。このようにして、選挙人団はアメリカの最初の門番になった。

選挙人団から政党へ

ところが、このシステムは長くは続かなかった。その原因は、起草者のもともとの設計図にふたつの欠点が隠れていたことだった。まず、大統領候補の選出方法について憲法では何も規定されていなかった。選挙人団のシステムが始動するのは一般市民の投票が終わってからであり、最初の段階で誰が大統領職を目指すかということには関知しない。ふたつ目の欠点は、憲法が政党についてまったく言及していないという点だ。のちにトーマス・ジェファーソン（第三代大統領）とジェームズ・マディソンが二大政党制を作り上げることになるものの、もとの起草者たちは政党の存在について深く考慮していなかった。

一八〇〇年代はじめに誕生した「政党」は、アメリカの選挙システムの在り方を変えた。「選挙人団のための代議員を地元の名士から選ぶ」という起草者たちが考えた方法の代わりに、それぞれの州が特定の政党支持者を選出するようになった。そして選挙人（代議員）は政党の代理人となり、門番としての権限は政党に委ねられることになった。以来、政党がその役割を担いつづけてきた。

その後、政党はアメリカ民主主義の管理人になった。大統領候補者を選ぶ政党には、危険な人物をホワイトハウスから遠ざけておく能力――さらには責任――が求められる。そのため政党は、ふたつの役割のあいだでうまくバランスをとらなければいけない。まず、党を支持する有権者の考えを反映した候補者を選ぶという民主的な役割。次に、政治学者ジェームズ・シーザーが「濾過《フィルタレーション》」[30]と呼ぶ、民主主義に脅威を与える政治家や大統領職に適さない人物を選別するという役割だ。

人気のある候補者を選びつつ、大衆扇動家を締め出すという二重の使命は、ときに相矛盾することがある。一般市民が自ら大衆扇動家のほうを選んだらどうなるのか？　この矛盾が、その設立から今日まで大統領候補指名プロセスの中心に緊張状態を生み出しつづけてきた。門番を過度に信頼するのは、それ自体が非民主主義的である。なぜなら、党の重鎮たちが党員を無視すれば、人々の意見が反映されない状況になってしまうからだ。しかし反対に〝人々の意見〟を過度に信頼すれば、民主主義そのものを脅かす大衆扇動家の当選につながる危険性が出てくる。この緊張から逃げる方法はなく、どこかで必ず妥協が必要になる。

インサイダーによる査読

アメリカ史のほとんどの時期において、政党はオープンさよりも門番の役割を優先してきた。〝煙に満ちた部屋〟のようなものは、いつもどこかに存在していた。一九世紀はじめ、大統領候補は「連邦議会の議員総会」（Congressional Caucus）を通してワシントンの下院議員の集団によって選ばれていた。この制度はすぐに閉鎖的だと批判を受け、一八三〇年代はじめになると、各州の代議員からなる全国党大会で候補者が指名されるようになった。代議員は選挙で選ばれるのではなく、州や地方の政党委員会によって選出された。彼らには特定の候補者に投票する義務はなかったものの、州の党執行部の指示にしたがうことが一般的だった[31]。そのためこのシステムは、党のインサイダー、あるいは代議員を管理する党執行部が推す候補に有利に働いた。州の党ネットワークや地元の政治家から支援を受けていない候補者には、ほとんど勝ち目はなかった。

この党大会のシステムも閉鎖的で非民主主義的だと批判され、つねに改善が繰り返されてきた。一八九〇年代から一九二〇年代のいわゆる「進歩主義時代」には、予備選挙が導入された。一九〇一年にはじめてウィスコンシン州で行なわれたのち、一九一六年には二〇州以上で予備選挙が行なわれるようになった。しかしながら、これらの改革はほとんど変化をもたらさなかった[32]。もちろんその一部には、多くの州でまだ予備選挙のシステムが用いられていなかったという理由があった。しかしもっとも大きな原因は、選ばれた代議員が各州の予備選挙で勝った候補者を支持する必要がなかったからだった。

彼らは特定の候補者に投票するように〝拘束〟されていたわけではなく、党大会の場で誰に票を入れるのかを自由に取引することができた。政府の役職、補助金、そのほかの給付を管理する党本部の執行部は、それらの取引を有利に進めることができた。そのため、政党は大統領選の門番として機能しつづけた。[33] 最終的な大統領候補指名に対して拘束力をもたない予備選挙は、美人コンテストとほとんど変わらないものだった。真の力をいまだ握っていたのは、当時「組織人」(organization men)と呼ばれていた党のインサイダーたちだった。事実上、候補者にとって、組織人の支持を得ることが指名への唯一の道だった。

この古い党大会のシステムでは、門番の役割に付きものの妥協が重要になった。なんといっても、このシステムは民主主義的とは言いがたく、組織人たちはアメリカ社会の代表とはかけ離れていた。実際のところ、彼らは「しがらみ社会」の定義そのものだった。政治と無縁の貧困層、女性、少数民族は言わずもがな、ほとんどの一般党員の意見は、煙に満ちた部屋での話し合いに反映されることはなかった。彼らは、大統領候補指名の一連の流れから除外されていたも同然だった。

一方で党大会のシステムは、危険な候補者を組織的に取りのぞくという点において、門番の役割を効果的に果たしていた。党のインサイダーたちは、政治学者が「査読《さどく》」[34](同じ分野の専門家による評価)と呼ぶ作業を自然と行なっていた。知事や上下院議員たちは候補者のことを個人的に知っていた。それまで何年にもわたって多種多様な場面でともに活動してきたため、候補者の性格、判断力、ストレス下で行動する能力について評価できる立場にいた。[35] 煙に満ちた奥の部屋はふるい分けの機構としてうまく機能し、世界のほかの場所で民主主義を崩壊させてきたような大衆扇動家や過激主義者を締め出すことに役立っていた。アメリカの政党は門番としてきわめて有能な仕事をしていたため、アウトサイダーが勝つことなどできるわけもなかった。結果として、大方のアウトサイダーは挑戦しようとも考えなかった。

ヘンリー・フォードの挫折

フォード・モーター社の創設者であるヘンリー・フォードを例に見てみよう。二〇世紀はじめに世界でもっとも裕福な企業家のひとりだったフォードは、まさにハミルトンが警戒していた過激な大衆扇動家の現代版だった。自ら買収した『ディアボーン・インディペンデント』紙を拡声器として使い、彼は銀行家、ユダヤ人、ボルシェビキを激しく非難し、ユダヤ人銀行家たちがアメリカへの陰謀を企んでいると煽る記事をたびたび掲載した。フォードの思想は世界じゅうの人種差別主義者から賞賛された。[36] アドルフ・ヒトラーは『我が闘争』のなかでフォードの名前を出して褒め称え、のちにナチスの指導者のひとりとなるハインリヒ・ヒムラーは「われわれのもっとも貴重かつ重要で機知に富んだ戦士のひとり」と評した。[37] 一九三八年、ナチス政府はフォードに大十字ドイツ鷲勲章を贈った。

フォードは中西部を中心にアメリカ国内でも幅広い支持を受け、一部の国民に敬愛されていた。[38]「大成功を収めた貧しい農場の男の子」[39]「歯に衣着せぬ物言いの実業家」として地方に住む多くのアメリカ人に国民的英雄と崇められ、ワシントンやリンカーンといった伝説的な大統領と同じような扱いを受けた。

フォードの危険な思想は、のちに彼を政治の世界へと導くことになる。フォードは第一次世界大戦への反対運動を始め、「平和使節」をヨーロッパに送った。いかにも素人くさい行動ではあったものの、これによって彼は大きな注目を集めた。大戦のあとも、フォードと政治のかかわりは断続的に続いた。一九一八年に上院議員選挙に僅差で負けたあと、彼は一九二四年の大統領選に（民主党から）立候補することを検討しはじめた。その噂は瞬く間に全国に広まり、とくに農村部で熱狂的な歓迎を受けた。一九二三年には「フォードを大統領に」と謳う支援団体が全国各地で起ち上がり、メディアも「フォード・ブーム」を報じはじめた(40)。

その年の夏、大衆誌『コリアーズ』が全国二五万人以上の読者を対象とした週間世論調査を始めた。その毎週の結果は、フォードの名声、実業家としてのビジネス感覚、絶え間ないメディアの注目によって彼が有力な大統領候補へと変わりつつあることを示すものだった。週ごとの結果が出るたび、見出しはどんどん仰々しいものになっていった――「フォード人気の上昇で政治は混沌状態」「乱戦状態の大統領選でフォードがリード(41)」。二カ月にわたる世論調査が終わるころには、現職のウォレン・ハーディング大統領(第二九代、共和党)や将来の大統領となるハーバート・フーバー(第三一代、共和党)らを含む一二人の候補者すべてを抑え、ヘンリー・フォードが一番人気を独走していた。これらの結果を踏まえ、『コリアーズ』の編集者たちは「ヘンリー・フォードの台頭はアメリカ政治でもっとも重要なテーマになった(42)」と結論づけた。

インサイダーによる投票

しかし、フォードが本気で大統領選に出ようとしていたとしたら、生まれるのが一〇〇年早すぎた。当時、有権者の意見よりもはるかに重要だったのは党トップの見解であり、幹部たちはフォードを激しく拒絶した。それを反映するように、『コリアーズ』の一連の特集のなかには「政治家が大統領を選ぶ」という見出しの記事も含まれていた。読者による投票の結果を発表した一週間後、『コリアーズ』はインサイダーのみによる投票の結果を報告した。投票したのは両党の一一六人の党幹部で、そのなかには共和党と民主党の全国党大会のメンバー全員、一四人の著名な州知事、各党の上下院議員などが含まれていた。これらの実力者による投票では、フォードの人気は首位から大差の五位という結果だった。読者投票との差について、『コリアーズ』の記者は次のように推察した。

民主党の幹部たちに「フォードはどうですか？」と訊くと、誰もが肩をすくめた。すべての州において、一般的に「組織」と呼ばれる集団に属する人間はほぼひとりの例外もなく、誰もがフォードの立候補に反対の立場だった。予備選挙が行なわれない州では、事実上これらの組織メンバーが、党全国大会に送る代議員を独断で選んでいる……一般市民のあいだでフォード人気がきわめて高いことは、民主党員と共和党員を含めて誰も否定はしていない。民主党の幹部たちは、自分の地元の州でもフォード・ブームが起きていることを知っており、それを怖れている。しかしながら、代議員を選ぶというプロセスがあるため、フォードが選挙で躍進することはないと幹部たちは考えているのだ。(43)

一般市民による熱狂的な支持があったにもかかわらず、実質的にはフォードは競争から締め出されていた。ジェームズ・カズンズ上院議員は、フォードが大統領選に立候補するという考えをバカげたことだと笑い飛ばした。「訓練も経験も積んでいない六〇過ぎの素人が、大統領選に出るって？」と彼は言った。「そんなバカげた話はない(44)」

このような経緯があったからこそ、その長い夏の終わりに『コリアーズ』のインタビューを受けたフォードが、「大統領選出馬への野望は抑え込まれた」と吐露したのも当然のことだろう。

私が今日の時点で指名を受けるというのは考えにくい。もちろん、私が明日何をするかなどまだわからないが。戦争やそれに似た危機か何かが起こり、法律尊重主義や立憲主義といったものでは解決できない状態になれば、話は変わってくるかもしれない。そのときに国民が求めるのは、実際に行動を起こし、それを素早くやってくれる人間だろう。[45]

要するに、自らの行く手をふさぐ門番のシステムがなんらかの方法で取りのぞかれた場合にかぎり、フォードは大統領選への出馬を考えていたということだ。現実的には、彼が出馬できる可能性はまったくなかった。

現実的な砦として

ヒューイ・ロングは大統領選に挑戦するまえに死んでしまった。しかしたとえ出馬しようとしても、その並はずれた政治的手腕、人気、野心にもかかわらず、おそらくフォードと同じように政党の門番によって道を閉ざされていたにちがいない。一九三二年に上院議員に当選したとき、規範を度外視した行動をとるロングは仲間たちからすぐさま孤立した。[46]民主党の幹部による後ろ盾のない彼が、一九三六年の党大会でルーズベルトに勝てる見込みはなかった。独立候補として立候補する道は残されていたものの、当選する確率はきわめて低かった。当時行なわれた世論調査の結果は、「ロングが立候補した場合には民主党の票が割れ、一九三六年の大統領選は共和党の候補が勝つ」というものだった。いかなるシナリオにおいても、ロングに勝ち目はほぼなかった。[47]

政党の門番としての働きによって、人種差別主義者のアラバマ州知事ジョージ・ウォレスも政界の端へと追いやられた。一九六四年、ウォレスは民主党の予備選挙に何度か参加し、驚くほど多くの票を獲得した。「アメリカのために立ち上がれ」というスローガンのもと、ウォレスは公民権運動に反対の立場を前面に打ち出して闘った。すると大方の予想を裏切り、ウィスコンシン州とインディアナ州で三分の一近く、メリーランド州ではなんと四三パーセントもの票を得るという番狂わせを起こしたのだった。[48]

しかし一九六四年当時、予備選挙にはほとんど意味などなかった。すぐにリンドン・ジョンソンが大統領候補に指名される見込みとなり、ウォレスの勝ち目はなくなった。その後ウォレスは一九六八年の大統領選出馬に目標を切り替え、四年にわたって全国をまわって活動した。ポピュリズムと白人至上主義を組み合わせた彼の主張は、白人労働者階級の有権者の一部から強い支持を得た。一九六八年までに、およそ四〇パーセントのアメリカ人が彼の意見に賛同するようになった。[49]言い換えれば、ウォレスは一九六八年にトランプのような主張を訴え、国民からトランプと同じ程度の支持を得ていたことになる。

しかし、ウォレスが活動していた時代の政界はいまとは状況がちがった。民主党のエスタブリッシュメントから支持を得られないと悟ったウォレスは、アメリカ独立党の候補者として大統領選に出馬した。[50]それが彼の運命を決めた。最終的に、ウォレスは一三・五パーセントの票を獲得。第三党の候補としては見事な結果だったが、ホワイトハウスにたどり着くにはまったく足りない数字だった。

ここまでの説明を読めば、フィリップ・ロスが『プロット・アゲインスト・アメリカ』で描こうとした空想の世界についてより深く理解できるはずだ。小説に出てくるリンドバーグ現象は、まったくの想像の産物というわけではなかった。「民族純化」[51]を唱えるリンドバーグは一九三六年にナチス・ドイツ国内をまわり、ヘルマン・ゲーリングから名誉勲章を授与された。一九三九年から四〇年にかけて彼はアメリカでもっとも有名な孤立主義者となり、「アメリカ優先《ファースト》委員会」（America First Committee）を代表して全国各地で演説を繰り返した。その人気は絶大で、リンドバーグの演説は多くの観衆を惹きつけた。『リーダーズ・ダイジェスト』誌の編集者ポール・パルマーによれば、一九三九年当時のアメリカでファンや支援者からもっとも多くのファンレターを受け取ったのはリンドバーグだったという。[52] ある歴史学者は「リンドバーグがいずれ公職に立候補するというのは、もはや疑いようのない話だ[53]」と主張した。一九三九年には、アイダホ州選出のウィリアム・ボーラ上院議員が、リンドバーグはすばらしい大統領候補になるだろうと示唆した。[54] しかしここで、私たちは現実の世界に戻ることになる。一九四〇年の共和党大会は、『プロット・アゲインスト・アメリカ』で描かれた空想の大会とは似ても似つかないものだった。党大会の会場にリンドバーグが現われることもなければ、彼の名前が出ることもなかった。ここでも、門番の役割がしっかりと機能していた。

米国の極右政治の歴史について書かれた『不条理の政治』(*The Politics of Unreason*)の結論のなかで、著者のシーモア・マーティン・リプセットとアール・ラーブは、アメリカの政党を「過激主義者に対抗するための現実的な砦」と表現した。彼らの主張は正しかった。しかし、リプセットとラーブの本が出版された一九七〇年前後に、政党は大統領選立候補者の指名制度の改革に乗り出していた。この百数十年ぶりの大きな改革によって、すべてが変わろうとしていた。そして、その変化がもたらす影響は、誰しもの想像を超えるものだった。

シカゴでの惨事

転機は一九六八年にやってきた。アメリカ人にとっては、じつに痛ましい年だった。リンドン・ジョンソン大統領によって戦線が拡大されつづけたベトナム戦争は、もはや手に負えない状況に陥っていた。一九六八年だけで、過去最多となる一万六五九二人のアメリカ兵が死んだ。毎晩、アメリカ人の家族は居間のソファーに坐ってテレビの夜のニュースを見やり、かつてないほど生々しい戦闘を映したとめどない映像にさらされた。一九六八年四月には、マーティン・ルーサー・キング・ジュニアが銃弾に倒れる。そのすぐあとの六月、ジョンソンの戦争拡大への反対を声高に訴えていたロバート・F・ケネディが、カリフォルニア州の民主党予備選に勝利。しかし数時間後、彼の大統領選は別の暗殺者の銃によって突然幕を閉じることになった。その夜、ロサンゼルスのアンバサダー・ホテルの宴会場にこだました絶望の悲鳴について、小説家のジョン・アップダイクは「神がアメリカへのご加護をやめてしまった」[55]かのようだったと語った。

そんななか民主党は、ジョンソンの外交政策の支持者とロバート・ケネディの反戦姿勢への支持者のあいだで分裂していった。この分裂が、シカゴで開かれた民主党全国大会での大きな悲劇へとつながることになる。ケネディが暗殺されると、伝統的な党の組織人たちがそのあとの流れを引き継いだ。党大会の動きを操るインサイダーたちは、副大統領のヒューバート・ハンフリーを大統領候補に推した。しかし、ハンフリーはジョンソン大統領のベトナム戦争政策に深く関与していたため、反戦派の代議員のあいだではひどく不人気だった。さらに、ハンフリーは予備選挙に一度も出ていなかった。ある専門家の言葉を借りれば、彼は「党トップ、労働組合の幹部、そのほかのインサイダー」[56]に対する選挙活動しかしていなかった。にもかかわらず、大きな権力をもつシカゴ市長リチャード・デイリーといった幹部を含め、忠実な党員たちから幅広い支持を集めたハンフリーは一度目の投票で指名を獲得した。

予備選を闘うことなく大統領選指名を勝ち取ったのは、ハンフリーがはじめてではなかった。しかしながら、彼が最後のひとりになった。シカゴの党大会の出来事は全米にテレビ中継され、これをきっかけに党のインサイダーが大統領候補を選ぶシステムは崩壊することになる。党大会が始まるまえでさえも、ロバート・ケネディの暗殺による大きな衝撃、ベトナム戦争をめぐる対立の激化、シカゴのグラント・パークでの反戦活動の影響などによって、古いシステムへの国民の信頼はすでに風前の灯火だった。

八月二八日、党大会の会場へと向かうデモ行進が始まった。青いヘルメットをかぶった警察官たちが参加者と見物人を攻撃すると、血まみれになった老若男女が近くのホテルへと逃げ込んだ。いわゆる「ミシガン・アベニューの闘い」の影響はその後、党大会の会場にも波及した。コネチカット州選出のエイブラハム・リビコフ上院議員は、反戦派のジョージ・マクガバン候補のための指名演説のなかで、デイリー市長をまっすぐ見据えてシカゴ警察の「ゲシュタポ戦術」を非難した。ホール内で衝突が起きると、制服を着た警察官たちが数人の代議員を会場から引きずり出した。その様子はすべて全国に生放送されていた。一連の出来事に驚いたNBCキャスターのチェット・ハントリーは、「党大会の会場に警察が入ったのはまちがいなくこれがはじめてのことでしょう」と伝えた。もうひとりのキャスターだったデイビッド・ブリンクリーは「少なくとも、アメリカ合衆国では[57]」と皮肉たっぷりにつけ加えた。

〝拘束力のある〟予備選挙の導入

このシカゴでの惨事がきっかけとなり、広範囲に及ぶ改革が進められることになった。一九六八年の大統領選でハンフリーが負けたあと、民主党はマクガバン・フレイザー委員会を起ち上げ、指名システムの見直しを始めた。一九七一年に発表された委員会の最初の報告書のなかでは、古いことわざが引用されていた——「民主主義の病気の治療に必要なのは、さらなる民主主義である[58]」。政治システムの正当性が危機にさらされたいま、党の有力者たちは大統領候補指名プロセスをよりオープンなものにするという強いプレッシャーを感じていた。「改革がなされなければ、次の党大会がたいへんなことになる。このまえの党大会での出来事が日曜学校のピクニックのように見えてしまうだろう[59]」

とジョージ・マクガバンは指摘した。マクガバン・フレイザー委員会の報告書は深刻な言葉で警告した——このまま国民の意見が反映されない状態が続けば、社会に「政治不信」[60]の風潮が広がってしまう。

マクガバン・フレイザー委員会が一連の勧告を出すと、両党は一九七二年の選挙前にそれらを採り入れることを決めた。ここで登場したのが、拘束力のある予備選挙のシステムだった。一九七二年に始まったこのシステムでは、民主・共和両党の圧倒的大多数の代議員が州単位の予備選挙や党員集会で選ばれることになった。代議員は候補者自身によって事前に選ばれ、彼らはその候補者に投票することが求められた。党の有力者の意見を忖度する必要もなければ、党大会のときに奥の部屋で取引することもできなくなった。彼らはただ、州の予備選挙の投票者の意思に忠実にしたがえばいいだけだった。

両党のシステムには多少のちがいがあった。たとえば民主党は多くの州で比例代表制を採り入れ、女性や少数民族の意見を反映させるための機構を作った[61]。しかし両党にとって拘束力のある予備選挙を採用することとは、候補者選びに対する執行部の掌握力を大幅に緩め、代わりに有権者に決定権を委ねることを意味した。民主党全国委員会のラリー・オブライエン委員長はこの改革を「政党システムが生まれて以来のもっとも偉大で忌々しい変化」と呼んだ。一九七二年の民主党大統領選指名選挙で思いがけない勝者となったジョージ・マクガバンは、新しい予備選挙システムを「この国の歴史でもっともオープンな政治プロセス[62]」と評した。

マクガバンは正しかった。新しい指名制度では、党のエスタブリッシュメントの承認を経る必要はなくなった。アメリカ史上はじめて、党の門番たちが骨抜きにされ、さらには打ち負かされる可能性が出てきたのだ。

改革直後の民主党の予備選挙は、不安定で対立的な結果を生むことになった。[63] 一九八〇年代はじめには制度が少し後退し、選挙で選ばれた公職者——知事、大都市の市長、上下院議員——に代議員票の一部が割り当てられるようになった。これらの代議員は予備選挙で選ばれるのではなく、各州の党委員会によって指名された。この「特別代議員《スーパー・デリゲート》」は全体の一五〜二〇パーセントを占め、予備選挙との釣り合いをとるためのおもりとして機能し、党執行部が支持しない候補者を払いのけるための機構になった。一方、一九八〇年代はじめの共和党は、ロナルド・レーガン人気のもとで破竹の勢いをみせていた。特別代議員の必要性を感じなかった同党は、より民主的な指名制度を保つという致命的な選択をした。

残った門番としての機能

なかには、新しいシステムについて懸念を示す政治学者もいた。拘束力のある予備選挙はまちがいなくより民主的だった。しかし、民主的すぎるのではないか、という声もあった。予備選挙を通して大統領候補指名を有権者の手に委ねることによって、政党の門番としての機能は弱まる。すると党による査読のプロセスが消え去り、アウトサイダーに門戸が開かれる危険があった。マクガバン・フレイザー委員会が改革案を練りはじめる少しまえ、ふたりの著名な政治学者が次のように警告した。「(拘束力のある) 事前選挙によって過激派や大衆扇動家の候補が生まれやすくなる。党への忠誠心をもたない彼らには失うものなど何もなく、平気で国民の憎悪を掻き立て、くだらない約束をするにちがいない[64]」

当初、これらの不安は杞憂に終わったかに思えた。実際、アウトサイダーの候補は現われた。一九八四年と八八年には、アフリカ系アメリカ人を代表する公民権活動家のジェシー・ジャクソンが民主党の大統領候補指名選挙に立候補した。さらに、南部バプティスト派の指導者パット・ロバートソン（一九八八年）、政治コメンテーターのパット・ブキャナン（一九九二、九六、二〇〇〇年）、『フォーブス』誌の編集長スティーブ・フォーブス（一九九六、二〇〇〇年）といった過激思想の持ち主が共和党の指名選に立候補した。しかし、全員が負けた。

党のエスタブリッシュメントによる影響を避けることは、理論上は簡単にみえたものの、現実的にはむずかしかった。代議員の過半数を得るには、国じゅうで予備選に勝つ必要があった。そのためには、資金、友好的なメディアの報道、そしてなによりもすべての州の現場で働くスタッフが必要だった。アメリカの予備選という厄介な障害物競走を走り抜こうとする候補者には、資金提供者、新聞記者、利益団体、活動家団体、そして州知事、市長、上下院議員といった州レベルの政治家との協力が不可欠になった[65]。一九七六年、ジャーナリストのアーサー・ハドリーはこの困難な道のりを「眼に見えない予備選挙[66]」と評し、実際には予備選がまだ始まってもいない段階で「勝つ候補者が選ばれている[67]」と述べた。つまり、党のエスタブリッシュメントのメンバー——選挙で選ばれた政治家、活動家、協力関係にある利益団体——は必ずしも試合から締め出されたわけではなかった。共和党であれ民主党であれ、彼らの後ろ盾がなければ指名を勝ち取ることはほぼ不可能だった、とハドリーは論じた。

四半世紀のあいだ、ハドリーの主張のとおりに候補者は選ばれた。

第3章

共和党による規範の放棄

二〇一五年六月一五日、リアリティ番組で一躍有名になった不動産開発会社社長のドナルド・トランプは、自身が所有するトランプ・タワーのロビーにエスカレーターで降りてくると、ある声明を発表した——大統領選に立候補する。その時点では、彼はどこにでもいるような泡沫候補でしかなかった。彼としては、富と名声によってちょっとでもチャンスが生まれれば万々歳、少なくとも数カ月ほど脚光を浴びることができれば御の字とでも考えていたにちがいない。

一世紀前の実業家仲間であるヘンリー・フォードと同じように、トランプも過激主義的な考えをもっていた。彼がもっとも直近で政治にかかわったのは、バラク・オバマ大統領が米国出身であることを疑問視する「バーサー（出生地を疑う人々）」運動にかかわったことだった。主要なメディアや政治家たちはトランプの出馬について少なからず注目したが、それは彼を非難するためだった。

しかしこのときまでに、予備選挙を通した大統領候補指名の流れは、アメリカ史上かつてないほどオープンになっていた。すべてをオープンにすることには、つねに良い面と悪い面がある。この新しい環境では、ジョージ・マクガバンからバラク・オバマまで、より幅広い範囲の政治家が大統領候補指名のために本気で競い合うことができた。同時に、公職に就いたことのない真のアウトサイダーにも道は拓かれた。[1]

古い党大会の制度のなかで大統領選が行なわれた一九四五年から一九六八年までの二三年のあいだ、両党において公の場で指名候補を争ったアウトサイダーは、ドワイト・アイゼンハワー（第三四代、共和党）ひとりだけだった。対照的に、新たな予備選挙の制度が始まった一九七二年から一九九二年までの二〇年のあいだ、八人のアウトサイダー（民主党五人、共和党三人）が出馬し、一回の選挙当たりの平均は一・二五人となった。一九九六年から二〇一六年の二〇年では、一八人のアウトサイダーが両党の予備選挙を闘い、一回の選挙当たり平均は三人に増えた（うち一三人は共和党の候補者）。

カネと名声が扉を開ける

一九七二年以降の予備選挙のシステムは、特定のアウトサイダーにとりわけ有利に働いた。「眼に見えない予備選挙」を飛び越えるために必要な富と名声をもつ人物――つまり、有名人だ。[2]一九八〇年代と九〇年代のあいだ、保守派のアウトサイダーであるパット・ロバートソン、パット・ブキャナン、スティーブ・フォーブスはこの見えない予備選挙の壁を打ち破ることができなかった。しかし彼らが一定の成功を収めたという事実は、攻略へのヒントを与えてくれるものだった。途方もなく裕福な実業家であるフォーブスは、知名度を金で買うことができた。一方、クリスチャン・ブロードキャスティング・ネットワーク（ＣＢＮ）の設立者でテレビ宣教師のロバートソン、早い段階からの白人至上主義を支持したテレビ・コメンテーターのブキャナンは、どちらもメディアと特別な関係をもつ有名人だった。この三人は指名を勝ち取ることこそできなかったものの、巨万の富と有名人の地位を利用して有力候補に躍り出たのだった。

しかし、有名人のアウトサイダーたちは最後まで勝ち抜くことはできなかった。だからこそ、あの初夏の午後に起きたトランプ・タワーの金ピカのロビーでの出来事についても、何も心配する必要などないように思われた。これまでと状況が変わる理由など見当たらなかった。トランプが指名を勝ち取るためには、党員集会と予備選挙が絡み合った複雑な仕組みのなかで、ほかの一六人もの候補者を負かさなければいけなかった。

ライバルの多くは、過去に成功を収めた候補者たちとまったく同じような経歴を誇る人々だった。その集団の先頭にいたのが、元大統領を父と兄にもつフロリダ州元知事ジェブ・ブッシュだった。ほかにも多くの現職知事・元知事がいた――ウィスコンシン州のスコット・ウォーカー、ルイジアナ州のボビー・ジンダル、ニュージャージー州のクリス・クリスティ、オハイオ州のジョン・ケーシック。さらに、共和党の〝新星〟もいた――マルコ・ルビオやランド・ポールといったメディア戦略に長けた若手上院議員たちは、短期間のうちに大統領への階段を昇りつめたバラク・オバマの成功を再現することを狙っていた。直近八人の大統領のうち三人が輩出したテキサス州からは、今回もふたりの候補者が出馬を表明していた――テッド・クルーズ上院議員とリック・ペリー元知事。トランプのほかにも、ふたりのアウトサイダーが参戦した――女性実業家のカーリー・フィオリーナと神経外科医のベン・カーソン。

トランプがエスタブリッシュメントからの支持を得られる見込みはなかった。彼には政治の経験がなかっただけでなく、そもそも根っからの共和党員でもなかった。ブッシュ、ルビオ、クルーズ、クリスティ、ウォーカー、ケーシックらはみな共和党と長く深い関係をもっていた。しかしトランプには何度か党の登録を変えた過去があり、ヒラリー・クリントンの上院議員選挙の応援までしたことがあった。

少額寄付と新しいメディア

世論調査でトランプの人気が急上昇したあとでさえも、彼の立候補を真剣に受け止めようとする人はほとんどいなかった。二〇一五年八月、彼が立候補を表明してから二カ月後、ラスベガスのブックメーカーはトランプの大統領当選に一〇一倍のオッズをつけた。[3] 同年一一月、共和党による世論調査でトランプが首位に躍り出ると、人気ブログ「ファイブサーティエイト」の管理者ネイト・シルバーは、「メディアのみなさんへ——世論調査のドナルド・トランプの数字にびくびくするのはやめてください」というタイトルの記事を書いた。シルバーは、二〇〇八年と一二年の大統領選の結果を不気味なほど正確に予測し、高い評判と名声を得た人物だった。彼の記事では、党の有力者たちによるトランプへの支持が弱く、その人気はいずれ薄れていくはずだと予測されていた。現時点ではトランプが大きなリードを奪っているように見えたものの、彼が指名を得る確率は「二〇パーセントよりもはるかに低い[4]」とシルバーは請け合った。

しかし、環境は変わりつつあった。党の門番としての役割は、もう以前のようにうまく機能していなかった。そこにはふたつの理由があった。ひとつ目の理由は、二〇一〇年に最高裁が下した「シチズンズ・ユナイテッド」判決〔企業・団体による青天井の献金を認めた判決〕によって、（以前から増えつつあったものの）外部から手に入る資金が劇的に増えたことだった。[5] いまでは、ミシェル・バックマン、ハーマン・ケイン、ハワード・ディーン、バーニー・サンダースといった当初は無名に近かった大統領候補者でさえも、億万長者の投資家の援助やインターネット経由の低額制の寄付を通して多額の資金を集めることができるようになった。潤沢な資金をもつ予備選挙候補者が増えたという事実は、より開放的で流動性のある政治環境が生まれたことを示すものだった。

伝統的な門番の影響力が弱まったもうひとつの大きな要因は、ケーブルニュースとソーシャルメディアを軸とした代替的なメディアが爆発的に増えたことにある。[6] かつて全国的に知名度を高めるためには、数の限られた主流メディアで露出を増やすという道しかなく、そのようなメディアは過激主義者よりもエスタブリッシュメント側の政治家を好んだ。一方の新しいメディア環境では、著名人がさらに知名度を上げて国民から支持を得ることがより容易になり、ときには一夜にして大きく支持を広げるケースもあった。[7] この傾向はとりわけ共和党に当てはまった。フォックス・ニュースやラジオ・トーク番組の人気パーソナリティたちの登場によって（政治評論家のデイビッド・フラムはこれらのメディアを「保守派のための娯楽施設」[8]と呼んだ）、保守的な有権者がより急進的になり、過激主義を訴える候補者に有利に働くようになった。[9] その結果、ハーマン・ケインが巻き起こしたような現象が生まれることになった――ゴッドファーザーズ・ピザの前ＣＥＯでラジオのトーク番組ホストだったケインは、のちにスキャンダルで失脚したものの、二〇一一年末の共和党の世論調査で大統領候補の人気一位に躍り出た。

大統領候補指名の過程は、いまや国民に広く開かれたものに変わった。この新たなゲームのルールが、トランプのような人間の台頭をうながしたとまでは言い切れない。が、ルールがもはやそれを防げなくなったということは疑いようのない事実だった。それはロシアンルーレットのようなものだった。こうして、過激なアウトサイダーが大統領指名を得る可能性はかつてないほど高くなった。

政党が犯した三つのミス

ドナルド・トランプの驚くべき政治的成功の裏には数多くの要因があるが、彼が大統領職まで駆け上がったことは、門番の役割が効果的に機能しなかったというひとつの物語に収斂《しゅうれん》される。[10] 政党の門番たちは、三つの大切な局面でミスを犯した——「眼に見えない予備選挙」、予備選挙そのもの、そして大統領選。

眼に見えない予備選挙の段階では、トランプは最下位だった。実際の予備選挙シーズンは二〇一六年二月一日のアイオワ州党員集会から始まったが、その時点における共和党有力者からトランプへのエンドースメント〔知事や議員からの支持表明のこと。知事が一〇ポイント、上院議員が五ポイントなどとウェイトづけされる〕はゼロだった。アイオワ州党員集会が始まった時点での知事や上下院議員からの支援で見ると、三一ポイントを得たジェブ・ブッシュが見えない予備選に勝利。マルコ・ルビオが二七ポイントで二位、テッド・クルーズが一八ポイントで三位、ランド・ポールが一一ポイントで四位につけていた。クリス・クリスティ、ジョン・ケーシック、マイク・ハッカビー、スコット・ウォーカー、リック・ペリー、カーリー・フィオリーナの全員が、トランプよりも多くのエンドースメントを得ていた。[11] つまり一般的に考えれば、トランプが成功する見込みはなかった。これまでの歴史の流れに鑑みると、世論調査での彼の人気は次第に薄れていくはずだった。

結局、アイオワ州党員集会では、トランプは二四パーセントの票を得て堂々の二位に入った。しかし、多くの専門家はそれでも予想を変えようとしなかった。なぜなら、ほかのアウトサイダーたちもみなアイオワ州党員集会で二位に入り、そのあと失速した過去があったからだ——パット・ロバートソン（一九八八年に二五％）、パット・ブキャナン（一九九六年に二三％）、スティーブ・フォーブス（二〇〇〇年に三一％）。

しかしトランプは、これまでのアウトサイダーができなかったことを成し遂げた。なんと、続く二ューハンプシャー州とサウスカロライナ州の予備選で簡単に勝ってしまったのだ。それでもなお、党のエスタブリッシュメントは彼を認めようとしなかった。サウスカロライナで予備選が行なわれた時点でも、トランプへのエンドースメントを表明する現職の知事と上下院議員はまだ誰もいなかった[12]。サウスカロライナで勝利を収めたあと、やっと最初の支持者が現われた――下院の新人議員であるダンカン・ハンター（カリフォルニア州）とクリス・コリンズ（ニューヨーク州）だ。その後の予備選挙でも、トランプは共和党のライバルたちを負かしつづけた。が、エンドースメントが大きく増えることはなかった。予備選シーズンが終わるころ、彼のエンドースメントは四六ポイントに達していたが、その数はマルコ・ルビオの三分の一以下であり、最後に撤退したケーシックと同程度のポイントでしかなかった[13]。

多くの州で同日に予備選挙が行なわれる三月一日の〝スーパー・チューズデー〟でトランプが勝利を手にしたころまでに、彼が「眼に見えない予備選挙」の結果を意味のないものに変えてしまったことは明らかだった。トランプの著名人としての知名度や地位が大きな役割を果たしていたのはたしかだった。しかし同じように大きく影響したのは、メディアの状況が変わったことだった。選挙活動が始まった早い段階から、右派メディアの一部の著名人がトランプに共感を抱き、支援を表明した[14]。ショーン・ハニティー、アン・コールター、マーク・レビン、マイケル・サベージなどがその一例で、そのころ影響力を増しつつあったオンライン・ニュースサイト「ブライトバート・ニュース」もトランプに好意的な報道を続けた。当初トランプはフォックス・ニュースと険悪な関係にあったものの、結局最後には二極化したメディア状況から大いに恩恵を受けることになった。

無料で二〇億ドルの露出効果

政党からのエンドースメントを獲得したり、従来のやり方に沿って選挙資金を使ったりするのではなく、トランプは古いメディアを利用する新たな方法を見つけた。[15]「誰よりも的確にデジタル時代に合わせて調整する能力をもつ候補者」[16]である彼は、物議を醸す言動によって無料《ただ》で主流メディアに自らを露出させることができた。ある試算によると、ＭＳＮＢＣ、ＣＮＮ、ＣＢＳ、ＮＢＣ――〝親トランプ〟ともっともかけ離れた四大放送局――のツイッター・アカウントでは、大統領選のライバルであるヒラリー・クリントンの名前よりも、トランプの名前が二倍の頻度で言及されたという。別の研究では、予備選挙のあいだに流れた報道だけで、トランプに対する露出効果は二〇億ドル近くに達したと算出された。[17]誰もが認める無料のメディア露出の先駆者であり、大手マスコミに代わる右派メディア網の寵児であるトランプは、共和党有力者からの伝統的な支援を必要としなかった。眼に見えない予備選挙の門番たちは、もうあたりには見当たらなかった。それどころか二〇一六年までに、門番はみなどこかちがう場所に行ってしまった。

スーパー・チューズデーでのトランプ勝利のあと、共和党のエスタブリッシュメントのあいだでパニックが起こった。すると著名なインサイダーや保守的な指導者たちが、トランプに反対の立場を表明しはじめた。二〇一六年三月、かつて共和党の大統領候補だったミット・ロムニーは、ユタ大学ヒンクレー政治研究所で熱のこもった演説を行ない、共和党とアメリカの両方にとってトランプは危険であると訴えた。ロナルド・レーガンの一九六四年のテレビ演説「選択の時」になぞらえ、ロムニーはトランプを「大統領になるための素質も判断力ももち合わせていない詐欺師」だと表現した。二〇〇八年の大統領選候補ジョン・マケインやリンゼイ・グラハム上院議員を含めた党の有力者たちも、トランプを批判しはじめた。『ナショナル・レビュー』や『ウィークリー・スタンダード』といった主要な保守系雑誌も、トランプを辛辣な言葉でこき下ろした。しかし保守党の「#NeverTrump」の動きは言葉ばかりで、現実的な行動をともなっていなかった。現在の予備選挙システムのなかでは、トランプの台頭を止めるために共和党の幹部が使える武器はほとんどなかった。言葉による集中攻撃にもたいした効果はなく、むしろ実際の投票ではトランプに有利に働くほどだった。

共和党トップの無力さは、二〇一六年七月にクリーブランドで開かれた共和党全国大会でもあらわになった。大会が始まるまえ、多くの人が投票は膠着状態に陥ったと話し、投票先が拘束されている代議員に対して別の候補者を支持するよう説得が繰り返された。六月下旬、「拘束されない代議員」(Delegates Unbound) という集団が、全国放送で共和党の代議員たちに向けた広告を流しはじめた。厳密にいえば代議員はトランプに投票する法的義務を負っているわけではないと彼らは主張し、トランプへの投票をやめるように訴えた。ほかにも「代議員を解放しろ」(Free the Delegates)、「勇敢な保守」(Courageous Conservatives)、「わが党を護れ」(Save Our Party) といったグループが、共和党全国委員会の規則委員会 (定員一一二人) に対して、特定の候補者への投票を拘束する現在の規則を修正することを求め、一九七二年の改革前のように自由意志で投票できるようにするべきだと声を上げた。しかし、これらの努力が報われることはなく、反トランプ派の望みはついに絶たれてしまった。

党大会でトランプから指名を無理やり奪い取るという考えは、妄想でしかなかった。予備選挙にもとづく現在の制度では、投票の正当性は確固たるものであり、それを回避・無視することは容易ではない。ドナルド・トランプは、その正当な票を一四〇〇万人近くから獲得していた。サウスカロライナ州選出の共和党全国委員会メンバーであるシンディ・コスタが言ったように、トランプは「公明正大に勝った」のだ。この状況下で別の候補者が大統領候補に指名されたとしたら、「途方もない混乱」(18) が巻き起こっていたにちがいない。共和党の幹部たちは現実を受け容れるしかなかった。彼らはもはや、党の大統領候補指名のカギをもっていなかった。

トランプが示した「陽性反応」

予備選挙から大統領選挙に闘いの場が移ると、これが普通の争いではないことが明らかになった。端的にいって、ドナルド・トランプは普通の候補者ではなかった。まず、かつてないほど経験不足だった。軍人をのぞけば、公職や官僚を経験したことのない人物が大統領に選ばれたことはこれまで一度もなかった。くわえて、彼の危うい言動は、多くのメディアや政界のエスタブリッシュメントのなかに不安を生み出してきた――扇動行為、移民やイスラム教徒に対する過激な意見、社会的礼節にまつわる基本的規範の無視、ウラジーミル・プーチンなどの独裁者への礼賛……。

共和党は独裁者の卵を大統領候補に指名してしまったのだろうか？　それをはっきり判断することなどできるはずもなかった。多くの共和党員は次のような常套句に希望を見いだそうとした。「トランプ批判者は彼の言葉を文字どおり受け取るが、真剣に受け止めてはいない。トランプ支持者は彼の言葉を真剣に受け止めているが、文字どおり受け取ってはいない」。この見方によれば、選挙中の彼の過激な発言は「たんなる言葉のパフォーマンス」でしかなかった。

実績のない政治家が当選後にどのように振る舞うかについては、実際に始まってみないとわからないところが多い。しかしすでに説明したとおり、反民主主義的な指導者は、権力を得るまえから明らかにその兆候を示していることが多い。トランプはまだ就任前にもかかわらず、本書で示した独裁者リトマス試験の四つの基準のすべてで陽性反応を示した。

ひとつ目の兆候は、「ゲームの民主主義的ルールを軽視する姿勢」だ。トランプがこの独裁者の基準を満たしたのは、選挙プロセスの正当性に疑問を投げかけ、二〇一六年の大統領選の結果を受け容れない可能性があるという前代未聞の発言をしたときだった。米国で不正投票が起きる割合はきわめて低く、選挙は州や地方自治体によって管理されているため、国レベルでまとまった不正投票を行なうことは事実上不可能といっていい[19]。にもかかわらず、二〇一六年の選挙期間を通してトランプは、選挙人名簿に登録された何百万人もの不法移民や死亡者がクリントン候補のために動員されていると主張した[20]。数カ月にわたって、トランプの選挙活動ウェブサイトにはこんな文が掲載されていた――「インチキ者のヒラリーによる選挙の不正操作を止めるために、私を助けてくれ！」[21]。八月、トランプは政治評論家のショーン・ハニティーにこう語った。「われわれは注意しなくてはいけない。選挙は不正に操作される可能性があるからだ……共和党員のみなさんがしっかり監視してくれることを望むよ。さもなければ、勝利が奪い取られることになる」[22]。一〇月、彼は「いうまでもなく、選挙当日にもそれ以前にも大々的な不正投票が行なわれている」[23]とツイッターでつぶやいた。最後の大統領候補討論会の席でもトランプは、敗北したときには結果を受け容れない可能性があることを示唆した。

歴史家のダグラス・ブリンクリーによると、一八六〇年以来、有力な大統領候補が民主主義の制度についてこのような疑問を投げかけたケースは一例もないという。南北戦争以前の段階までさかのぼらなければ、メジャーな政治家が「連邦政府の正当性を認めない」などと訴えた例はなかった。ブリンクリーの言葉を借りるなら、「これは（南北戦争期の）連邦離脱論を訴える革命論者が言うようなセリフであり、リンゴの載った手押し車をそれごとひっくり返そうとする人のやること」[24]だった。トランプの言葉には、きわめて大きな影響力があった。ポリティコとモーニングコンサルトが一〇月中旬に行なった世論調査によると、有権者の四一パーセント（共和党支持者の七三パーセント）が、選挙の勝利が不当にトランプから奪われる恐れがあると答えた[25]。言い換えれば、四人に三人の共和党支持者は、自由選挙を有する民主主義体制のもとで暮らしているかどうか定かではないと考えていたことになる。

独裁者を見きわめるリトマス試験のふたつ目のカテゴリーは、「対立相手の正当性の否定」だ。独裁的な政治家はライバルに犯罪者、破壊分子、非国民というレッテルを貼り、彼らを安全保障や現在の生活に対する脅威だとみなそうとする。トランプはこの基準も満たした。まず、「バーサー」[26]の動きに賛同した彼は、バラク・オバマがケニア生まれのイスラム教徒だと主張することによって、大統領としての正当性を疑問視しようとした。結果として、トランプ支持者の多くがオバマを「非アメリカ人」と位置づけるようになった。二〇一六年の選挙期間中、トランプはヒラリー・クリントンの対戦相手としての正当性を否定し、彼女に「犯罪者」の烙印を押して「刑務所に行くべきだ」[27]と繰り返し訴えた。決起大会で支持者が「クリントンを投獄しろ！」と叫び出すと、トランプが拍手で応える場面もあった。

暴力を支持した唯一の主要候補

三つ目の基準は「暴力の許容・促進」。政党による暴力は、民主主義崩壊の前兆となることが多い。有名な例としては、イタリアの黒シャツ隊、ナチスの褐色シャツ隊、ウルグアイの左翼ゲリラの出現、一九六〇年代はじめのブラジルにおける右翼・左翼民兵組織の台頭などがある。これまで一〇〇年のあいだ、アメリカの主要政党の大統領候補者が暴力を支持したことはなかった（一九六八年にジョージ・ウォレスは支持したが、彼は第三党の候補だった）。トランプはこのパターンを破った。選挙期間中、彼は支持者による暴力行為を認めただけではなく、ときにそれを歓迎するかのような態度をとった。社会的礼節の規範など歯牙にもかけず、抗議者に肉体的に危害を加えた支持者をトランプは擁護した。それどころか、危害を加えることを奨励した。あるとき、ノースカロライナ州フェイエットビルの決起集会で支援者が抗議者にいきなり殴りかかり、殺すと脅したことがあった。そのとき、トランプは暴力を振るった支援者に裁判費用を払うと申し出た[28]。別のときには、集会に詰めかけた抗議者への対抗手段として、トランプは支持者に向かって暴力行為をうながすような発言を繰り返した。ニュースサイトのボックスがまとめた、トランプの実際の発言例をいくつか紹介する[29]。

「誰かがトマトを投げつけようとしているのを見たら、そいつを叩きのめしてしまえ。いいかい？私は本気さ。とにかく、ぶっ倒すんだ。裁判費用は私が支払うことを約束する。必ずね」（二〇一六年二月一日、アイオワ州）

「むかしはよかった。ああいう輩《やから》がこういう場所に来たら、むかしはどうなっていたと思う？担架で運び出されていただろう。そうさ……顔を殴ってやりたいね、まったく」（二〇一六年二月二二日、ネバダ州）

「古き良き時代なら、こんなやつはすぐさま追い出されていただろうね。でもいまは、誰もが政治的に正しい《ポリティカリー・コレクト》行動をしなきゃいけない。このまま政治的に正しい行動を続けていたら、われわれの国は地獄に落ちるだろう」（二〇一六年二月二六日、オクラホマ州）

「出ていけ、出ていけ！　いますぐ！　これはすばらしい。なんて愉しいんだ。最高だな。最高だ。みんなも愉しんでいるかい？　ＵＳＡ！　ＵＳＡ！　ＵＳＡ！　そうだ、そいつをつまみ出せ。傷つけないようにしてくれよ。まんがいち怪我《けが》をさせてしまっても、裁判では私がきみを弁護する。何も心配しなくていい……こちらには四人の男たちがいて、みんながあいつに飛びかかった。それからめった打ちさ。すると翌日、メディアからこちらが袋叩きにされる。対応が乱暴すぎる、とね。いい加減にしてくれ。だろ？　そうだろ？　ポリティカリー・コレクトの行きすぎにはもううんざりだ。なあ、みんな、そうだろ？」（二〇一六年三月四日、ミシガン州）

「むかしは強い人たちがいた。まさにここにいるような、たくましい男たちが。殴り返してきたのは向こうだ。最高の展開さ。あいつらは殴り返してきたんだ。古き良き時代だったら、こんなことにはならなかった。なぜなら、あいつらはもっともっと乱暴に扱われていたはずだからね。一度は抗議したとしても、そう簡単に繰り返すことはできなかった。でもいまじゃ、やつらは勝手に入ってきて、手を挙げて、全員に向かって平気で指を立てる。たとえ殺人を犯したって、やつらはうまく逃げ切るぞ。それはわれわれが弱くなったせいだ」（二〇一六年三月九日、ノースカロライナ州）

二〇一六年八月、ノースカロライナ州ウィルミントンの決起集会に集まった支持者たちをまえに、トランプはヒラリー・クリントンに対する暴力行為を暗にうながすような発言をした。クリントンが最高裁判所の判事を指名するような事態になれば、武器保有の権利が廃止される恐れがあるとトランプは訴えた。「もし彼女が判事を選ぶようなことになったら、きみたちに残された手立てはない、何もない……ただ、銃器所持の規制に反対の人たちには、できることがあるかもしれないが——どうだろうね」(30)

批判者を懲らしめる姿勢

独裁者を見きわめる最後の基準は「対立相手や批判者の市民的自由を率先して奪おうとする姿勢」

である。現代の独裁者が民主的な指導者と大きく異なる点のひとつに、批判に不寛容であるという点が挙げられる。彼らは自分たちの力を使い、野党、メディア、市民社会のなかにいる批判者を懲らしめようと考える。

二〇一六年、ドナルド・トランプもそのような姿勢を示した。選挙のあとにヒラリー・クリントンを調査する特別検察官を任命する計画があることを明らかにした彼は、クリントンは刑務所送りになるべきだと言い放った[31]。トランプはさらに、非友好的なメディアに対して罰を与えるとたびたび脅した。たとえばテキサス州フォートワースの集会のなかで、彼は『ワシントン・ポスト』紙のオーナーであるジェフ・ベゾスを攻撃した。「私が大統領になったら、ああ、彼らはたいへんなことになるだろうね。とんでもないことになるよ[32]」。トランプはメディアを「人生で出会ったなかでもっとも不誠実な人間の集まり」だと批判し、次のように宣した。

私は名誉毀損に関する法律にも手をつけるつもりだ。故意に否定的で恐ろしい内容の偽の記事を書く人間がいたら、そいつらを訴え、たっぷり金をとることができるようにしよう……ということは、『ニューヨーク・タイムズ』が相手を完全に侮辱する目玉記事を書いたら、あるいは『ワシントン・ポスト』が目玉記事を書いたら、われわれは彼らを訴えることができるようになるというわけだ[33]……

リチャード・ニクソンをのぞけば、ここ一〇〇年のあいだの主要な大統領候補は誰ひとり、これら四つの基準のうちどれかひとつにさえ該当することはなかった。表2で示すように、ドナルド・トランプはすべての基準を満たした。アメリカの現代史において、ニクソンを含む主要な大統領候補者が、憲法上の権利と民主主義の規範をこれほどあからさまに軽視したことなどなかった。トランプはまさに、アメリカの大統領制度を作り上げたハミルトンらが警戒していた類《たぐい》の人物そのものだった。

表2　ドナルド・トランプと独裁主義的な行動を示す4つのポイント

1. ゲームの民主主義的ルールを拒否（あるいは軽視）する	憲法にしたがうことを拒む、あるいは憲法違反も辞さない態度をとる。 反民主主義的な方策が必要であることを示唆する。（例）選挙を取り止める、憲法を侵害・停止する、特定の組織の活動を禁止する、基本的な市民的・政治的権利を制限する。 政権交代のために超憲法的な手段をとることを試みる（あるいはその手段を支持する）。（例）軍事クーデター、暴力的な反乱、政権交代を強制することを狙った大規模な抗議活動。 **選挙の正当性を弱めようとする。（例）信頼できる選挙結果を受け容れることを拒む。**
2. 政治的な対立相手の正当性を否定する	ライバルを危険分子だとみなす。または、現在の憲法秩序に反していると訴える。 国家安全保障、あるいは国民の生活に対して、ライバルが大きな脅威であると主張する。 **対立する党のライバルを根拠もなく犯罪者だとみなす。ライバルが〝法律違反〟を犯している（あるいは違反する可能性がある）と訴え、政治に全面的に参加する資格がないと主張する。** なんの根拠もなくライバルを外国のスパイだと決めつけ、敵対する外国政府にこっそり協力している（あるいは雇われている）と訴える。

3．暴力を許容・促進する	4．対立相手（メディアを含む）の市民的自由を率先して奪おうとする
武装集団、準軍事組織、民兵、ゲリラなどの暴力的な反社会的勢力とつながりがある。 自ら率先して、または協力関係にある党を通して対立相手への集団攻撃を後援・奨励する。 **支持者の暴力をはっきりと非難せず、懲罰を与えないことによって黙認する。** **過去に国内で起きた、または世界のほかの場所で起きた象徴的な政治的暴力事件を褒め称える（あるいは非難することを拒む）。**	**市民的自由を制限する法律や政策を支持する。（例）名誉毀損法・文書誹毀法の適用範囲の拡大。抗議活動、政府への批判、特定の市民・政治組織を制限する法律の推進。** **対立する党、市民団体、メディアの批判者に対して法的・罰則措置をとることを示唆して脅す。** **過去に国内で行なわれた、または世界のほかの場所で行なわれた政府の抑圧的な施策を褒め称える。**

こういったすべての警鐘に誰かが気がつき、なんらかの対策が打たれるべきだった。しかし予備選挙のプロセスが門番として機能しなかったせいで、大統領にふさわしくない人物が主流政党の候補者として出馬することになった。しかし、この段階で共和党はどんな対応ができたのだろうか？　一九三〇年代のヨーロッパ、一九六〇～七〇年代の南米における民主主義の崩壊から得た教訓を思い出してほしい――門番のシステムが機能しなくなったとき、主流の政治家たちは可能なかぎりあらゆる手を尽くして危険な人物を権力の中心から遠ざけなければいけない。

共和党がとるべきだった勇気ある行動

集団的な権力の放棄――民主主義を脅かす指導者に権力を与えること――は、ふたつの原因のどちらかひとつから起きることが多い。ひとつ目は、独裁者を制御、あるいは手なずけることができるという誤った信念。ふたつ目は、社会学者のイワン・エルマコフが「イデオロギーの共謀[34]」と呼ぶもの。つまり、「権力の放棄が望ましい」または「少なくともほかの代替案よりは望ましい」という主流の政治家の思惑と、独裁者の思惑がある程度重なり合う状態だ。しかし、将来の独裁者と向き合ったとき、エスタブリッシュメントの政治家は断固としてその人物を突っぱね、民主主義の機構を護るためにあらゆる手を尽くさなければいけない。たとえ、それが長年の対立相手と一時的に手を組むことを意味するとしても[35]。

二〇一六年の大統領選挙の運動を進めるにあたって、共和党に求められていることははっきりとしていた。トランプが基本的な民主主義の原則を脅かそうとしたなら、共和党はそれを止めなければいけなかった。それ以外の方針をとれば、民主主義は危険にさらされる。そして民主主義を放棄することは、選挙での敗北よりもはるかに多くを失うことを意味する。それを食い止めるには、多くの人にとって想像を絶する行動が必要だった――ヒラリー・クリントンを支援する。アメリカ合衆国の政治は二大政党制で機能しており、二〇一六年の大統領選に勝つ機会を与えられたのはふたりだけ。そして、そのうちひとりが大衆扇動家だった。共和党員にとって、それは政治的な勇気が試される瞬間だった。国の利益のために、彼らは短いあいだだけ犠牲を受け容れることができるだろうか？

すでに見てきたように、そのような行動にははっきりとした前例がある。二〇一六年、オーストリアの保守派は、左派の緑の党党首アレクサンダー・ファン・デア・ベレンを支持することによって、極右過激派のノルベルト・ホーファーの当選を阻止した。そして二〇一七年のフランスでは、すでに敗戦した保守派のフランソワ・フィヨンが、党員たちに中道左派のエマニュエル・マクロンに投票するようながし、極右候補のマリーヌ・ル・ペンを権力から遠ざけた。この両方のケースにおいて右派の政治家たちは、正反対のイデオロギーをもつ対立相手を支援した。この行動は多くの支持者を怒らせたものの、かなりの割合の有権者を誘導することに成功し、結果として過激派に権力が渡るのを防いだのだった。[36]

実際、ドナルド・トランプは大統領に適さないと考え、ヒラリー・クリントンを支持した共和党員もいた。彼らはオーストリアやフランスの保守派と同じように、党利党略をいったん脇に置き、民主主義を護るという共通の目的を果たすほうがずっと大切だと考えた。そのような行動をとった三人の共和党員の意見を紹介したい。

共和党員1「今回の選挙における私たちの選択肢はあまりに明らかです――ヒラリー・クリントンはアメリカの民主主義の利益の強力かつ明確な支持者です……ドナルド・トランプは、私たちの民主主義にとって脅威です[37]」

共和党員2「今回は……党よりも国のことを考え、クリントン国務長官に投票すべきです。トランプはあまりに危険であり、この国の最高職責を担うにはふさわしくない人物です[38]」

共和党員3「これは深刻な問題です。私としては、宣伝のために出馬した候補に投票して、大切な票を無駄にしたくはありません。この国の将来は、ドナルド・トランプの大統領当選を阻止できるかどうかにかかっています。この一一月、私はクリントンに一票を投じます。ほかの共和党員にも同じ行動をとることを強く求めます[39]」

これらがもしもポール・ライアン下院議員、ミッチ・マコーネル上院多数党院内総務、ジョージ・W・ブッシュ元大統領の発言だったとしたら、二〇一六年の選挙の流れは大きく変わっていたにちがいない。あるいは、著名な上院議員の三人組ジョン・マケイン、マルコ・ルビオ、テッド・クルーズのうちの誰かひとりの発言だったら――。悲しいかな、これらの発言はメイン州選出のオリンピア・スノー元上院議員の報道官だったウィリアム・ピアース（共和党員1）、ペンシルバニア州選出のジャック・マクレガー元上院議員（共和党員2）、デンバー在住で銀行に勤務する共和党員リック・スタッダード（共和党員3）によるものだった[40]。

共和党幹部の選択

ポール・ライアン、ミッチ・マコーネル、マルコ・ルビオ、テッド・クルーズなどの共和党の大物政治家はみなドナルド・トランプを支持した。著名な共和党員のうちヒラリー・クリントン支持を表明したのは、すでに引退した政治家や官僚だけだった。彼らは今後選挙に出ることを考えておらず、政治的に失うものがない人々だった。選挙前日、『ワシントン・ポスト』は、クリントンを公に支持した七八人の共和党員のリストを発表した[41]。そのうち現役議員はただひとり、ニューヨーク州選出のリチャード・ハンナ下院議員だけで、彼は政界を引退する予定だった。この引退間近の下院議員ひとりをのぞいて、共和党の知事や上下院議員の名前はリストにはなかった。

現役の共和党有力者の一部は、トランプを支持することを拒んだ。そのなかには、ジョン・マケイン、マーク・カーク、スーザン・コリンズ、ケリー・アヨッテ、マイク・リー、リーサ・マーカウスキー、ベン・サスといった上院議員が含まれていた。オハイオ州のジョン・ケーシック知事、マサチューセッツ州のチャーリー・ベイカー知事とミット・ロムニー元知事、フロリダ州のジェブ・ブッシュ元知事もトランプを支持しなかった。ジョージ・W・ブッシュ元大統領は沈黙を守った。しかし誰ひとりとして、クリントンを支持しようとはしなかった。

要するに、ほとんどの共和党幹部は党の公式見解を最後には受け容れたということになる。彼らがトランプときっぱり袂を分かち、この国が築き上げてきた大切な制度にとって彼は脅威であるとアメリカ国民に声高に訴えていれば——。そして、それを理由にヒラリー・クリントンを支持していれば、ドナルド・トランプが大統領に当選することはなかったかもしれない。フランスでは、保守系の共和党の大統領候補であったフランソワ・フィヨンがマクロンを支持するという驚きの一手に出たが、共和党支持者の半数がその方針に沿って投票したと推測されている。さらに、およそ三分の一の支持者は投票を棄権したため、フィヨン支持者のうちル・ペンに票を入れたのは全体の六分の一程度まで減った。これは、まちがいなく最終結果に大きな変化をもたらすものだった。[42] アメリカで同じような流れになったとして、共和党支持者の票がどのように分かれていたかを知る術《すべ》はない。有権者の一部、あるいはほとんどはそれでもトランプに投票していたかもしれない。だとしても、両党が結束してトランプを確実に敗北に追い込むという姿勢に心を動かされ、選挙結果をくつがえすために充分な数の有権者が投票先を変えていたにちがいない。

不幸にも、実際にはまったく別のことが起きた。当初はあいまいな態度をとっていた共和党幹部たちも、結局はトランプのうしろで陣営を固め、統一された党のイメージを作り上げた。その結果、選挙はしごく正常なものになり、危機的な雰囲気も消えた。選挙はふだんどおりの二大政党による競争として進み、共和党員は共和党の候補者を支持し、民主党員は民主党の候補者を支持した。

五分五分の勝負

この動きの変化には大きな意味があった。いったん選挙が普通の競争に変わると、ふたつの理由によって勝負は五分五分になった。ひとつ目の理由は、両党の二極化の強まりによって有権者の二極化も進んでいたことだ。近年、アメリカ人は共和党と民主党のどちらかの支持にはっきりと態度が分かれる傾向が強く、真の無党派層や浮動票投票者はほとんどいなくなった[43]。それどころか、共和党と民主党の支持者はますます自党に忠実になり、他党への敵意を増していった。有権者の流動性は減り、一九六四年や七二年の大統領選のような地滑り的大勝利が起きる可能性はきわめて低くなった。二〇〇〇年代に入ると、候補者が誰であるかにかかわらず、大統領選挙はつねに僅差の勝負になった。

選挙が五分五分の勝負になるふたつ目の理由として、政治学的な調査や研究のほぼすべてにおいて「接戦の選挙になる」という予測が出ていたことが挙げられる。不安定な経済状況やオバマ現政権のそこそこの支持率を背景に行なわれた多くの調査では、僅差でクリントンが勝つことが予想されていたが、なかにはトランプの辛勝を予想するものもあった。いずれにせよ、拮抗した闘いを予測するものがほとんどだった[44]。接戦の選挙というものは、最後の最後までどちらに転ぶかわからない。このような選挙の結果は不測の事態、つまり〝偶然〟に大きく左右される。だからこそ、選挙直前の〝オクトーバー・サプライズ〟はますます大きな意味をもつことになる。新たに発表された映像がひとりの候補者を否定的に描いたとき、あるいは連邦捜査局（ＦＢＩ）長官の声明が別の候補者の信用性に疑問を投げかけたとき、それによって結果が変わることもあるのだ。

共和党のリーダーたちが大々的にトランプに反対していたら、過去四度の大統領選挙でみられたような白か黒かの接戦という力学が崩れていたにちがいない。その場合、共和党の有権者たちは分裂していただろう。党執行部の警告に耳を傾ける人もいれば、トランプを応援しつづける人もいたはずだ。それでも、トランプの敗北に必要なのは、共和党のほんの一部の有権者の造反だけだった。しかし、選挙は通常どおり行なわれた。そして接戦となり、トランプが勝利を収めたのだった。

第４章

民主主義を破壊する

ペルーのアルベルト・フジモリははじめから独裁者になろうとしていたわけではなかった。彼は大統領になるつもりもなかった。日系二世の無名の大学総長だったフジモリは、一九九〇年の共和国議会上院選挙に出馬することを望んでいた。どの政党からの公認も期待できなかった彼は、ゼロから政党を起ち上げて自らを公認した。[1] しかし、資金が足りなかった。そこでフジモリは上院選のための宣伝になると考え、大統領選に出ることを決めた。[2]

一九九〇年当時のペルーは、深刻な危機にさらされていた。経済は超インフレに陥り、毛沢東主義のゲリラ集団〈輝ける道《センデロ・ルミノソ》〉が首都リマへと近づきつつあった。一九八〇年の発足以来、このゲリラ集団は残忍な反政府活動を繰り広げ、すでに数万人の犠牲を出していた。ペルー国民は既成政党にうんざりしていた。その反動で、「あなたのような大統領」をスローガンに掲げた政治経験ゼロの無名候補に多くの有権者が惹かれていった。世論調査でも、フジモリへの支持率が突如として急上昇した。

選挙の結果は、ペルーの政界に衝撃を与えた――フジモリは一回目の選挙で二位に入り、国民的作家マリオ・バルガス・リョサとの決選投票に駒を進めることになった。バルガス・リョサはのちにノーベル文学賞を受賞する大作家であり、ペルー国民に敬愛されていた。事実上、エスタブリッシュメント全体――政治家、メディア、企業家――がバルガス・リョサを支持していた。しかしペルーの一般市民たちは、自分たちの懸念に耳を貸そうとしないエリート層とバルガス・リョサが近い関係にありすぎると感じていた。フジモリはポピュリスト色の強い演説を繰り返し、この大衆の怒りをうまく利用した。多くの国民は、フジモリこそが変化のための唯一の選択肢だと考えるようになった。そして、彼は当選した。

フジモリは就任演説のなかで、「ペルーは建国以来もっとも重大な危機にひんしている」と警鐘を鳴らした。「経済は崩壊の寸前にあり、ペルー社会は暴力、腐敗、テロリズム、麻薬密売によってバラバラの状態だ……埋まった土のなかからペルーを掘り起こし、よりよい運命へと導く」と彼は約束した。ペルーには抜本的な経済改革が必要であり、テロリズムとの闘いを強化しなければいけないとフジモリは確信していた。しかし、それをどう達成するかについて、彼はあいまいな考えしかもっていなかった。(3)

議会との報復合戦

さらに、彼は厄介な障壁にぶつかった。もともと政治のアウトサイダーだったフジモリには、ペルーの伝統的な実力者のなかに味方がほとんどいなかった。当時は野党が議会を支配し、彼らが指名した判事が最高裁を牛耳っていた。もともとバルガス・リョサ支持だった伝統的なメディアの多くは、フジモリを信用していなかった。フジモリは政治エリートを容赦なく攻撃し、彼らの腐敗した寡頭政治がこの国を滅ぼしたのだと批判してきた[4]。そして大統領になったフジモリは、選挙期間中に闘いを挑んで負かしたはずの相手が、いまだ多くの権力のレバーを握っていることを知った。

フジモリ政権は前途多難なスタートを切った。就任から数カ月にわたって、議会ではすべての法案が却下された。裁判所は、高まるテロリストの脅威に積極的に対応しているようには見えなかった[5]。フジモリには複雑な立法政策に取り組んだ経験もなかったが、同時にそのための辛抱強さも持ち合わせていなかった[6]。補佐官のひとりが言ったように、フジモリは「議会に法律の承認を求めるたび、上院議長を大統領宮殿に呼び寄せるという風習に耐えられなかった[7]」。ときどき自ら誇らしげに語ったとおり、彼はペルーをひとりで――ノートパソコンを使って――統治することを望んだ。

そこでフジモリは、議会のリーダーたちと交渉する代わりに、彼らを「非生産的なペテン師[8]」と呼んで厳しく非難した。彼は非協力的な裁判官を「詐欺師」「ろくでなし[9]」とこき下ろした。さらに厄介なことに、フジモリは議会の承認を得る代わりに、大統領令を出して政策を進めるようになった[10]。政府当局者たちは、ペルーの憲法は「厳格」かつ「拘束力がある[11]」ものだと訴え、民主主義的な機構を軽視するフジモリの姿勢に懸念を強めていった。大手企業の幹部たちをまえにしたスピーチのなかで、フジモリは次のように疑問を投げかけた。「われわれの国はほんとうに民主主義国家だろうか？……私としては、簡単にイエスとは答えられない。じつのところ、この国をいつも支配してきたのは誰だ？　力の強い少数派、寡占企業、派閥、圧力団体ではないだろうか[12]」

警戒したペルーのエスタブリッシュメントは反撃に出た。フジモリはあるとき、テロリストを収監する余裕を作るために、裁判所の許可なしで数千人もの軽犯罪者を釈放した。これに対し、全国裁判官協会は「甘受しがたい反民主主義的な独裁政治」だと強く非難し、裁判所はフジモリの大統領令のいくつかに違憲の判断を下した。続けて、反対派はフジモリを「独裁主義者」だと糾弾し、メディアは彼を「日本の天皇」[13]と形容しはじめた。一九九一年はじめには、弾劾の話まで持ち上がった。三月、ニュース雑誌『カレタス』は、フジモリの顔にライフルの照準線を重ねた写真を表紙に掲載し、読者に問いかけた。「フジモリを退陣させることはできるか？　すでに憲法の研究を始めた専門家もいる」[14]

包囲網を張られたと感じたフジモリは、倍返しの構えで応戦した。大手企業幹部に向けた演説のなかで、彼はこう宣した。「残っているタブーをすべてぶち壊すまで私は止まらない。ひとつずつ壊してみせるよ。いまこそ勇気を振り絞って、この国の進歩を妨げてきた古い壁をすべて打ち破らなくてはいけない」。一九九一年一一月、彼はいっときに一二六件もの大統領令を発行し、議会の承認を求めた。その大統領令の中身は広範囲に及び、テロ対策に関する命令のなかには市民の自由を脅かすような項目も含まれていた。

議会は異議を唱え、もっとも重要な大統領令のいくつかを廃止あるいは骨抜きにするだけでなく、フジモリの権力を抑え込むための法律を成立させた。その後、対立はさらに深まっていった。フジモリはあるとき、「議会は麻薬密売人に操られている」と非難。すると上院は対抗措置として、フジモリを「道徳的に不適格」という理由で大統領職を「解任する」法案を可決した。この案は下院で数票差で否決されたものの、「議会が大統領を殺すか、大統領が議会を殺すか」[15]と政府関係者のひとりが心配するほどのレベルまで対立は激化していった。

結局、大統領が議会を殺した。一九九二年四月五日、フジモリはテレビを通して議会の解散と憲法改正を発表。まさかの当選からわずか二年もたたないうちに、当初は勝ち目のほとんどなかったアウトサイダーが暴君に変わった。

崩壊への流れは言葉から始まる

選挙で選ばれた大衆扇動家のなかには、独裁のための青写真を描いたうえで就任する者もいる。しかし、フジモリのようにそうではない者も多い。民主主義の崩壊に青写真は必要ない。むしろペルーの経験が示すのは、予期せぬ出来事の積み重ねの結果として民主主義が崩壊するということだ。つまり、規範を破壊する扇動的な指導者と、脅威を感じた既成勢力とのあいだの報復合戦がエスカレートしたようなときだ。

崩壊への流れは言葉から始まることが多い。大衆扇動家は批判者を挑発的な厳しい言葉で攻撃する――敵、破壊分子、テロリスト……。ウゴ・チャベスがはじめて大統領選に立候補したとき、彼は対立相手を「腐った豚」「卑劣な寡頭政治家」[16]と罵った。大統領になったフジモリは批判者を「敵」「裏切り者」[17]と呼び、対立相手をテロリズムや麻薬密売に結びつけた。イタリアのシルビオ・ベルルスコーニ首相は、敵対的な裁判官を「共産主義者」と批判した。[18]このような対立のなかでは、ジャーナリストも標的になる。エクアドルのラファエル・コレア大統領は、メディアを「倒すべき強力な政敵」と呼んだ。[19]トルコのレジェップ・タイイップ・エルドアン大統領は、ジャーナリストが〝テロリズム〟を増殖させていると非難した。[20]ときに、このような攻撃が深刻な結果へとつながる。もし一般の人々が「反対派がテロリズムと結びついている」「メディアが嘘を広げている」という考えを受け容れるようになったら、反対派やメディアへの対抗措置がより正当化されやすい状況が生まれてしまう。

攻撃がそこで終わることは少ない。多くの専門家は、大衆扇動家はどうせ「口先だけ」だから、向こうの話を真剣に受け止めるべきではないと言って私たちを安心させようとする。しかし、世界各地の扇動的な指導者の行動を少し見ただけでも、彼らの多くが最終的に一線を越えて、言葉から行動に移っていることがわかるはずだ。なぜか？　大衆扇動家が権力の座に就くことによって社会全体が二極化し、パニック、敵意、相互不信の空気が作り出される傾向があるからだ。新しい指導者が発する脅迫的な言葉は、しばしばブーメラン効果を生み出す。脅威を感じたメディアは自制心と職業倫理を放棄し、なんとしてでも政府を弱体化させようと躍起になるかもしれない。そして反対勢力は国の利益のためという旗印のもと、弾劾、抗議集会、さらにはクーデターといった極端な措置によって政府を取りのぞく必要があると結論づけるかもしれない。

フアン・ペロンが一九四六年にアルゼンチンではじめて大統領に当選したとき、野党の多くが彼のことをファシストだとみなした。野党の急進市民同盟の党員たちは「ナチズムに対抗する闘い」と謳い、ペロンの就任式への参加をボイコットした。ペロンが大統領になった初日から、議会の対立相手たちは「反対、妨害、挑発」[21]という戦略をとり、最高裁判所に政府の権利を停止するように要請した。同じようにベネズエラの野党は、「精神的無能力」[22]を理由にチャベスを解任できるかどうかを判断するため、精神科医のチームを結成することを最高裁に求めた。有力な新聞やテレビ局は、超法規的措置を使ってでも彼を辞めさせるべきだと訴えた。いうまでもなく、独裁者の卵たちはこれらの攻撃を深刻な脅威ととらえ、対立相手への敵対心をさらに募らせることになる。

どうやって破壊するか

独裁者がそのような道を選ぶのには、別の理由もある――民主主義を護ることは過酷な仕事だからだ。家族経営の会社や軍の戦隊なら、専断的に運営することもできるだろう。しかし、民主主義には交渉、妥協、譲歩が不可欠となる。ときに後退や挫折を避けることはできず、すべての面で勝つことなどありえない。大統領の政策は議会で却下されるかもしれないし、裁判所によって阻止されるかもしれない。すべての政治家がこの制約にもどかしさを感じているものの、民主的な政治家はそれを受け容れなければいけないと知っている。そのような政治家は、絶え間ない批判の嵐を乗り切ることができる。しかし、とりわけ扇動的な傾向があるアウトサイダーにとって、民主主義的な政治はときとして耐えがたいほどもどかしいものだ。彼らは、「抑制と均衡」を拘束衣のように感じる。法律を作ろうとするたびに上院の有力者たちと昼食をとるという考えを受け容れられなかったフジモリ大統領のように、将来の独裁者たちは、民主的な政治を日々進めるための忍耐を持ち合わせていない。そしてフジモリのように、どこかの時点で抑圧から抜け出そうとする。

選挙で選ばれた独裁者は、自分を抑えつけているはずの民主主義的な機構をどのように打ち砕くのか？　なかには、いっぺんに破壊する者もいる。しかし多くの場合、民主主義への攻撃はゆっくり始まる。しばらくのあいだ、市民の多くはそれに気づきもしない。結局のところ、選挙はいつもどおり行なわれ、野党の政治家は議会で引きつづき活動し、独立系新聞社も新聞を発行しつづける。民主主義の浸食は段階的に、ほんの少しずつ進んでいく。個々のステップは取るに足らないようなものばかりで、民主主義を脅かしているようには見えない。実際、民主主義を崩壊させる政府の動きは、しばしば合法性という仮面の下で進んでいく。それらは議会で認められ、あるいは最高裁で合法だと定められたプロセスだ。そのような動きの多くは、腐敗との闘い、選挙の〝浄化〟、民主主義の質の向上、安全保障の強化といった合法的な目標——ときに称賛に値するような行動——の名目のもとに行なわれる。

選挙で選ばれた独裁者が少しずつ制度を壊していく過程についてよりはっきりと理解するために、サッカーの試合にたとえてみたい。権力を強めるために、将来の独裁者は審判を抱き込み、敵チームのスター選手の何人かを欠場に追い込む。さらに自分たちに有利になるようにゲームのルールを書き換え、事実上相手に不利な状況を作り出そうとする。

審判を抱き込む――①盾と武器を手に入れる

審判を味方につけることには大きな効果がある。近代国家には不正を調査・処罰する権限をもつさまざまな機関があり、公務員と民間人の両方がいつも眼を光らせている。司法制度、法執行機関、諜報機関、税務機関、規制当局などがその一例だ。民主主義では、そういった機関が中立的な仲裁人として機能するように設計されている。将来の独裁者にとって、司法機関や法執行機関は敵にも味方にもなりうる。それらの機関が独立性を保ちつづければ、いずれ政府の不正は暴かれ、処罰が下されるかもしれない。結局のところ、不正を防ぐのが審判の仕事なのだ。しかし、審判となる機関が体制支持者に支配されていたら？　彼らは独裁者の利益のために動き、政府から権力を奪う捜査や刑事訴追を阻止しようとするかもしれない。大統領は平気で法律を破り、市民の権利を脅かし、さらには調査や非難を受ける心配なく憲法に違反しようとするかもしれない。裁判所が抱き込まれ、法執行当局が言いなりになると、政府はなんのお咎めもなく好き勝手に行動できるようになる。

審判を抱き込むと、政府は〝盾〟以上のものを手に入れることになる。そのような強力な武器を手にした政府は、選択的に法を執行し、対立相手を罰し、協力者を護ろうとするようになるにちがいない。たとえば税務当局は、敵対する政治家、企業、報道機関をターゲットに定めるようになるだろう。警察は反対勢力による抗議を厳しく取り締まる一方で、政府支持者による暴力行為に見て見ぬふりをする。諜報機関は批判者を密かに見張り、脅迫のための材料を掘り起こそうとするかもしれない。

〝審判の獲得〟はたいてい、公務員や非党派の当局者をこっそり解雇し、支持者と入れ替えることによって行なわれる。たとえばハンガリーでは、二〇一〇年に首相の座に返り咲いたオルバーン・ビクトル首相が、名目上は独立した機関である検察庁、国家監査室、行政監察局、中央統計局、憲法裁判所に大勢の協力者を送り込んで実質支配するようになった[23]。

通常であれば簡単に支配されるはずのない機関も、別の手段によって密かに乗っ取られることがある。この種のやり方について、アルベルト・フジモリの〝情報顧問〟だったブラディミロ・モンテシノスの右に出る者はいない。モンテシノスの指示のもと、ペルーの国家情報局は数百人もの野党政治家、裁判官、国会議員、企業家、ジャーナリスト、編集者を尾行。彼らが賄賂を授受したり、売春宿に入ったり、そのほかの違法行為に携わったりする様子をビデオで録画し、そのテープを使って脅迫した[24]。モンテシノスはさらに、最高裁判事三人、憲法裁判所のメンバーふたり、すさまじい数の裁判官と検察官を直接的に雇用する仕組みを作り上げ、毎月の給料を自宅まで現金で届けるようにした[25]。これらすべてのことは秘密裏に行なわれ、表向きにはペルーの司法システムはほかの機関と同じように機能していた。しかしその陰で、モンテシノスはフジモリの権力強化を手伝っていたのだった。

審判を抱き込む——②裁判所を支配する

このように腐敗した社会では、買収されることを拒んだ裁判官が弾劾の標的になってしまうケースがある。たとえばペロンが一九四六年に大統領になったとき、アルゼンチンの最高裁判事五人のうち四人が保守派の反対勢力で、うちひとりはペロンをファシストと非難していた[26]。ペロンの議会協力者たちは、労働者寄りの法律を却下したことがある最高裁の前例に不安を抱き、不正行為のかどで三人の判事を弾劾した（四人目は弾劾されるまえに辞職した）[27]。その後ペロンが四人の支持者を判事に任命すると、裁判所は二度と彼に逆らわないようになった[28]。同じように、一九九七年にペルーの憲法裁判所がフジモリ大統領の三選に違憲の判断を下そうとしたとき、議会のフジモリ支持派は七人の判事のうち三人を弾劾した。憲法上の大統領任期制限をなくそうとするフジモリの動きを「違憲」だと宣することは、判事自身による「違憲行為」だと支持者らは訴えた。[29]

独立した裁判官を簡単に取りのぞけないとき、政府は裁判所を抱き込んでその力を骨抜きにしようとすることがある。たとえばハンガリーのオルバーン政権は、憲法裁判所の判事数を八人から一五人に拡大し、指名のルールも変えた。そうやって与党フィデス党は独裁的に新しい裁判官を任命し、その後も新たに空席ができるたびに支持者で埋めていった。[30] 二〇〇五年から二〇〇七年のあいだのポーランドでは、与党・法と正義党の提案によるいくつかの法律が、憲法裁判所（憲法上の問題を扱う国家最高機関）によって却下された。二〇一五年に同党が再び与党になると、同じ轍を踏まないための措置がとられた。当時、一五人の判事で構成される憲法裁判所には二席の空席があった。また、すでに三人の判事が前政権によって承認され、就任を待っている最中だった。新たに政権与党となった法と正義党は違憲ぎりぎりの裏技を繰り出し、三人の判事の就任を拒み、改めて自分たちで五人の判事を指名した。[31] それだけにとどまらず、拘束力がともなう憲法裁判所のすべての決定に対して、判事の三分の二以上の賛成を必要とする法律も制定された。これによって事実上、政府が裁判所のなかで拒否権を発動できる体制が整い、政府権力への独立的な監視機関としての裁判所の機能は抑制されることになった。[32]

審判を抱き込むもっとも極端な方法は、裁判所を丸ごと解体し、新しい組織を作り出すというものだ。一九九九年にチャベス政権は最高裁による判決を無視し、制憲議会――裁判所を含むほかのすべての国家機関を解体する権限を与えられた臨時機関――を招集するための選挙を行なうことを決めた。最高裁組織の存続を脅かされた最高裁は、しぶしぶ政府の決定にしたがってそれを合憲だと認めた。[33] 最高裁判所のセシリア・ソーサ長官は辞任し、こう訴えた。「裁判所は暗殺を避けるために自殺する道を選びました。しかし結果は同じことです。裁判所は死にました」。[34] 二カ月後、旧最高裁は解体され、新たな最高裁判所（ＴＳＪ）が代わりに設立された[35]。それでも満足しなかったチャベス政権は、二〇〇四年に最高裁の判事数を二〇人から三二人に増やし、新しいポストを〝革命的〟支持者で埋めた[36]。これが決定的な効果をもたらした。それから九年ものあいだ、最高裁判所は政府の決定に反対する判決を一度も出すことはなかった[37]。

これまで挙げたそれぞれのケースにおいて、民主主義のゲームの審判たちは、まず政府側に引き入れられた。そのあと彼らは、憲法上の難題に抗《あらが》うための盾と対立相手を襲うための強力かつ〝合法的な〟武器を政府に与えることになった。

対戦相手を欠場させる――①メディアの買収

いったん審判の抱き込みに成功すると、選挙で選ばれた独裁者はターゲットを対立相手に移す。イタリアのファシスト政権のムッソリーニや共産主義下のキューバのフィデル・カストロとは異なり、現代の独裁者の多くは反対意見の痕跡をすべて消そうとするわけではない。むしろ、多くの独裁者はおもなプレーヤー――政府をほんとうに脅かすことのできる人物――を排除、邪魔、買収して相手に試合を放棄させようと試みる。主要なプレーヤーに含まれるのは、野党の政治家、野党に資金を提供する企業家、大手メディアなどだ。場合によっては、国民の尊敬を集める宗教家や文化人もその対象となる。

潜在的な対立相手を丸め込むもっとも簡単なやり方は、彼らを買収することだ。選挙で選ばれた独裁者の多くはまず、政治、ビジネス、メディアの有力者たちに、公的な地位、恩恵、特権、あるいは単純に賄賂を与え、その引き換えに彼らからの支持（少なくとも沈黙による中立的立場）を得ようとする。協力的なメディアは大統領への特権的なアクセスを確保し、友好的な企業幹部はうまみのある権利や政府からの契約を手にすることができるかもしれない。

フジモリ政権は、批判者の囲い込み、とりわけメディア買収のプロだった。一九九〇年代末までに、すべての主要なテレビ局、数社の日刊紙、人気のタブロイド各紙が政府の〝傘下〟に入っていた。ブラディミロ・モンテシノスはチャンネル4の所有者に一二〇〇万ドルを支払い、同局のニュース番組の内容を政府側が管理するという〝契約〟に署名させた[38]。チャンネル5の筆頭株主はモンテシノスから九〇〇万ドルを受け取った。チャンネル9の筆頭株主は五万ドルを受け取り、ふたりの著名な調査報道記者を解雇した。一九九九年末に録画されたある映像には、モンテシノスが次のように言い放つ様子が映っていた。「(テレビ局のトップたちは) いまではみんな列を作って並んでいる……彼らにはしっかりと契約にサインしてもらった……みんながみんな、列を作って並ぶんだ……毎日、一二時半にミーティングがあって……夕方のニュースの内容を決めるのさ[39]」

モンテシノスがもっとも多額の賄賂を支払ったのはメディアだったが、彼は政治家の買収も忘れなかった。一九九八年、フジモリの二〇〇〇年の大統領選への出馬に反対する野党の複数のグループが、立候補の合法性を問う国民投票を行なうために必要な数の署名を集めた。その後、話し合いの場は国会に移った。法律にしたがえば、国会で四〇パーセントの賛成があれば国民投票が行なわれることになっていた。理論上、野党は国民投票を承認するために必要な四八票をもっていた。しかし、モンテシノスは三人の議員を買収し、投票を棄権させた。うちのひとりのルイス・チューは、諜報機関の裏金から一三万ドルを住宅購入資金の一部として受け取った。ふたり目のミゲル・チッチャは、自身の会社が絡む訴訟への支援を受け容れた[40]。三人目のスシー・ディアスは、「個人的な理由」のために国会を欠席することに同意した。結局、国民投票の提案はわずか数票差で否決された。その結果フジモリは、本来は憲法違反となる三期目の大統領選に立候補できることになり、見事に当選を果たした。

のちにフジモリの与党の議席が国会で過半数を切ると、モンテシノスは一八人の野党議員を買収して与党へと鞍替えさせた。

対戦相手を欠場させる――②逮捕、訴訟、罰金

買収を受け容れようとしないプレーヤーには、力を弱めるための別の方法が使われる。かつての独裁者はしばしば対立相手を投獄、国外追放、または殺害したが、現代の独裁者は合法性というベールのうしろに抑圧を隠そうとする傾向がある。これこそ、審判を抱き込むことが大きな意味をもつ理由だ。アルゼンチンのペロン政権下で野党の指導者だったリカルド・バルビンは、選挙期間中に大統領を「侮辱した」罪で刑務所送りになった。バルビンは最高裁判所に提訴したものの、ペロンに抱き込まれた裁判所相手では勝ち目がなかった。[41] 一九九〇年代後半のマレーシアでは、マハティール・モハマド首相が、政府の支配下にあった警察と司法機関を利用し、有力な対立相手であるアンワル・イブラヒムを同性愛行為の罪で捜査、逮捕、投獄した。[42] 二〇一四年のベネズエラでは、反政府抗議活動が巻き起こるさなか、野党指導者のレオポルド・ロペスが「暴力を扇動した」罪で逮捕・起訴された。政府当局者は扇動の証拠をいっさい示すことなく、逮捕は「感覚的なもの」だったと主張した。[43]

政府はさらに、支配下に置いた審判を使い、中傷や名誉毀損などの訴訟を通して対立するメディアを〝合法的に〟脇に追いやることがある。エクアドルのラファエル・コレア大統領はこの手法の達人だった。二〇一一年、大手新聞『エル・ウニベルソ』は社説のなかでコレアのことを「独裁者」と呼んだ。コレア大統領は同社のオーナーと編集者に対して四〇〇〇万ドルもの賠償金を求める名誉毀損訴訟を起こし、勝利を収めた。彼はこの事件を「多くの罰を免れている最大権力のひとつ、〝腐敗したメディア〟から南米諸国を解放するための大きな一歩」と呼んだ。コレアはのちにオーナーらを赦

免したものの、この訴訟は報道機関に多大なる萎縮効果をもたらした[44]。

トルコのエルドアンとロシアのプーチンの政権も法律を巧みに使い、破壊的な効果を生み出した。トルコ最大の犠牲者は、実業家アイドゥン・ドアンが所有するドアン・メディア・グループだった。この強大な力をもつ巨大複合企業はトルコのメディア市場の約五〇パーセントを独占し、国内でもっとも読者数の多い日刊紙『ヒュッリイェト〔「自由」の意〕』や複数のテレビ局もその傘下にあった。ドアン・メディア・グループに属する多くの報道機関は非宗教的でリベラル色が強く、イスラム系の公正発展党（ＡＫＰ）が率いる政府と対立することが多かった。二〇〇九年に反撃に出た政府は、ドアンに脱税の罪でおよそ二五億ドルの罰金を科した。その額は、会社の総純資産をほぼ上まわるものだった。危機にひんしたドアンは、ふたつの大手新聞社とテレビ局一社を含むグループの多くの会社を売却することを余儀なくされた。それらの会社はのちに、親政府系の実業家たちに購入された[45]。

ロシアでは、ウラジーミル・グシンスキーが代表を務める独立系テレビ局ＮＴＶが、あるときから「眼の上のたんこぶ[46]」として政府に眼をつけられるようになった。プーチン政権はグシンスキーの会社に税務当局の職員を送り込み、「横領」の罪で彼を告発した。逮捕されたグシンスキーは「マフィア映画から飛び出してきたような取引」を持ちかけられた――自由と引き換えにＮＴＶを売却する[47]。彼は取引を受け容れ、ＮＴＶを政府傘下の巨大エネルギー企業ガスプロムに譲渡し、国外に逃れた[48]。

ベネズエラのチャベス政権はあるとき、大手テレビ局グロボビジョンのオーナーであるギジェルモ・スロアガの不正経理への捜査を始めた。逮捕を怖れたスロアガはすぐに国外へ逃亡。その後も激しい経済的締めつけを受けた彼は、グロボビジョンを政府系企業に売却した[49]。

大手メディアが攻撃を受けると、ほかの報道機関が警戒感を増し、自己検閲を始めるようになる。二〇〇〇年代なかば、チャベス政権がメディアへの引き締めを強めると、国内最大のテレビ局のひとつであるベネビジョンは政治問題を取り扱うことをやめた。朝のトークショーは占星術の番組に変わり、夜のニュース番組の時間には連続ドラマが放送された。かつては野党寄りとみられていたベネビジョンだったが、二〇〇六年の選挙期間中には野党のことをほとんど報じず、チャベス大統領に関する報道に他社よりも五倍以上の時間を費やした。(50)

対戦相手を欠場させる――③実業家を標的に

選挙で選ばれた独裁者はさらに、野党に資金提供する実業家の力を弱めようとする。これは、プーチンがロシアで権力を強める過程でカギとなった方策のひとつだった。二〇〇〇年七月、大統領就任から三カ月もたたないうちに、プーチンはロシアのもっとも裕福な実業家二一人を大統領府・クレムリンに招いた。そこで彼は、政治にかかわらないかぎり（政府の監視下で）自由に事業を行なってかまわないと告げた。(51) いわゆるオリガルヒと呼ばれる寡頭資本家たちの多くは、プーチンの警告にしたがった。しかし、テレビ局ＯＲＴの筆頭株主である億万長者ボリス・ベレゾフスキーはそうしなかった。ＯＲＴが政府批判を始めると、クレムリンはしばらく放置されていた詐欺事件を再び掘り起こし、ベレゾフスキーの逮捕を命じた。彼はジュニア・パートナーに経営権を譲って海外に逃亡したが、そのパートナーは〝プーチンの操り人形〟に変わった。プーチンの警告を無視したもうひとりのオリガルヒが、巨大石油企業ユコスを経営するミハイル・ホドルコフスキーだった。ロシアでもっとも裕福な実業家（『フォーブス』誌の試算による総資産は一五〇億ドル相当）であるホドルコフスキーは、ロシアでは〝触れられない存在〟だと考えられていた。しかし、彼は強く出すぎてしまった。プーチン嫌いだったリベラル派のホドルコフスキーは、親欧米派のヤブロコなどの野党に多額の資金を提供しはじめた。ある時点では、ドゥーマ（ロシア連邦議会）議員の少なくとも一〇〇人がホドルコフスキーに雇われていたか、あるいは資金提供を受けていた。彼が大統領選に出馬するという噂もささやかれていた。危機感を抱いたプーチンは、二〇〇三年に脱税、横領、詐欺の罪でホドルコフスキーを逮捕。[52]その後、彼は一〇年近く投獄されることになった。プーチンのオリガルヒへのメッセージははっきりしたものだった――政治にかかわるな。ほぼ全員がそれにしたがった。そして資金源を失った野党の力は弱まり、多くはそのまま消滅した。[53]

トルコのエルドアン政権もまた、有力な実業家を政治の端へと追いやった。裕福な企業家ジェム・ウザンの資金提供によって創設された青年党（GP）が二〇〇四年に強力なライバルとして躍進しはじめると、金融当局はウザンの企業グループの営業を停止し、彼を組織的経済犯罪の罪で告発した。[54]ウザンがフランスに逃れると、GPはすぐに解体された。数年後、トルコ最大級の財閥であるコチ・グループが、二〇一三年に起きたゲジ公園での大規模な反政府運動を支援したとして非難された（公園近くのコチ・グループ所有のホテルが、警察による鎮圧の最中に避難所や臨時の病院として使われた）。その年、税務当局はコチ傘下の数社に監査に入り、グループ子会社と国防省との大規模な契約を解除した。[55]コチ・グループはここから教訓を学び、二〇一三年以降は野党と距離を置くようになった。

対戦相手を欠場させる――④文化人への抑圧

最終手段として、選挙で選ばれた独裁者は文化人を黙らせようとする。芸術家、知識人、ポップスター、スポーツ選手などの人気と道徳的な影響力は、政府にとって潜在的な脅威となることがある。アルゼンチン文学を代表する有名作家ホルヘ・ルイス・ボルヘスは、あるときからペロンの批判者として注目されるようになった（ある仲間の作家はボルヘスを「反ペロンの一種」と呼んだ）。すると政府の圧力によって、彼は市立図書館の館員から「家禽やウサギの検査官」[56]（本人談）に転属させられた。

辞職したボルヘスは、数カ月にわたって新たな職を見つけることができなかったという。

しかしながら、政府は人気のある文化人を巻き込んだり、互いに便宜をはかったりすることを好み、政治とかかわらないかぎり彼らの活躍を後押しすることが多い。ベネズエラ人の国際的指揮者で、シモン・ボリバル国立交響楽団とロサンゼルス・フィルハーモニックの音楽監督を務めるグスターボ・ドゥダメルがその一例だ。

ドゥダメルは、ベネズエラの世界的に有名な音楽教育プログラム「エル・システマ」の熱心な擁護者だった。このプログラムは創立以来、何十万人もの低所得層の子どもたちに音楽教育の機会を与えてきた。エル・システマは政府の資金によって成り立っているため、その設立者たちは政治的中立性を厳しく保ってきた。ドゥダメルもこの慣習にしたがい、チャベス政権がみるみる独裁的になっても政府を批判することを避けた。そんな彼は、二〇一三年のチャベスの葬儀でボリバル国立交響楽団を指揮するという大役を果たした。二〇一五年に野党の有力者たちが逮捕されたときにもドゥダメルは中立の立場を護り、『ロサンゼルス・タイムズ』紙に論説を寄稿してマドゥロ政権への〝敬意〟を示した。それに応えるようにエル・システマへの政府からの金銭的支援は増し、三年前に五〇万人だった参加者が二〇一五年には七〇万人に増えた。[57]

ところが二〇一七年五月、エル・システマ出身の若いバイオリニストが反政府抗議活動のさなかに治安部隊に殺されるという事件が起こり、事態が一変する。ドゥダメルはそれまでの沈黙を破って『ニューヨーク・タイムズ』に論説を寄せ、ベネズエラ政府の弾圧と独裁政治への移行について非難した。[58]結果、彼は犠牲を払うことになった。翌月に政府は、ドゥダメルと国立ユース・オーケストラの米国ツアーの中止を発表した。[59]

囲い込み、あるいは嫌がらせによって影響力のある声をひそかに鎮めるという政府の行動は、間接的に反対勢力に深刻なダメージを与える。ロシアのホドルコフスキーの例のように、有力な実業家が投獄されたり経済的な打撃を受けたりすると、ほかの実業家たちは政治の世界に足を突っ込まないほうが賢明だと結論づけるようになる。ベネズエラのケースのように、野党の政治家が逮捕・海外追放されると、ほかの政治家はあきらめて引退するようになる。反対者の多くは政治の世界に入るよりも家にとどまることを選び、活動家たちはやる気を失っていく。これこそ、まさに政府が目指す状態だ。有力な野党、メディア、実業家が買収され、脇に追いやられると、反対勢力はしぼんでいく。このようにして、政府はルールを必ずしも破ることなく〝勝利〟を収めるのだ。

ルールを変える――①選挙区の変更

しかしながら、権力をもっと揺るぎないものにするためには、政府はさらなる行動に出てゲームのルールそのものを変えなくてはいけない。権力を固めようとする独裁者はしばしば、野党が不利になるように憲法や選挙などの制度を変え、ライバルとの競争を実質的に有利に進めることのできる土壌を作ろうとする。多くの場合、こういった改革は公共の利益という名目のもとに行なわれるが、実際には彼らは自分たちの都合のいいように不正を働いているにすぎない。この改革には法律や憲法の改正も含まれているため、独裁者は何年も、あるいは何十年ものあいだ有利な立場を保ちつづけることができる。

マレーシアを例に考えてみよう。マレーシアの選挙制度は古くから、マレー系の与党・統一マレー国民組織（UMNO）に都合のいいように調整されてきた。マレー系住民の占める割合は全人口の五割強ほどだったが、七割の選挙区でマレー系住民が過半数を超えるように恣意的に区割り（ゲリマンダリング）されていたため、UMNOとその連立相手が大きな勝利を収めてきた。[60] ところが、一九九〇年代後半に全マレーシア・イスラム党（ＰＡＳ）が野党第一党に躍り出ると、状況は変わった。ＰＡＳもまた圧倒的にマレー系の政党だった。すると二〇〇二年、ＵＭＮＯが実質支配する選挙当局はそれまでの方針を変え、人口動向を無視した区割りの変更を行ない、ＰＡＳの支持基盤だった農村地域の議席数を減らした。[61] このゲリマンダリングが功を奏し、二〇〇四年の総選挙ではＵＭＮＯ率いる連立与党が九一パーセントもの議席を獲得した。

ハンガリーのオルバーン政権も似たような手を使った。二〇一〇年に議会の三分の二の議席を得たのち、与党フィデス党はその圧倒的な数の力を武器に、憲法と選挙法を改正して優位な立場を保とうとした。政府は、議会内の最大の党（フィデス党）に有利に働く多数代表制システムの新たな選挙ルールを作り、さらにゲリマンダリングによって議席数を最大化しようとした。くわえて、民間メディアでの選挙広告が禁止され、テレビでの選挙活動はフィデス党支配下の公共放送局のみに限定された。[62] これらの新たな制度の効果は、二〇一四年の議会選挙ではっきりと現われた。二〇一〇年には五三パーセントだった得票数を四四・五パーセントへと大きく減らしたにもかかわらず、フィデス党は三分の二の議席を獲得した。[63]

ルールを変える——②投票の制限

おそらく、独裁的な立場を保つためのルール書き換えのもっとも顕著な例は、アメリカ合衆国での出来事にちがいない。南北戦争後の一八七〇年代の再建《レコンストラクション》期が終わると、旧南部連合のすべての州で一党独裁体制が生まれた。[64] この一党独裁は、歴史が生んだ予期せぬ偶然などではなく、むしろひどく反民主主義的な憲法解釈の産物だった。

再建期にいっせいに行なわれたアフリカ系アメリカ人の解放は、白人による南部の政治支配と民主党の独占に大きな脅威をもたらすものだった。一八六七年の再建法と憲法修正第一五条によって人種を理由とした選挙権の制限が禁じられると、アフリカ系アメリカ人は突如としてミシシッピ州、サウスカロライナ州、ルイジアナ州で有権者人口の過半数を占めるようになった。さらにアラバマ州、フロリダ州、ジョージア州、ノースカロライナ州でも、黒人の有権者が過半数に近い割合に達した。[65]

この時期、合衆国軍の監督のもと、南部全域で黒人の有権者登録が積極的に推し進められた。[66] アメリカ全土に住む黒人男性のうち投票権をもつ人の割合は、一八六六年には〇・五パーセントだったが、二年後には八〇・五パーセントを超えた。[67] さらに、黒人の投票率はきわめて高かった。一八八〇年の大統領選挙では、ノースカロライナ州、サウスカロライナ州、テネシー州、テキサス州、バージニア州において、黒人の投票率が六五パーセントを超えた。[68] 公民権を与えられたアフリカ系アメリカ人は大きな影響力をもつようになった。一八七〇年代の南部では、一四人の連邦議会・下院議員とふたりの上院議員を含む二〇〇〇人以上の黒人が選挙で公職に選ばれた。ある時点では、ルイジアナ州とサウスカロライナ州の下院議員の四〇パーセント以上を黒人が占めていた。[69]

また、アフリカ系アメリカ人は圧倒的な割合で共和党に投票したため、黒人の解放によって共和党やそのほかのライバルたちが活気づき、それまで支配的な力を誇っていた民主党を弱体化させていった。[70] 一八八〇年代と九〇年代には、民主党はノースカロライナ州、テネシー州、バージニア州の議会で過半数を失い、アラバマ州、アーカンソー州、フロリダ州、ジョージア州、ミシシッピ州、テキサス州でも下野寸前まで追いつめられた。[71] もしこのまま民主的な選挙が続いていれば、「南部の〝ブラックベルト〟に住む白人の地位は致命的なほど下がっていたにちがいない[72]」と政治学者V・O・キーは指摘した。

この状況に危機感を抱いた政治家たちは民主主義にしたがうことをやめ、ルールを変えた。再建期の終わりごろ、ジョージア州選出のロバート・トゥームズ元上院議員は「憲法制定会議を開いてくれれば、私は憲法を修正する……そうすれば、ニグロたちは表舞台から消えるだろう」[73]と表明した。一八八五年から一九〇八年にかけて、旧南部連合の一一州すべてで州憲法と選挙法が改正され、アフリカ系アメリカ人の選挙権は剝奪された。[74]

憲法修正第一五条で規定された条文に沿う必要があるため、人種を理由に選挙権を制限することはできなかった。すると各州は〝中立的な〟投票税、資産条件、識字能力の試験、複雑な書面を利用した投票システムを導入した。[75]歴史家のアレックス・キーザーは、「これらのすべての制限のもっとも重要な目的は、文字の読めない貧しい黒人を投票所から追い出すことだった」[76]と論じる。圧倒的な割合のアフリカ系アメリカ人が共和党支持者だったため、彼らから選挙権を奪うことには、民主党の選挙での優勢を復活させるという狙いもあった。ノースカロライナ州議会のある上院議員が言ったように、目標は「民主党につねに多数支配をもたらすための公明正大な法律」[77]を作り上げることだった。

人口の過半数を黒人が占めていたサウスカロライナ州は、投票制限の先駆者だった。一八八二年の「エイト・ボックス法」[78]によって複雑な投票方式が採用され、非識字者が選挙権を行使することはほぼ不可能になった。州の黒人住民の多くが非識字者だったため、黒人の投票率は一気に下がった。しかし、改革はそこで終わらなかった。一八八八年、ジョン・リチャードソン知事は次のように宣言した。「この州では、四〇万人の少数派（白人）が六〇万人の多数派（黒人）よりも優位に立つという状況にある……今日、黒人による支配を避けるために存在するものは脆弱な法律、つまりエイト・ボックス法だけだ」[79]。七年後、サウスカロライナ州は投票税と識字能力の試験を導入。一八七六年に九六パーセントに達していた黒人の投票率は、一八九八年にはわずか一一パーセントまで下がった。[80]黒人からの選挙権の剝奪によって「破壊された共和党[81]」は、それからおよそ一世紀にわたって州議会で政権与党になることはなかった。

テネシー州では、黒人に選挙権が与えられたことによって、一八八八年ごろまでに共和党が強力なライバルとして台頭するようになった。民主党寄りの『アバランチ』紙は「何か対策が打ち出されなければ、次の選挙で共和党が大勝利を収める[82]」と予想するほどだった。翌年、民主党の議員たちは投票税を設け、選挙人登録の条件を厳しく設定しなおした。さらにドーチ法を制定し、読み書きが必要になる複雑な投票システムを導入。議会での議論が続くなか、『アバランチ』は「ドーチ法を通さなければ、われわれが滅びる」と訴えた。のちに『メンフィス・デイリー・アピール』紙の見出しには「ついに安全が訪れた——さようなら共和党」という文字が躍った。一八九〇年の選挙で民主党は圧勝し、共和党は崩壊した。『メンフィス・デイリー・アピール』はドーチ法の効果が「最大限に発揮された」と社説で論じた。「民主党にはすばらしいことに、全体の投票数は痛ましいほどに減ったが、民主党の得票率は少なくとも四倍以上に増えた」。一八九六年までに、黒人の投票率はかぎりなくゼロに近づいた。

一八九二年の知事選でポピュリストに危うく負けそうになったアラバマ州の民主党は、「自分たちの困難を乗り越えるために選挙権の制限へと動き出した[83]」。州議会が黒人票を抑え込むための法律を承認すると、トーマス・ジョーンズ知事はこう訴えたという。「私の手や腕が麻痺しないうちに、早く法案に署名させてくれ。この法律によって、ポピュリストとすべてのニガーを永遠に追い出すことができるだろう[84]」。同じ動きは、アーカンソー州、フロリダ州、ジョージア州、ルイジアナ州、ミシシッピ州、ノースカロライナ州、テキサス州、バージニア州でも繰り返された。事実上、これらの〝改革措置〟はアメリカ南部の民主主義を殺した。

多くの州でアフリカ系アメリカ人が人口の過半数（あるいは過半数近く）を占め、黒人に参政権を与えることは憲法にも盛り込まれていた。にもかかわらず、合法的または中立的に見せかけた措置が「南部の有権者のほぼ全員を確実に白人にする」[85]ために用いられた。一八八〇年に六一パーセントだった南部での黒人の投票率は、一九一二年にはわずか二パーセントに減った[86]。アフリカ系アメリカ人からの選挙権の剝奪は共和党の衰退へとつながり、それから一世紀にわたる白人の優位と民主党の一党独裁を決定づけることになった。南部に住むある黒人はこう指摘した。「南部全体——南部のすべての州——が、私たちを奴隷として使っていた人間たちの手に渡ってしまった[87]」

危機による正当化

審判を抱き込み、対立相手を買収し、その力を弱め、ゲームのルールを書き換える——。選挙で選ばれた指導者はそのような手口で、敵に対して決定的かつ永続的に優位な立場を築くことができる。これらの措置は合法性というベールのうしろで少しずつ進められるため、独裁主義への移り変わりが必ずしも非常ベルを鳴らすわけではない。眼のまえで起きているにもかかわらず、民主主義が解体されつつあるという事実に市民がなかなか気づかないこともあるのだ。

民主主義が死んでいく過程についての大きな皮肉のひとつは、民主主義を護ろうとする行為そのものが、しばしばそれを破壊するための口実として使われるということだ。未来の独裁者は、経済危機、自然災害、さらに安全保障上の脅威（戦争、武装闘争、テロ攻撃）を使って、反民主主義的な政策を正当化しようとする。

一九六九年、フィリピンのフェルディナンド・マルコス大統領は法律の規定で最後となる二期目の選挙に勝ったあと、緊急事態を利用して任期制限を変える方法について模索しはじめた[88]。憲法の規定にしたがえば、二期目の任期は一九七三年に終わる予定だった。が、その時点で退く気など毛頭なかったマルコスは、戒厳令を宣言したうえで憲法を改正するという計画を立てた。しかし、そのためには何か理由が必要だった。一九七二年七月、謎めいた爆弾テロがマニラで立てつづけに起きたことによって、絶好の機会が訪れた。それに続いてフアン・ポンセ・エンリレ国防相への〝暗殺未遂〟事件が起きると、マルコスは共産主義者のテロリストを非難し、ついに計画を実行に移した。彼はテレビの全国放送で戒厳令を発令することを発表し、重々しい口調で述べた。「同胞たちよ……これは軍事的な乗っ取りではない……無力な政府では、民主主義を護ることなどできない。(一時的に自身が停止していた)憲法こそが、暴動のような危機が起きたときに、賢明な方法で民主主義を護る手立てを与えてくれた」[89]。マルコスはそれから一四年にわたって権力を握りつづけた。

危機が起きるのを予測するのはむずかしいが、そのあとに政治の世界で何が起きるのかを予測するのは容易なことだ。危機は権力の集中を生み、決まって権力の乱用へとつながる。戦争やテロ攻撃は「旗の下への結集[90]」効果を生み出し、政府への国民の支持は(ときに劇的に)上がる。たとえば9・11の同時多発テロのあと、ブッシュ大統領の支持率は五三パーセントから九〇パーセントに跳ね上がった。それは、ギャラップ社の調査が始まって以来もっとも高い数字だった[91](それまでの最高値は、一九九一年の湾岸戦争勃発直後にブッシュの父親ジョージ・H・W・ブッシュが記録した八九パーセント)。国家安全保障が危機的な状況にあるなかで、九〇パーセントの支持率を誇る大統領に表立って抗議しようとする政治家などほとんどいない。そのため、大統領はほとんどなんの制約も受けずに政策を進めることができるようになる。二〇〇一年一〇月にジョージ・W・ブッシュは米国愛国者法に署名したが、前月に9・11テロが起きていなければ、このような法律が成立することはなかったはずだ。

安全保障への危機が起き、とりわけ自らの安全に怖れを抱いたとき、市民はいつも以上に独裁的な措置を受け容れ、ときにそれを支持するようになる。[92] 9・11後の世論調査では、アメリカ人の五五パーセントが「テロリズムを抑制するために市民の自由を手放す必要がある」と答えた（一九九七年の調査では二九パーセント）。[93][94] 同じように、真珠湾攻撃によって市民のあいだに恐怖が広がらなければ、ルーズベルトによる日系アメリカ人の強制収容政策が実行に移されることなどなかったにちがいない。真珠湾攻撃のあとの世論調査では、アメリカ人の六〇パーセント以上が日系人の国外追放を支持し、一年後の調査でも日系人の強制収容は市民から高く評価されていた。[95]

世界の多くの憲法では、緊急時に行政権を拡大することが赦されている。[96] そのため、民主的に選ばれた大統領でさえも、戦争中にいとも簡単に権力を集中させ、市民の自由を脅かすことがある。将来の独裁者がこのような権力を手にしたとき、状況はいっそう危険になる。批判者に囲まれ、民主主義の制度を足かせだと感じている大衆扇動家にとって、危機は批判者を黙らせ、ライバルを弱らせる絶好のチャンスになる。事実、選挙で選ばれた独裁者はしばしば危機を必要とする。外からの脅威は、彼らを迅速かつ〝合法的に〟制約から解き放つ機会を与えてくれるのだ。

だとすれば、「将来の独裁者」と「大きな危機」という組み合わせは、民主主義にとって致命傷となる可能性がある。なかには、大きな危機にひんした状態で就任する指導者もいる。たとえばフジモリは、ハイパーインフレーションとゲリラによる反乱の危険が増すさなかで大統領になった。そのため、一九九二年に起こした〝自己クーデター〔議会を解散し、新たに設けた民主憲法議会を招集したこと〕〟を必要悪だと正当化したときにも、ほとんどのペルー国民が彼に同意した。クーデターのあと、フジモリの支持率は一気に八一パーセントに上がった。[97]

自ら危機を作り出す指導者たち

なかには危機を自ら作り出してしまう指導者もいる。さきほどの一九七二年のフェルディナンド・マルコス比大統領による戒厳令宣言には裏話があった。彼の〝危機〟はほとんどが捏造されたものだった。マルコスは大統領の任期を二期までと定める憲法の縛りを取っ払う計画を進めようとしていたが、なんらかの方法でそれを正当化しなければならないと強く認識していた。そこで彼は、「共産主義の脅威[98]」を演出することを決めた。実際の反乱者の数はわずか数十人だったにもかかわらず[99]、マルコス大統領は集団ヒステリーのような状況を作り出し、緊急措置を正当化した[100]。当初、彼は前年の一九七一年に戒厳令を発令することを望んでいたが、計画を国民に売り込むためには、社会に大きな恐怖を惹き起こす暴力――テロ攻撃――が必要だった[101]。翌年、マニラの連続爆弾テロによってその機会が訪れた。しかし米諜報当局によれば、この爆弾テロはフィリピン政府軍による自作自演だった可能性が高いという[102]。また、エンリレ国防相の〝暗殺未遂〟は、のちに彼自身が認めたように「偽装」でしかなかった。実際、彼は暗殺未遂が起こったとされる場所の近くにさえいなかったという[103]。

それが真実かどうかにかかわらず、未来の独裁者は権力の奪取を正当化するために危機を利用しようとする。おそらくもっとも有名な例は、アドルフ・ヒトラーが首相に就任した翌月の一九三三年二月二七日に起きたドイツ国会議事堂放火事件と、その事件への彼の対応だろう。ベルリンの国会議事堂に火をつけたのが共産主義に傾倒したオランダ人の若者だったのか、はたまたナチス指導部による自作自演だったのかという疑問は、いまでも歴史家のあいだで議論が続いている[104]。真相はどうあれ、ヒトラー、ヘルマン・ゲーリング、ヨーゼフ・ゲッベルスは燃え上がる議事堂に着いた直後からこの出来事を利用し、市民の自由を奪う緊急令の発令を正当化することに成功した。くわえて一カ月後に制定された全権委任法によって、すべての野党の力は根こそぎにされ、第二次世界大戦の終結までナチスに全権力が集まることになった。

安全保障の危機はまた、ウラジーミル・プーチンの独裁主義への転換のきっかけにもなった。プーチンが首相になったばかりの一九九九年九月、モスクワなどの数都市でチェチェン独立派武装勢力の仕業と思われる連続爆弾テロが起き、およそ三〇〇人が死亡した。プーチンはチェチェンに宣戦布告し、大規模な取り締まりを始めた。ナチス・ドイツの例と同じように、一連の爆弾テロが実際にチェチェンの武装勢力によって行なわれたのか、ロシア政府の諜報機関によるものだったのかについてはいまだ議論が分かれるところだ。[105] しかしひとつだけ明らかなのは、この爆弾テロによってプーチンの政治的な人気が一気に跳ね上がったということだ。[106] ロシア国民はみなプーチンを後押しし、彼の野党に対する攻撃を何年にもわたって（支持とまではいかなくても）容認した。[107]

最近ではトルコのエルドアン政権も、安全保障の危機を使って支配力を強めることを正当化した。二〇一五年六月に行なわれた総選挙で与党AKPは敗北し、国民議会における議席が過半数を割り込む事態になった。しかし直後に一連のイスラム国の攻撃が起きると、エルドアンは「旗の下への結集」[108] 効果を利用してすぐに解散総選挙を行ない、わずか五カ月後に議会の支配を取り戻すことに成功した。二〇一六年七月に起きたクーデター未遂はさらに大きな効果を生み、政府は広範囲に及ぶ取り締まりを正当化することができた。クーデターのあとにエルドアンは非常事態を宣言し、大規模な抑圧を始めた。およそ一〇万人の公務員が解雇され、数社の新聞社が閉鎖され、五万人以上が逮捕された。逮捕者のなかには、数百人の裁判官と検察官、一四四人のジャーナリスト、さらには憲法裁判所のふたりの判事が含まれていた。[109] エルドアンはさらに、大統領の権限を拡げるための機会としてクーデター未遂を利用した。この権力の集中の流れは、二〇一七年四月にピークを迎えた——国民投票によって、大統領の権限へのチェック機能を廃止する憲法修正案が可決された(110)。

憲法上のさまざまな制約に縛られた大衆扇動家にとって〝危機〟は、民主的な政治には付きものの「抑制と均衡」――ときに不便で、ときに彼らにとって脅威となるもの――を弱めるためのきっかけとなる。危機によって独裁者は自分たちの行動の範囲を拡げ、〝敵〟から身を護ることができるようになる。だとしても、疑問は残ったままだ。民主主義の制度はそれほど簡単に吹き飛ばされてしまうものなのだろうか？

第５章　民主主義のガードレール

何世代にもわたってアメリカ国民は、憲法を大いに尊重してきた。合衆国が選ばれし国であり、神によって導かれ、世界にとって希望と可能性の光であるという信念の中心には、いつも憲法があった[1]。このような強い信念は薄れつつあるとしても、憲法への信頼は依然として高いままだ。一九九九年の調査によると、アメリカ人の八五パーセントが「ここ一世紀のあいだにアメリカが成功を収めたおもな理由」として憲法を挙げた[2]。

事実、憲法による抑制と均衡のシステムは、指導者による権力の集中と乱用を防ぐために設計されたものであり、アメリカの歴史の大部分でうまく機能してきた。南北戦争のあいだにエイブラハム・リンカーン大統領に集中した権力は、戦争が終わったあとに最高裁判所によってもとに戻された。一九七二年のウォーターゲート不法侵入事件のあと、リチャード・ニクソン大統領による違法な盗聴が明らかになると、議会が大がかりな捜査を始め、特別捜査官の指名を求める超党派の動きが活発化した。結果、弾劾が避けられない事態に陥ったニクソンは、辞任を余儀なくされた。こういったさまざまなケースにおいて、アメリカの政治制度は独裁的な政治行動に抗う大切な防波堤として役立ってきた。

憲法は万能ではない

しかし、憲法という制度だけで民主主義を護ることはできるのだろうか？ 私たち著者の答えはノーだ。高度に設計された憲法でさえ、ときに失敗へとつながることがある。たとえば旧ドイツで一九一九年に制定されたワイマール憲法は、当時のもっとも優れた法律家らによって作り出された。世界でも早い段階で「法治主義」を定めたワイマール憲法は専門家から高い評価を受け、政府による特権乱用を防ぐために充分なものだと広く考えられていた。しかし一九三三年のアドルフ・ヒトラーの権力奪取をまえに、憲法と法治主義は瞬く間に崩れ落ちた。[3]

あるいは、植民地支配から解放されたあとの南米での出来事について考えてみてほしい。この地域で新たに独立した共和国の多くは、アメリカ式の制度をそのまま採り入れ、大統領制、二院制議会、最高裁判所のシステムを作り上げた。さらに、選挙人団や連邦制度を採り入れた国もあれば、合衆国憲法をほぼそのまま書き写したかのような憲法を制定した国もあった。[4] にもかかわらず、この地域の生まれたての共和国のほぼすべてが内戦と独裁統治に突入した。たとえば、アルゼンチンで一八五三年に制定された憲法は合衆国憲法とそっくりの内容で、[5] 本文の三分の二はそのまま転記されたものだった。[6] しかしこれらの憲法上の取り決めは、一九世紀末の不正な選挙、一九三〇年と四三年の軍事クーデター、そしてペロンのポピュリスト独裁政治を防ぐのにはほとんど役に立たなかった。

同じように、フィリピンの一九三五年の憲法は「合衆国憲法の忠実なコピー」と呼ばれてきた。アメリカの植民地統治のもとで制定され、米国議会の承認を受けたこの憲章は、三権分立、人権を保護する権利章典、大統領の二期限定条項などを含む「自由民主主義の模範例」[7]だった。ところが、二期目の終わりで退くことを嫌ったフェルディナンド・マルコス大統領は、一九七二年に戒厳令を宣言し、いとも簡単に憲法を骨抜きにしてしまった。

憲法の規定だけで充分な効果があれば、ペロン、マルコス、ブラジルのジェトゥリオ・バルガスといった人物たち――書類上、一連の優れた抑制と均衡のシステムを含むアメリカ式の憲法のもと、大統領に就任した政治家――は悪名高い独裁者になるのではなく、大統領を一期か二期務めたあとに退いていたはずだ。

どれほどうまく設計された憲法だとしても、それだけで民主主義を護ることはできない。その理由のひとつに、憲法がつねに不完全であるということが挙げられる。ほかのすべての規則と同じように、そこには数えきれない穴とあいまいさが存在する。どんなに細かく書かれた操作マニュアルでさえも、考えられるすべての不測の事態を予測し、考えられるすべての状況下でどう行動するべきかを取り決めることはできない。

憲法上の規定には、つねに〝解釈〟という問題がつきまとう。たとえば、大統領が最高裁判事を指名する際に必要な「上院の助言と承認」とは正確には何を意味するのか？　弾劾の理由となる「重大な罪または軽罪」とは具体的にどんなものなのか？　アメリカ人は何世紀にもわたって、これらの文言の解釈や憲法上の疑問点に関して議論を続けてきた。憲法上の権限について複数の解釈ができるとき、起草者が予期していなかった方法でそれが利用されることがある。

最後に、憲法に書かれた言葉に厳密にしたがったとしても、それが法律の精神を損なう場合もある。たとえば、労働者による抗議活動のなかでもっとも大きな破壊力をもつ方法のひとつに「遵法闘争」

がある。これは、労働者が契約や職務規定で定められたことだけを行ない、それ以外は何もしないというものだ。つまり、彼らは規則に書かれた文字のとおりの行動をしていることになる。しかし、ほぼまちがいなく職場は機能しなくなる。

規範が民主主義を支える

すべての法制度には穴やあいまいさが付きものなので、憲法だけを頼りに将来の独裁者から民主主義を護り抜くことはできない。ベンジャミン・ハリソン元大統領（第二三代、共和党）はかつてこう綴った。「神は、政治家や哲学者、あるいはいかなる人間に対しても、誰の手助けも必要のない政府制度を構築するのに充分な叡智を与えたことはない[8]」

アメリカの政治制度も例外ではない。多くの専門家が認めるように、合衆国憲法が優れた文書であることはまちがいないだろう。しかし、もともとの憲法はわずか四ページ分の長さしかなく、ときに矛盾するさまざまな解釈が可能だった[9]。たとえば、政府と独立して存在するべきＦＢＩなどの機関を、体制支持者だけで満たすことを防ぐための憲法上の保護規定はほとんどない[10]。憲法学者のアジズ・ハックとトム・ギンズバーグは、アメリカの大統領によるルール違反を防いでいるのは「慣習という薄いティッシュペーパー[11]」にすぎないと主張する。歴代の大統領たちはその慣習にしたがい、審判を抱き込んだり、それを対立相手の抑え込みに使ったりすることを避けてきた。同じく合衆国憲法は、大統領令や行政命令を通して一方的に行動する大統領の権限についてほぼ何も言及しておらず、危機下における行政権行使の限度を定義していない[12]。これについて、ハックとギンズバーグは最近次のように警告した。「真に独裁的な指導者にとって、アメリカの民主主義における憲法上および法的セーフガードを操作するのはいとも簡単なことだろう[13]」

これほど長いあいだアメリカの民主主義を護ってきたものが、一七八七年にフィラデルフィアで書かれた憲法ではないとすれば、いったいなんなのだろう？　この国の膨大な富、大規模な中産階級、活気のある市民社会など、多くの要因が作用してきたことはいうまでもない。しかし私たち著者は、その答えの大部分が民主主義的な強い規範の発達に潜んでいると考えている。うまく機能する民主主義のすべてでは、憲法や法律には書かれていないもの、つまり広く認知・尊重される非公式のルールに支えられている。[14][15] アメリカの民主主義では、この規範がきわめて大きな役割を果たしてきた。

家庭生活から企業や大学の運営まで社会のあらゆる側面と同じように、政治の世界でも不文律は大きな役割を担っている。その仕組みを理解するために、街なかで気軽に行なわれるストリート・バスケットボールのゲームを例に考えてみよう。ストリート・バスケットボールには、NBAや全米大学体育協会（NCAA）などのリーグで決められた規則は適用されない。さらに、そういったルールを見張る審判もいない。ゲームが大混乱に陥るのを防いでくれるのは、何が赦され、何が赦されていないのかという共通の理解だけだ。ハーフコートで行なわれるストリート・バスケの不文律は、これまでプレーしたことのある人なら誰でも知っていることばかりだ。基本ルールをいくつか紹介する。

・シュートの点数は一点（通常のバスケットボールでは二点）。必ず二点差をつけて勝たなければいけない。
・シュートを決めたチームがそのままボールをキープして攻撃に移る（「メイク・イット・テイク・イット」と呼ばれるルール）。得点したチームはボールをフリースロー・レーンの外側まで戻し、相手チームの準備ができていることを確かめるために、いちばん近くにいる敵チームのプレーヤーにボールをいったん渡す。

・はじめにボールを持っているプレーヤーによるシュートは禁止。必ずほかの人にパスしなければいけない。
・プレーヤーは自分たちでファウルを宣告するが、安易に申し立てしてはいけない。認められるのは悪質なファウルのみ（「血が出なければファウルなし」）。しかし、ファウルが宣告された場合、その判断は尊重されなければならない。

もちろん、民主主義はストリート・バスケットボールではない。民主主義には明文化されたルール（憲法）があるし、審判（裁判所）もいる。しかし、それらがもっともうまく機能し、もっとも長く生き残るのは、明文化された憲法が独自の不文律によって強く支えられている国だ[16]。このようなルールや規範は民主主義の柔らかいガードレールとして役に立ち、政治の世界の日々の競争が無秩序な対立に成り果てることを防いでくれる。

規範とは、たんなる個人的な習性ではない。それはたんに政治指導者の善良な性格に起因するものではなく、特定の共同体や社会のなかで常識とみなされている共通の行動規則である。それらのルールはメンバーによって受け容れられ、尊重され、順守されている。ところが明文化されているわけではないので、うまく機能しているときにはとくに見えにくい。そのため、私たちは規範など必要ないと勘ちがいすることがある。しかし、それはまったくの見当ちがいだ。酸素やきれいな水のように、規範の大切さは、それがなくなるとすぐに明らかになる。規範が強い社会に住む人々は、違反行為に対してさまざまな不満の態度を示す――首を横に振る、嘲笑、世論の批判、追放。そして、規範に違反した政治家はその代償を払うことになる。

上院や選挙人団の運営から大統領記者会見の形式まで、アメリカ政治の至るところに不文律が存在する。[17] しかしなかでもふたつの規範が、民主主義を機能させるために必要不可欠なものとして君臨している——相互的寛容と組織的自制心だ。

対立相手は敵ではない

相互的寛容とは、対立相手が憲法上の規則に則って活動しているかぎり、相手も自分たちと同じように生活し、権力をかけて闘い、政治を行なう平等な権利をもっていることを認めるという考えである。相手に同意できず、ときに強い反感をもつことがあるとしても、私たちは対立相手を正当な存在として受け容れなければいけない。つまり私たちは、政治のライバルをまともで、愛国的で、遵法精神のある市民だと認め、彼らも国を愛し、同じように憲法を尊重しているのだと信じなくてはいけないのだ。たとえ相手の考えが愚かでまちがっていると感じたとしても、自分たちの存在を脅かす脅威だとみなしてはいけない。さらに、相手を反逆的、破壊的、あるいは常軌を逸した人間として扱ってはいけない。選挙の夜、相手が勝ったことが悔しくて涙を流したとしても、そのような出来事をこの世の終わりなどと考えてはいけない。言い換えれば、相互的寛容とは、政治家みんなが一丸となって意見の不一致を認めようとする意欲のことである。

いかにも常識的な考えに聞こえるものの、政治的な対立相手を敵ではないと認めることは驚くほど革新的で洗練された行動だ。[18] 歴史を通じて、権力者に楯突くことは反逆行為だとみなされていた。事実、アメリカが建国された当時、「正当な野党」という考え方はまだ異端なものだった。

アメリカ建国から早い時期に争い合ったジョン・アダムズ（第二代大統領）の連邦党とトーマス・ジェファーソン（第三代大統領）の民主共和党はどちらも、お互いを国に対する脅威だと位置づけていた。連邦党は、自分たちをまさに憲法の体現者だとみなしていた。連邦党に反対するということは、アメリカの国としてのすべての計画に反対すること、というのが彼らの考えだった。そのためジェファーソンとマディソンが共和党〔のちの民主共和党〕を結成したとき、連邦党は彼らを反逆者だと考え、革命期のフランスに密かに忠誠を誓っているのではないかとさえ疑った（当時のアメリカはフランスと交戦状態に陥る瀬戸際にいた）[19]。一方のジェファーソン派は、王党派の立場をとる連邦党が英国の支援による君主制の復活を企んでいると非難した[20]。相手を打ち負かすことを望んだ両陣営は、一七九八年の外国人・治安諸法の制定をはじめとするさまざまな強硬措置をとり、野党を合法的に罰しようとした[21]。

政党同士の対立は激しさを増すばかりで、新たに生まれた共和国が崩壊するのではないかと多くの政治家が恐れるほどだった。それから数十年にわたる熾烈な争いを経てやっと、両政党は少しずつ気がつくようになった——互いを打ち負かすべき敵ではなくライバルとして認め合い、権力を循環させることができるのではないか[22]。この気づきこそが、アメリカの民主主義にとって貴重な土台となった。

スペインはなぜ内戦に陥ったか

しかし、相互的寛容はすべての民主主義にもとから備わっているものではない。たとえば、一九三一年にスペインがはじめて本物の民主主義に移行しようとしたとき、未来はバラ色に見えた。マヌエル・アサーニャ首相率いる新たな左翼共和党政権は、議会民主主義の確立に熱心に取り組んだ[23]。しかし政府が直面することになったのは、大きく二極化した社会だった。左には無政府主義者とマルクス主義者、右には君主制主義者とファシストがいた。対立する彼らは互いをたんなるライバル政党としてではなく、共存することのできない敵だとみなした。右派のカトリック教徒と君主制主義者たちは、自分たちがもっとも大切にする社会制度——教会、軍隊、君主制——が眼のまえで解体されていくのに恐怖を覚え、新しい共和国を正当なものとして受け容れることができなかった。ある歴史家の言葉を借りれば、彼らは「過激主義化した外国人工作員[24]」と闘っているようなものだった。当時、地方には大きな不安が広がり、教会や修道院などのカトリック施設への焼き討ちが何百件も立てつづけに起きていた。四面楚歌の状況に追い込まれたと感じた保守派は猛烈な怒りにとらわれ、宗教指導者たちは暗い言葉で警告した。「われわれはいま、激しい渦のなかに入った……あらゆる事態に備えなくてはいけない[25]」

一方、社会労働党員や左派の共和党員たちの多くは、カトリック保守派のスペイン自治右派連合（CEDA）の指導者であるホセ・マリア・ヒル＝ロブレスなどの右派を、君主制主義やファシストの反革命主義者とみなしていた[26]。ほかの多くの左派も、高度に組織化されたCEDAを〝共和国を暴力で転覆させようとする超保守的な君主制主義者の前線〞としか考えていなかった。CEDAは選挙で競い合うことによって民主的なゲームに参加する意思を表向きは示していたものの、新しい政権に無条件で協力することは拒んだ[27]。両者は互いに極端なほどの疑いの眼を向けた。言い換えれば、左派の共和党も、右派のカトリック教徒と君主制主義者も、相手を正当なライバルとして受け容れようとはしなかった。

相互的寛容の規範が弱い環境では、民主主義を保つことはむずかしくなる。ライバルを危険な脅威だとみなすとき、彼らの選挙での当選は大きな恐怖となる。すると私たちはときに、あらゆる手段を使ってでも相手を倒そうと考えるようになる。これこそが、独裁的な政策が正当化される流れだ。犯罪者や破壊者というレッテルを貼られた政治家は逮捕され、国家への脅威だとみなされた政府は倒されてしまう。

強い相互的寛容の規範がなかったため、スペイン共和国はすぐに崩れていった。一九三三年の選挙で右派のＣＥＤＡが票を伸ばして議会最大グループになると、共和国は危機に陥った。中道左派・共和党による連立政権は瓦解し、左派をのぞいた少数政党による中道連立政権が生まれた。社会労働党と左派の共和党員の多くは、一九三一年から三三年の建国時の中道左派政権を共和国の本来の在り方だと考えていたため、その政策を破棄したり変えたりすることを根本的に「不誠実」[28]だととらえた。そして翌年、ファシスト主義の青年部を抱えるＣＥＤＡが政府に加わったとき、多くの共和党員はそれを深刻な脅威だとみなした。[29]左翼共和党は次のように訴えた。

共和国の政府を敵に手渡すというのは恐ろしいことであり、反逆行為である。われわれは現体制とのすべての連帯を断ち、共和国の防衛のためにあらゆる手段を尽くすという決定を支持する。[30]

〝ファシズムへの転落〟を目の当たりにした左派と無政府主義者たちは、カタルーニャとアストゥリアスで反乱を起こして全国蜂起を呼びかけ、並行政府を打ち立てた。右派の政府はその暴動を容赦なく弾圧した。[31]そしてこの暴動を野党・共和党全体と結びつけ、（暴動には参加していなかった）アサーニャ前首相までをも逮捕した。[32]国じゅうで暴力的な対立が激化し、政治的な論争の代わりに市街戦、爆撃、教会の焼き討ち、政治的暗殺、クーデター謀議が用いられるようになった。一九三六年までに、生まれたばかりの民主主義は崩れ去り、スペインは内戦状態に陥った。

私たち著者がこれまで研究してきたほぼすべての民主主義崩壊の事例において、将来の独裁者――大戦間ヨーロッパのフランコ、ヒトラー、ムッソリーニ、冷戦時代のマルコス、カストロ、ピノチェト、近年のプーチン、チャベス、エルドアン――はみな、対立相手に「自分たちの存在を揺るがす脅威」というレッテルを貼ることによって権力の集中を正当化してきた。

特権の乱用を避ける

民主主義の生き残りに不可欠なふたつ目の規範は、私たち著者が「組織的自制心[33]」と呼ぶものだ。「自制心」(forbearance)は、「忍耐強い自己制御、抑制、寛容」または「法的権利を行使することを控える行為[34]」と辞書では定義される。本書の文脈における組織的自制心とは、「法律の文言には違反しないものの、明らかにその精神に反する行為を避けようとすること」と言い換えることもできる。自制心の規範が強い環境下にいる政治家は、たとえそれが厳密には合法であっても、制度上の特権を目いっぱい利用したりしない。なぜなら、そのような行為は既存のシステムを危険にさらす可能性があるからだ[35]。

組織的自制心は、民主主義そのものよりも古い伝統によって生み出された考えである。神から授けられた権力を王が行使していた時代――宗教による拘束力が絶対君主制の基盤だった時代――には、王の権力を法的に抑える絶対的な制限はなかった[36]。にもかかわらず、民主主義以前のヨーロッパの君主の多くは、自制心を働かせて行動した。結局のところ、「神に対して敬虔である」ためには、知恵と自己抑制が必要だった[37]。シェイクスピアのもっとも有名な歴史劇のひとつで暴君として描かれるリチャード二世のような人物が、王の権利を乱用して徴収・略奪するとき、それは違法行為とみなされるのではなく、たんに習慣に反したものだと考えられた。しかし、そのような違反の影響力はきわめて大きく、血まみれの内戦を惹き起こすこともあった。シェイクスピアのこの史劇に登場するカーライル司教は、劇中で同胞たちに警告する。「(もし自制心を放棄すれば)イングランド人の血は肥料となって大地に流れる……この汚れた行ないのために、未来の世代がうめき声をあげることになるだろう[38]」

王が神権を行使していた君主制で自制心が必須だったように、民主主義にも自制心が必要になる。民主主義を「永遠にプレーしつづけるべきスポーツの試合」だと考えてみてほしい。次のラウンドでの試合を続けるためには、相手チームの能力を奪ったり、向こうに敵意を抱かせたりしてはいけない。そのような態度が行き過ぎれば、ライバル・チームは明日の対戦を拒むにちがいない。ライバルが試合を放棄してしまえば、もうプレーを続けることはできなくなる。つまり、勝つことを目指すとしても、それぞれのプレーヤーは一定の節度をもって試合に臨まなければいけないということだ。ストリート・バスケットボールの試合では、参加者はみな攻撃的にプレーするが、過度なファウルを犯さないようにつねに心がけているし、ファウルを宣告するのはひどく悪質な場合に限られることも知っている。結局のところ、彼らが公園に行くのはバスケットボールの試合をするためであり、喧嘩をするためではない。政治の世界に言い換えれば、丁寧な言動やフェアプレーに重きを置き、汚い手段や強硬な戦術を控えなければいけないということだ。

先人がつくりあげた規範

民主主義における組織的自制心とはいったいどんなものなのだろう？　ここでは、イギリス政府がどのように形成されるかについて考えてみたい。憲法学者で作家のキース・ウィッティントンが指摘するように、「英首相を選ぶことは国王大権である。正式には、王や女王が誰かを選び、その人物が首相として政府を作ることになっている」(39)。実際には、庶民院（イギリスの下院）の過半数の議員を指揮することのできる国会議員――通常、国会で最大の議席をもつ党の党首――が首相になる。私たちはこのプロセスを当然のことのようにとらえがちだが、王や女王は何世紀ものあいだ自発的にこの慣習にしたがってきたにすぎない。イギリスには現在でも、このようなルールを定める成文憲法は存在しない。

あるいは、大統領の任期制限について考えてみよう。アメリカ史のほとんどの期間において、大統領の任期を二期までとする制限は法律で定められた決まりではなく、自制心にもとづく規範でしかなかった。(40) 一九五一年に憲法修正第二二条が成立するまで、二期目が終わった時点で大統領が退かなければいけないという憲法の規定はなかった。しかし、一七九七年にジョージ・ワシントン初代大統領が二期務めたあとに退いたことが先例となり、規範として定着するようになった。この規範にはじめてしたがうことになったトーマス・ジェファーソンは、次のように語った。

大統領の任期の終了が憲法で定められておらず、さらにそれを決める慣習もない場合、名目上は一期が四年間になっていたとしても、その在任期間には限度がないと考えるのが妥当だろう……私としては、著名な前任者が作った健全な先例を無視して、第二期よりもさらに延長して大統領の座にとどまる最初の例になるのは不本意である。(41)

二期までという非公式の任期制限はこのように確立され、そのあと驚くほど強固な規範となった。ジェファーソン、アンドリュー・ジャクソン（第七代、民主党）、ユリシーズ・S・グラント（第一八代、共和党）のような野心的かつ人気の高い大統領でさえ、この慣例を破ろうとはしなかった。グラントの仲間たちが三期目への続投をうながすと、政界は大騒ぎとなり、下院が次のような決議案を出す事態にまで発展した。

ワシントンやほかの大統領たちが確立してきた二期で退任するという前例は、わが国の共和制のシステムの一部となってきた……この由緒ある習慣からのいかなる逸脱も、賢明ではなく、非国民的であり、アメリカの自由な体制に危険をもたらすものである[42]。

同じように民主党は、一八九六年に連続ではない三期目を目指したグロバー・クリーブランド（第二二代、二四代、民主党）を指名することを拒否し、そのような立候補は「不文律」に違反するものだと警告した[43]。この規範をはっきりと破ったのは、一九四〇年に再々選されたフランクリン・ルーズベルトだけだった。しかしこれが引き金となり、憲法修正第二二条が制定されることになった[44]。

憲法違反ぎりぎりの強硬手段

自制心の規範は、大統領制民主主義においてとりわけ大きな役割を担っている[45]。政治学者のホアン・リンスが論じたように、分割政府〔大統領の所属する政党と議会多数派の政党が異なる〝ねじれ〟状態の政府〕は膠着状態、機能不全、憲法の危機を起こしやすくなる[46]。抑制を失った大統領は、最高裁判所を抱き込み、大統領令によって議会を迂回しようと模索するかもしれない。一方、抑制を失った議会は、大統領のあらゆる動きを阻止しようと動き出すかもしれない。たとえば、政府への予算支出を拒むことによって、このままでは国が混乱に陥ってしまうと脅しをかけることもできる。あるいは、疑わしい理由で大統領の退任を求める投票を決行することもできる。

「自制心を保つこと」の反対は、「なんの抑制もなく制度的な特権を行使すること」である。法律学者のマーク・タッシュネットは、この行動――ルールに則ってプレーはするが、その限界を攻めてきわどい勝負に出ること――を「憲法違反ぎりぎりの強硬手段」と呼ぶ[47]。これは、二度と立ち上がれなくなるくらい徹底的にライバル政党を叩きのめすことを狙った制度上の闘いであり、民主的な試合を続けることなどまったく無視した行為である。

アルゼンチンの大統領たちは長いあいだ、この憲法違反ぎりぎりの強硬手段を得意としていた。一九四〇年代、フアン・ペロン大統領は議会での過半数の議席を武器に、五人の最高裁判事のうち三人を弾劾した。憲法には弾劾の理由のひとつとして「不正行為」という項目があったが、彼はこのあいまいな言葉を最大限に活用した。[48] それからほぼ半世紀後、カルロス・メネム大統領も同じような才能を発揮し、憲法の境界線を押し広げた。一八五三年制定のアルゼンチンの憲法では、大統領令を出す権限についてはっきりと定義されていなかった。[49] 歴史的に、選挙で選ばれた大統領はこの権限を控えめに行使することが慣習となっており、一八五三年から一九八九年のあいだに出された大統領令はわずか二五件だけだった。しかし、メネム大統領はそのような自制心を一切合切取っ払い、一期目も終わらないうちに三三六件もの大統領令を出した。[50]

司法もまた、憲法違反ぎりぎりの強硬手段のために用いられることがある。二〇一五年一二月、地滑り的勝利でベネズエラ議会の主導権を握った野党は、独裁的なニコラス・マドゥロ大統領の権力を議会の力を使って抑え込もうとした。新しい議会は、一二〇人の政治囚を釈放する恩赦法を可決させ、マドゥロによる経済緊急事態宣言（大統領令を通して政策を進めることのできる大きな権限が与えられる宣言）を阻止した。[51] マドゥロは野党の動きに対抗するため、支持者ばかりが居並ぶ最高裁判所に助けを求めた。〝チャベス派〟の裁判所は、恩赦法、国家予算の改定案、緊急事態宣言の拒否案など、議会で決まったほぼすべての法案に違憲判決を下し、議会を無力化した。[52] コロンビアの『エル・ティエンポ』紙によれば、半年のあいだに裁判所は議会の決定を二四回にわたって却下し、「議会が承認したすべての法律[53]」を無効にしたという。

議会による特権の行使

一方、議会が憲法上の特権を好き勝手に使おうとすることもある。その一例が、パラグアイのフェルナンド・ルゴ大統領の二〇一二年の弾劾だ。左派の元司祭であるルゴは二〇〇八年に大統領に選ばれ、六一年続いたコロラド党政権を終わらせた。政治のアウトサイダーだった彼には議会にほとんど仲間がおらず、その任期を通して弾劾の危機にさらされることになった。[54] 二〇一二年にルゴの人気が衰え、協力関係にあったリベラル派の議員たちが彼のもとを離れると、ついに弾劾が成立する。そのきっかけとなったのは、土地を不法占拠する農民と警察隊との衝突によって一七人が死んだ事件だった。これまでの政権下でも同じような暴力沙汰は起きてきたにもかかわらず、野党はこの事件を利用してルゴを倒そうとした。死亡事件からわずか六日後の六月二一日、下院は「職務遂行能力の低さ」を理由とするルゴの弾劾を発議した。翌日、大急ぎで裁判が開かれたものの、ルゴ側に与えられた答弁時間はたったの二時間だった。その後すぐ、上院でルゴ大統領の弾劾が決まった。[55] ある専門家は「裁判はあからさまなまでの茶番であり、ルゴの弾劾は見せしめ裁判のレベルにさえ達していなかった」[56]と主張した。しかしながら厳密にいえば、すべての流れは合法的なものだった。[57]

同じようなことが一九九〇年代のエクアドルでも起きた。アブダラ・ブカラム大統領は、エクアドルの政治エスタブリッシュメントを攻撃して大統領の座まで昇りつめたポピュリストだった。「狂人《エル・ロコ》」[58]の異名をもつブカラムは物議を醸す言動によって人気を高めていったが、それは対立相手の自制心を揺さぶるものだった。就任から数カ月のあいだに彼はあからさまに縁故主義を強め、ロドリゴ・ボルハ元大統領を「ロバ」と呼び、自分の名前を冠した牛乳を貧困層に配って人気取りに走った。[59] どれも恥ずべき行為ではあったものの、弾劾に値するほどの犯罪ではなかった。にもかかわらず、就任から数週のうちにブカラムを弾劾しようとする動きが始まった。弾劾に必要な三分の二の票を確保できないことが明らかになると、野党は憲法内のあいまいな規定に眼をつけた。一九七九年制定のエクアドル憲法では、「精神的能力の欠如」を理由とする場合にかぎって、議会の過半数の賛成で大統領を解任することができると規定されていた。一九九七年二月六日、議会はそのとおりにした。実際に精神に問題があるかどうかが議論されることもなく、ブカラムの解任は議会によって可決された。これは、明らかに憲法の精神に反する行為だった[60]。

アメリカ合衆国もまた、憲法違反ぎりぎりの強硬手段と無関係ではなかった。すでに説明したとおり、憲法修正第一四条〔元奴隷の権利の確保〕と第一五条によって一般男性への普通参政権が正式に認められたあと、民主党が支配する南部の州議会は、さまざまな手法を使って黒人の投票権を奪った。新たに導入された投票税や読み書き能力のテストといった方策の多くは、ぎりぎり合憲であるとみなされたものの、まちがいなく憲法の精神に反するものだった。これらの投票制限を推し進めたアラバマ州議会のアンソニー・D・セイヤー議員は、「(この法案は)ニグロを政治から完全に、それも完璧に合法的なやり方で締め出すためのものだ[61]」と主張した。

ガードレールのない政治

相互的寛容と組織的自制心は密接に関連しており、ときにそれぞれを補強し合うこともある。政治家はお互いを正当なライバルとして受け容れたとき、より自制心を働かせる傾向が強くなる。また、対立相手を「破壊的」だと考えない政治家は、規範を破ってまで相手の権力を奪おうとはしない。自制心に満ちた行動――たとえば、共和党が過半数を占める上院が、民主党の大統領の最高裁判事の指名を受け容れる――は、「相手には許容力がある」「相手も好循環をうながそうとしている」という両党の信念を強めることにつながる。

しかし、その逆も起こりえる。相互的寛容が薄れると、政治家は制度的な権限をできるかぎり利用したほうがいいと考えやすくなる。政党同士が互いを共存できない敵とみなすようになれば、政治的対立のリスクは一気に高まる。相互的寛容がうまく働いた状況では、負けることは政治的なプロセスのなかの日常的かつ当たりまえの一部にすぎない。しかし相互的寛容が薄れたとき、負けることは大失敗に変わる。負けたときの犠牲が大きいと感じたとき、政治家は自制心を放棄したくなるものだ。そうやってどちらかが憲法違反ぎりぎりの強硬手段に頼るようになると、相互的寛容はさらに損なわれ、ライバルが危険な脅威であるという信念もいっそう強まっていく。

その結果、ガードレールのない政治が生まれる。政治理論学者エリック・ネルソンはこれを「憲法の瀬戸際政策が高まっていくサイクル[62]」と表現したが、具体的にどんな政治なのだろうか？　ネルソンが典型例として挙げたのは、一六四〇年代の英国におけるチャールズ一世の君主制の崩壊だ。

国王、英国国教会、議会の清教徒のあいだで起きた宗教的対立は、やがて異端者や裏切り者の告発合戦に変わり、君主制を支えてきた規範は衰えていった。イングランドの憲法は伝統的に、政府の運営に必要な税金を徴収する独占権を議会に与えてきた。ところが、チャールズ一世とローマ教皇の関係の近さを危険視した議会は、君主制を敷く政府への資金提供を拒み、英国国教会の事実上の解体などのさまざまな要求を突きつけた。イングランドがスコットランドに侵略され、国防のための予算がどうしても必要な状況になっても、議会はその立場を変えなかった。

これに対抗するために、チャールズ一世はついに規範を破った。彼は議会を解散し、一一年にわたって専制政治を行なった。ネルソンが言うように、「チャールズ一世は議会なしで法律を作る権利を主張したわけではなかった」。むしろ彼は「新たな法律を作らずに、なんとか政権を運営しようとしていただけだった」。結局、どうしても税収入が必要になったチャールズ一世は、議会に与えられた課税の独占権を無視するようになった。一六四〇年に議会が再び招集されたものの、議場はチャールズ一世への批判一色となった。ネルソンが論文のなかで結論づけたように、「議会による妨害と王室の職権乱用による負の連鎖は続き、戦争でしか解決できない状態になった」[63]。その後に起きた内戦によって、イングランドの君主制は解体され、チャールズ一世は命を落とすことになった。

妥協の文化を失ったチリ

世界の歴史のなかでは、きわめて悲劇的な民主主義の崩壊が起きるまえに、基本的な規範が失われるケースが数多くあった。チリでの出来事がその一例だ。一九七三年にクーデターが起きるまで、チリは中南米でもっとも古く、もっとも優れた民主主義国家として高い評価を受け、力強い民主的規範によってその政治は支えられていた[64]。左派のマルクス主義から右派の反動主義までチリにはさまざまな思想をもつ政党があったものの、二〇世紀のほとんどのあいだ「妥協の文化[65]」が政界を支配していた。ジャーナリストのパメラ・コンスタブルとチリ人政治学者のアルトゥーロ・バレンズエラは、次のように指摘する。

遵法精神の高いチリの強固な伝統は、一定のルールや儀式のなかに競争を抑え込むことによって、階級間の敵意やイデオロギーの対立を和らげてきた。チリ産カベルネを飲めば、解決できない問題はないとまでいわれていた[66]。

ところが一九六〇年代ごろから、冷戦による二極化によってチリの妥協の文化に軋みが生じはじめた。[67] キューバ革命に触発された左派の一部は、国の伝統である〝政治の世界での持ちつ持たれつの関係〟を、ブルジョア的な時代錯誤だと拒絶するようになった。[68] 右派の多くは、左派の人民連合（UP）による連立に権力が渡れば、チリが第二のキューバになってしまうと怖れるようになった。[69] 一九七〇年の大統領選挙に突入するころまでに、この緊張が極端なほど高まっていった。人民連合の候補であるサルバドール・アジェンデは、大きな抵抗に直面した。キリスト教民主党のライバル候補ラドミロ・トミッチはこの抵抗を、「右派側の恐怖を組織的に助長しようとした、メディアによる〝憎しみの巨大なキャンペーン〟[70]」と表現した。

アジェンデは勝利を収めた。彼は民主主義を貫くことを表明していたものの、アジェンデの大統領就任によって保守派のなかでパニックが巻き起こった。[71] 極右の祖国自由国民戦線は、いかなる手段を使ってでもアジェンデを辞めさせると宣言。米中央情報局（CIA）から資金提供を受けていた右派の国民党は、大統領就任前から強硬な戦術をとった。[72]

チリの憲法には、大統領選で五〇パーセント以上の票を得た候補がいない場合、議会で決選投票を行なって最終的に大統領を選出するという規定があった。そのときの大統領選では、アジェンデはわずか三六パーセントの得票で勝利していた。首位の候補を選ぶというのが伝統的な規範ではあったもの、それを強制するルールはなかった。国民党は自制心を放棄し、僅差の二位だった同党候補ホルヘ・アレッサンドリに投票するよう、中道派のキリスト教民主党を説得しようとした。[73] キリスト教民主党はこれを拒否してアジェンデへの投票を決める。しかしそれと引き換えに、報道の自由などの市民的自由と自由選挙を大統領が尊重することを定めた憲法保障規定への署名をアジェンデ側に求めた。[74] その要求は合理的なものではあったが、アルトゥーロ・バレンズエラが指摘したように、「ゲームのルールへの尊重は暗黙の了解として受け容れられるべきである、という指導者間の相互理解の崩壊を意味するものだった」[75]。

アジェンデの就任中、民主主義的な規範への浸食がじわじわと広がっていった。少数与党だった彼の政権は、党是としていた社会主義にもとづく計画をなかなかまえに進めることができなかった[76]。痺れを切らしたアジェンデは大統領としての権力を利用し、議会の妨害を受けた場合には国民投票によって法律を通し、「法律の抜け穴[77]」を使ってでも自らの計画を国会で認めさせると脅した。野党は同じやり方で応戦した。アジェンデの就任から二カ月後、右派のラウル・モラレス上院議員は懇親会での演説のなかで、自らが「制度上のチェックメイト[78]」と呼ぶ戦略に打って出ることを表明した。反対勢力は、大統領の弾劾に必要な上院での三分の二以上の議席をもっていなかった。しかし不信任投票を使えば、過半数の票で大臣を辞めさせることができた。一八三三年制定のチリ憲法では、不信任投票は例外的な状況でのみ使われることが想定されており、一九七〇年以前に利用された例はほとんどなかった。が、それが武器に変わった[79]。一九七二年一月、上院はアジェンデと緊密な関係にあるホセ・トハ内務大臣を弾劾。アジェンデは対抗手段として、トハを国防大臣に再任して内閣に呼び戻した[80]。

アジェンデ大統領の就任以来、党同士の敵意は強まるばかりだった。政権側の左派連立は反対者に「ファシスト」や「国民の敵」のレッテルを貼り、右派は政府を全体主義だと批判した[81]。アジェンデとキリスト教民主党が対立相手と暫定協定を結ぼうとしても、お互いへの不寛容によって交渉はことごとく決裂した。アジェンデ側の過激派は、そのような交渉を「ファシズムへの扉を開くもの[82]」だとみなした。一方の右派グループは、共産主義の脅威に抗おうとしないキリスト教民主党を敵視した。政府は法律を可決するために、キリスト教民主党の協力がどうしても必要だった。しかし一九七三年はじめまでにその関係も悪化し、キリスト教民主党のパトリシオ・エイルウィン党首は「アジェンデに一点もゴールさせない[83]」と宣言して協力関係を断った。

社会の分裂による二極化

二極化はときに民主主義的な規範を破壊する。社会経済的、人種的、宗教的なちがいによって極端な党派心が生まれたとき、政治の陣営によって社会は分断される。両者の価値観がたんに異なるのではなく、互いに排他的になると、社会の寛容さを保つことはますますむずかしくなる。なかには民主主義にとって健全な二極化もあるし、ときにそれが必要な場合もある。実際、西ヨーロッパの民主主義の歴史のなかでは、政党同士が大きなイデオロギーのちがいによって分断されたなかでさえ、規範がしっかりと保たれていたこともあった。しかし社会が深く分裂すると、それぞれの党派は両立しない世界観に固執するようになる。とくに党の支持者同士が社会的にはっきりと分離され、めったに交流しない状態になると、それまで健全な競争を続けていたはずの両党が互いを脅威だとみなすようになる。相互的寛容が弱まるにつれて政治家は自制心を失い、どんな手を使ってでも勝ちたいという欲求を抱くようになる。ときにこれが、民主主義のルールを歯牙にもかけない反体制勢力が台頭するきっかけとなる。そのような事態になったとき、民主主義はトラブルに陥る。

ガードレールのない政治がチリの民主主義を殺した。政府と野党の両者は、一九七三年三月の中間選挙を、闘いを終わらせる絶好の機会だと考えた。アジェンデ側は、社会主義的な計画を合法的に進めるために必要な過半数の議席を得ることを目標に掲げた。一方の野党は、弾劾によってアジェンデを「憲法に則って倒す[84]」ために必要な三分の二の議席を確保することを目指した。しかし、どちらも目標の議席を得ることはできなかった。相手を完全に倒すこともできず、互いに妥協しようともしないチリの政党は、民主主義を死のスパイラルへと導いていった。強硬派が主導権を握ったキリスト教民主党は、あらゆる手段を使ってアジェンデの政策――エドゥアルド・フレイ元大統領の言葉を借りれば、「チリに全体主義を広めようとする試み」――を阻《はば》むことを誓った。

アジェンデは反対派と再び対話しようと必死の努力を続けたが、それを止めたのは味方だった。彼らは「保守勢力とのあらゆる対話」を拒み、代わりに議会を解散することを大統領に求めた。アジェンデはその要求こそ拒否したものの、反対派をさらに強く攻撃することによって味方を宥《なだ》めようとした。ストライキ中の労働者が占拠した四〇社の企業の収用を司法当局に妨害されると、アジェンデは違憲ぎりぎりの「強要命令」を出して反撃に出た。結果、これが野党による弾劾要求のきっかけとなった。右派の上院議員のひとりが国営テレビに出て、アジェンデはいまや「非合法の国家元首[85]」であると表明。そして一九七三年八月、現政権が違憲状態にあることを宣する決議案が下院で可決された[86]。

一カ月もたたないうちに、軍が権力を握った。南米でもっとも安定した民主主義を長いあいだ保ってきたチリは、独裁政権へと移行した。それから一七年のあいだ、軍が国を支配することになった。

第6章

アメリカ政治の不文律

一九三三年三月四日、大恐慌による暗黒の日々が続くさなか、アメリカじゅうの家族がラジオのまわりに集まり、フランクリン・D・ルーズベルトの就任演説に耳を傾けた。スピーカーから聞こえてくるのは、落ち着きつつも迫力ある声だった。「私は、危機に立ち向かうために残された最後のカードを切ることを議会に求めます。つまり、緊急事態に抗う戦争を仕かけるための幅広い行政権です。私が求めるのは、実際に外国の敵に侵略されたときと同等の力です」[1]。ルーズベルトは、憲法に列挙された権限のうち大統領にとってもっとも制約が少ないもの、つまり戦争権限の力を利用して国内の危機を解決しようとしていた。

ルーズベルトはそれでもまだ充分ではないと結論づけた。一九三六年一一月に彼は、アメリカの大統領選史上もっとも高い得票率となる六一パーセントの票を得て再選された。しかしルーズベルトは、自らの野心的な政策目標が予期せぬ機関から束縛を受けていることに気がつく——保守的な（彼の見解では時代遅れの）最高裁判所だ。それは、一九世紀に法律教育を終えた男たちのみで構成される組織だった。一九三五年と三六年、最高裁判所はかつてないほど積極的に法律の制定を阻止した。最高裁はときに疑わしい根拠をもとに、ニューディール政策の多くを違法だと判断した。(2) そのため、ルーズベルトの政策実現は危機的な状況に陥った。

一九三七年二月、任期二期目に入って二週ほどたつと、ルーズベルトは最高裁判所の規模を拡大する案を発表した。反対勢力が「裁判所の抱き込み計画」と揶揄したこの方策は、憲法の抜け穴を利用したものだった。事実、憲法第三条に最高裁判事の人数を定める規定はなかった。ルーズベルトの提案は、七〇歳以上の判事ひとりにつき新しい判事をひとり増やし、最大で一五人規模にするというものだった。(3) 当時、六人の判事が七〇歳以上だったため、この案が認められれば、ルーズベルトは新たに六人の判事を指名することができるようになる。

その動機は理解できないものではなかった。ニューディール政策を成功させるため、彼はより安定した法的な土台を築こうとしていたのだ。しかしながら、この提案がまんがいち実現していたら、危険な先例となっていたにちがいない。最高裁は過度に政治化し、そのメンバー、規模、指名ルールはつねに意図的に操作されることになる。まさに、ペロン政権のアルゼンチンやチャベス政権のベネズエラと似たような状況だ。ルーズベルトがこの司法改革を成し遂げていたら、重要な規範——大統領は政府と同等の力をもつほかの機関を弱体化させてはいけない——が破壊されていただろう。

しかし、規範は持ちこたえた。ルーズベルトの裁判所抱き込み計画は、彼の就任中に発表されたどの計画よりも大きな反対に直面した。(4) 共和党員のみならず、報道機関、著名な弁護士や裁判官、驚くほど多くの仲間の民主党員も異を唱えた。結局、発表から数カ月のうちに、ルーズベルト自身の党が過半数を占める議会によってこの案は却下された。大恐慌のような深刻な危機のなかでさえ、抑制と均衡のシステムはきっちりと機能していた。

相手の息の根を止める

アメリカという共和国は、民主主義的な強い規範とともに生まれたわけではなかった。実際のところ、アメリカの初期の政治は「ガードレールのない政治」の典型だった。本書でもすでに見てきたように、一七八〇年代から九〇年代にかけて、相互的寛容の規範は生まれたばかりで未熟だった。連邦党員と民主共和党員は当初、相手を正当なライバルとして受け容れようとせず、お互いを反逆者ではないかと疑った。

党同士の敵意と不信に満ちたこの雰囲気は、のちに「憲法違反ぎりぎりの強硬手段」と呼ばれることになる行為を助長するものだった。一七九八年に連邦党が通した「治安諸法」は、表向きは政府に対する誤った発言を犯罪と定めるものだった。しかしその内容はあまりに漠然としており、事実上、政府への批判はすべて犯罪だとみなされるようになった。(5) そしてこの法律が、民主共和党系の新聞や活動家を攻撃するための道具として使われた。(6)

連邦党のアダムズ大統領と野党・民主共和党の党首であるジェファーソンが競い合った一八〇〇年の大統領選で両党は、永遠に相手の息の根を止めるほどの圧倒的な勝利を収めることを目指した。連邦党のアレクサンダー・ハミルトン党首は「合法かつ合憲の手段」(7)を使ってジェファーソンの当選を何がなんでも阻むと意気込んだ。一方のジェファーソンはこの選挙を、アメリカを君主制から救う最後の機会だと位置づけた。結局ジェファーソンが勝ったものの、それは党同士の峻烈な争いに終止符を打つものではなかった。死に体の連邦党率いる議会は、最高裁判事の数を六人から五人に減らし、ジェファーソンの裁判所に対する影響力を抑え込もうとした。しかし、新たに議会で過半数の議席を得た民主共和党はすぐにこの法案を廃止。さらに数年後には最高裁判事の数を七人に増やし、ジェファーソンにもうひとり判事を指名させることに成功した。

相手の息の根を止めるためのこの激しい闘いは、そのあと数十年かけてやっと収まっていった。日々の政治への要求が増し、新しい世代の〝職業政治家〟が登場すると、闘いの激しさは和らいだ。独立戦争後に政治活動を始めた新世代のあいだでは、「政治では勝つこともあれば負けることもある」「ライバルが敵である必要はない」という考えが根づくようになった。このような思想をもつ典型的な政治家のひとりに、現在の民主党の創設者で、のちにアメリカ大統領になったマーティン・バン・ビューレン（第八代）がいた。政治史家のリチャード・ホフスタッターは彼について次のように述べた。

バン・ビューレンは、「郡の裁判所から政治の世界に飛び込んだ気のいい弁護士」の典型だった。何年ものあいだ、彼は敵対する弁護士と数々の法廷闘争を繰り広げてきた。しかし一歩法廷の外に出れば、同じ仕事をする者同士お互いを尊重し、ときに深い友情を分かち合った。(8)

伝記作家によると、その政治キャリアのなかでバン・ビューレンには「多くの対立相手がいたが、敵はほとんどいなかった(9)」という。建国の父たちは対立する党を不承不承に受け容れようとしたが、バン・ビューレン世代は受け容れることを当然だと考えた。このようにして全面対決による政治のスタイルは消え、相互的寛容を軸とする政治へと変わっていった(10)。

奴隷問題での対立から南北戦争へ

ところが、アメリカで生まれたばかりの規範は、建国の父たちがなんとか抑え込もうとしていた問題によってすぐに崩れていく——奴隷問題だ。一八五〇年代、奴隷制に関する対立がみるみる激化し、国を二分する事態に発展した。この時期、ある歴史家が新たな「感情的な激しさ」[11]と呼ぶものが政治の問題に入り込むようになった。南部の白人農場主と彼らの味方である民主党にとって、黒人奴隷制度廃止論——新たに誕生した共和党が掲げる理念——はきわめて大きな脅威だった。サウスカロライナ州選出のジョン・C・カルフーン上院議員は、もっとも大きな影響力をもつ奴隷制擁護者のひとりで、奴隷解放が行なわれた場合の南部について次のように黙示的な言葉で語った。

元奴隷たちは、政治的および社会的階級において白人の上に立つようになるだろう。言い換えれば、われわれは彼らと条件を交換することになる。自由で賢明な国民の多くに、かつてないほどの地位の低下がもたらされる。そこから逃げることなどできず、残された道は先祖代々の土地を離れ、国を放棄して元奴隷たちに明け渡すことだけ。するとこの国には、無秩序、無政府状態、貧困、不幸、惨めさが永遠に住み着くようになるだろう。[12]

奴隷問題による政治の二極化は、まだ脆かったアメリカの相互的寛容を粉々に打ち砕いた。民主党のヘンリー・ショー下院議員は共和党員を「憲法と合衆国への反逆者」[13]と罵倒した。ジョージア州選出のロバート・トゥームズ上院議員は、「この連邦政府が背信的な黒人共和党の手に渡ることを決して赦さない」と誓った。一方、奴隷制廃止を訴える政治家たちは、反対する政治家を「裏切り者」

「扇動者」と非難した。(14)

基本的な規範が衰えたことによって、許容される政治活動の範囲が広がった。かくして、サムター要塞で南北戦争が始まる数年前から、党による暴力が議会に浸透していった。イェール大学の歴史学者ジョアン・フリーマンの調べによれば、一八三〇年から一八六〇年のあいだのアメリカ連邦議会上下院では、ナイフ、杖、拳銃などを使った暴力沙汰が一二五件あったと推定されている。(15)その後すぐ、アメリカ人は数十万人単位で人を殺し合うようになった。

一八六一年に始まった南北戦争によってアメリカの民主主義は崩壊した。一八六四年の選挙には三分の一の州が参加せず、上院五〇議席のうち二二議席、下院の四分の一以上の議席が空席になった。この混乱のさなか、リンカーン大統領は人身保護令状《ヘイビアス・コーパス》〔不当に拘束された人の身柄を解放するよう裁判所に求める令状。近代における基本的人権のひとつ〕を独断で停止し、違憲ぎりぎりの大統領令をいくつも出した。(16)そして、その命令のひとつが奴隷解放につながったのだった。リンカーン率いる北軍が勝利を収めると、旧南部連合国の大部分は軍の統治下に置かれた。

血染めのシャツを振る

熾烈な南北戦争が終わったあと、アメリカ人はある切実な問題に向き合うことになった。いったいどこで狂いが生じたのだろう？　北部の知識人の多くは民主主義を築くことがなにより優れた行動だと信じていたが、六〇〇万人以上の死者を出した完全なる破壊は、その信念を打ち砕くものだった。(17)合衆国憲法は、神の意思によって生み出された文書ではなかったのか？　この自己反省によって、やがて多くの人が不文律に眼を向けるようになった。一八八五年、南部連合支持者の息子で政治学者だったウッドロウ・ウィルソン（第二八代大統領）は連邦議会に関する著書を出版し、憲法上の取り決めと実際に機能する制度のあいだに乖離があることを論じた。[18] つまりアメリカには優れた法律だけでなく、効果的な規範も必要だったのだ。

一般的に、内戦のあとに民主主義的な規範を再び築き上げるのは容易なことではない。もちろん、アメリカも例外ではなかった。戦争の傷が癒えるのには時間がかかった。民主党と共和党は相手を正当なライバルとして受け容れたが、それは嫌々ながらの行動でしかなかった。一八七六年、共和党の大統領候補ラザフォード・B・ヘイズのための応援演説のなかで、政治家のロバート・インガーソルは不気味な言葉で民主党を批判した。

この国を破壊しようとした人間は誰もが民主党員だった。二〇年のあいだにこの偉大な共和国が直面した敵は、誰もが民主党員だった……この世のものとは思えないひどい飢餓のなかでさえも、北軍捕虜に食べ物を与えなかった人間は、誰もが民主党員だった。貧しく痩せ衰えた北軍のある愛国者は、飢餓によって精神に異常をきたし、正気とは思えない夢のなかで母親の顔を見た。彼は熱っぽい頬に母の唇をもう一度感じることを願い、手招きする母親のほうに歩いていく。そして、境界線を越えて死の世界へと足を踏み入れる。その鼓動する美しい心臓に銃弾を撃ち込んだ悪党は、民主党員だった。この状況はむかしもいまも変わらない。[19]

「血染めのシャツを振る」と呼ばれるこの種の論法は、アメリカで長年にわたって使われてきた。長く続いた党同士の敵意は、憲法違反ぎりぎりの強硬手段へとつながった。一八六六年、共和党が過半数を占める連邦議会は、最高裁判所の判事の数を一〇人から七人に減らした。[20] 民主党のアンドリュー・ジョンソン大統領（第一七代）が再建《レコンストラクション》の足を引っ張っていると考えた共和党は、大統領による判事の指名をすべて阻もうとした。一年後に議会が官職保有法を成立させると、リンカーン前大統領時代の閣僚を解任するためには上院の承認が必須になった。しかしジョンソンは、この法律は憲法で定められた大統領の権限を侵すものだとして無視。それが「重大な軽罪」[21]とみなされ、一八六八年に彼は弾劾裁判にかけられることになった。

ところが、南北戦争世代の人間たちが政治の世界からいなくなるにつれ、民主党と共和党は共存することを学ぶようになった。元下院議長のジェームズ・ブレインは一八八〇年、仲間の共和党員に「血染めのシャツをたたみ[22]」、代わりに経済的な問題を話し合おうと助言した。両党の議員たちの多くが、このブレインの言葉に耳を傾けるようになった。

人種排斥を土台とした規範

しかし、党同士の闘いの傷を癒したのは時間だけではなかった。相互的寛容が根づいたのは、人種問題が政治の議題から取りのぞかれたあとのことだった。この点においては、ふたつの出来事が大きな分岐点になった。ひとつ目は、一八七六年の大統領選挙後の論争を終わらせた、悪名高い「一八七七年の妥協」——連邦軍が南部から引き揚げることを条件として、共和党のラザフォード・B・ヘイズが大統領に就任することが決まった。事実上、この協定によってレコンストラクションは終わった。激しい争いの末に確立されたはずのアフリカ系アメリカ人への連邦による保護は消え、南部の民主党は民主主義の基本的権利を破棄し、一党独裁をさらに強めることになった[23]。

ふたつ目の出来事は、共和党のヘンリー・カボット・ロッジ下院議員が一八九〇年に提案した連邦選挙法案が否決されたことだ。この法案は、連邦議会の監視のもと黒人に参政権を与えることを保障するものだった。この法案が否決されたことによって、南部のアフリカ系アメリカ人の投票権の保護を求めてきたそれまでの連邦政府の努力は水の泡となり、投票権の剝奪が決定的になった。

これらの出来事は、言葉では表現しがたいほど悲劇的な影響をともなうものだった。黒人に市民の自由と選挙権を与えることは、南部の民主党支持者の多くにとって根本的な脅威だった。だからこそ、それらの問題の棚上げを決めた両党の合意が、相互的寛容を取り戻すための土台となった。アフリカ系アメリカ人からの選挙権の剝奪によって、南部における白人至上主義と民主党の独裁は保たれ、それこそが民主党が全国的な力を維持するための後ろ盾になった。人種の問題が政治の議題から外れると、南部の民主党員たちが抱いていた恐怖は消えていき、やっと党同士の敵対心が和らぎはじめた。皮肉なことに、のちにアメリカ民主主義の基盤として機能することになる規範は、人種排斥と南部における一党独裁の強化という、どこまでも非民主主義的な取り決めから生まれたものだった。

民主党と共和党がお互いを正当なライバルとして受け容れたあと、二極化は少しずつ弱まっていった。するとアメリカらしい民主主義的な政治が生まれ、数十年にわたってその流れが続いた[24]。党を超えた協力によって、さまざまな重要な改革も行なわれた。たとえば、連邦所得税を課すことを決めた憲法修正第一六条（一九一三年）、上院議員の直接選挙を制定した修正第一七条（一九一三年）、女性の参政権を認めた修正第一九条（一九一九年）などがその代表例だ[25]。

相互的寛容の高まりは、自制心の強化にもつながった。一九世紀末までに、非公式の申し合わせや妥協が政府のあらゆる部門に根づき、抑制と均衡のシステムがうまく機能するようになった。これらの規範がどれほど大切なものかについては、外国の専門家も気がついていた。イギリスの学者ジェームズ・ブライスは、一八八八年に著《あら》わした上下二巻の名著『アメリカン・コモンウェルス』（*The American Commonwealth*）のなかで、アメリカの政治システムを機能させているのは合衆国憲法そのものではなく、むしろその〝使われ方〟、つまり不文律だと論じた[26]。

三権のバランス

二〇世紀に入るころまでに、相互的寛容と組織的自制心の規範がアメリカの政治のなかにしっかりと確立されていった。それらの規範こそが、高い評価を受けてきたアメリカの抑制と均衡のシステムの基礎となった。アメリカの憲法制度を理想どおり機能させるためには、行政、立法、司法が微妙なバランスを保つことが不可欠となる。まず、議会と裁判所は大統領の権限を監視し、必要に応じて乱用がないかチェックする。いわば、民主主義のお目付け役になるということだ。その一方で、議会と裁判所は政府の運営を後押ししなければいけない。ここで自制心が重要になってくる。大統領制民主主義がうまく機能するためには、大統領の権限をチェックする大きな権力をもつ機関が、その力を日常的にあえて自ら抑え込まなければいけないのだ。

これらの規範が欠けた状況下では、三権のバランスを保つことはよりむずかしくなる。党同士の憎しみが憲法への遵法精神を上まわったとき、抑制と均衡のシステムはふたつのリスクにさらされる。まず、立法と司法を野党が掌握する〝ねじれ〟状態にある「分割政府」にとって大きなリスクとなるのが、憲法違反ぎりぎりの強硬手段だ。このような状況にいる野党は、制度上の特権をできるかぎり利用しようと考えることがある。たとえば、政府に流れる資金を打ち切ったり、大統領による裁判官指名をことごとく拒んだりすることもあるだろう。さらには、大統領に対する問責決議案を通そうとするかもしれない。このシナリオのなかでは、立法と司法のお目付け役としての権限が、ライバル政党への攻撃のために用いられることになる。

一方、大統領の所属する政党が議会上下院の多数派となる「統一政府」が抱えるリスクは、対立ではなく〝放棄〟だ。党同士の敵対心が相互的寛容を凌駕したとき、議会を牛耳る側が憲法上の義務を果たすことを忘れ、大統領の擁護を優先しようとすることがある。野党を負かすことばかりに気が取られた彼らは、お目付け役としての役割を放棄し、大統領の職権乱用、違法行為、さらには独裁的な行動までをも見逃してしまう。ペロンの言いなりだったアルゼンチンの議会しかり、チャベスの支配下に置かれたベネズエラの最高裁判所しかり、立法や司法がお目付け役から服従者になったとき、それが独裁支配に移り変わる大きなきっかけとなる可能性があるのだ。

つまりアメリカの抑制と均衡のシステムがうまく機能するのは、政治家や公務員が制度上の特権を慎重に行使しているときだ。米大統領、議会指導者、最高裁判事には一連の権限が与えられているが、それが際限なく使われると、システムはすぐに損なわれてしまう。ここでは、そのような権力のうち次の六つについて考えてみたい。最初の三つは、大統領に与えられた権力――大統領令、大統領恩赦、裁判所の抱き込み。残りの三つの権限は議会に与えられたものだ――フィリバスター（議事妨害）、上院の助言と承認、弾劾。これらの特権が憲法によって正式に定められたものなのか、たんに憲法のもとで赦されたものなのかどうかにかかわらず、その権限が武器として使われれば、すぐに膠着状態や機能不全が起こって民主主義の崩壊へとつながる可能性がある。しかし二〇世紀のほとんどの期間において、アメリカの政治家たちは驚くべき自制心をもってこれらの権限を行使してきた。

ワシントンの自制心

まずは大統領の権力に眼を向けてみたい。アメリカの大統領には大きな権力が与えられており、ややもすれば支配的になりうる役職である。その理由のひとつが、憲法にある〝空白〟だ。大統領の正式な権限を規定する合衆国憲法第二条では、その限界がはっきりと定義されていない。つまり、行政命令や大統領令を通して一方的に行動する大統領の権限について、憲法はほとんど何も言及していない[27]。くわえて、大統領の権限はここ一世紀のあいだにさらに拡大してきた。戦争と大恐慌への対応を背景に、アメリカの行政府はきわめて幅広い法律的、行政的、予算的、諜報的、さらに軍事的能力を築き上げ、歴史家アーサー・シュレジンジャー・ジュニアが「帝王的大統領制」と名づけたものへと変貌を遂げた[28]。戦後のアメリカ大統領は、世界でもっとも大きな軍隊の指揮者になった。そして、世界随一の超大国、複雑な産業経済と社会を取り仕切るという挑戦は、行政へのさらなる権力の集中を必要とするものだった。二一世紀はじめまでに、行政が自由に使うことのできるリソースは膨大なものとなり、法学者のブルース・アッカーマンは米大統領職を「憲法の破城槌《はじょうつい》[29]」と名づけた。

巨大な権力をもつ行政府の長となった大統領は、議会と司法を通さずに一方的に支配してしまいたいという誘惑に駆られることがある。自らの政策の実現を阻まれたとき、大統領は告示、指令、行政協定、大統領令、大統領覚書を出して議会を迂回することができる[30]。議会の承認を必要としないこれらの命令は法律と同じ力をもっており、大統領がこの命令を使うことは憲法でも禁じられていない。同じように、大統領は司法を迂回することもできる[31]。たとえば、人身保護令状の停止を拒まれたときのリンカーンのように、裁判所の判決を無視するという手がある。あるいは、大統領恩赦の特権を使うこともできる。アレクサンダー・ハミルトンは『ザ・フェデラリスト』第七四篇のなかで、恩赦の力は非常に大きいため、その行使には「当然慎重さと注意深さ[32]」が必要になると訴えた。しかし、良心や慎重さをもたない大統領は、司法の監視から政府を護るための武器として恩赦を使うことがある。それどころか、大統領が自らの罪を赦免することもできる。そのような行動は憲法違反ではないとしても、司法の独立性を損なうものであることは言うに及ばない。

要は、大統領にとって一方的な行動をとるのはじつに簡単なことであり、それらの行動のほぼすべては憲法で規定されたものか、あるいは憲法で赦されているものということになる。だとすれば、行政にとって自制心がどれほど大切かをこれ以上強調する必要はないだろう。この点について重要な先例を作ったのがジョージ・ワシントンだった。ワシントンは、初代大統領としての自分の仕事によって、将来的に行政の権限の範囲が決まることになるとわかっていた――「私は人跡未踏の地を歩いている。私の行動のほとんどが、おそらく将来的に前例として引き合いに出されるにちがいない[33]」。

当時の政治家の多くは、〝大統領〟が新たな形の君主になるのではないかと恐れていた。そんな役職をはじめて担う者として、ワシントンは憲法で定められたルールを補完・強化する規範と習慣を作り上げることが大切だと考えた。彼は、大統領として権限を与えられた範囲については精力的に護ろうとした一方で、議会の領域に入り込まないように注意した[34]。憲法的に疑わしい法案にのみ拒否権を使うと決めていたワシントンは、八年間で二回しか拒否権を行使しなかった[35]。「議会を尊重するという動機から、私自身の考えとは異なる数多くの法案に署名した[36]」と彼は綴った。ワシントンはさらに、議会の権限を侵す可能性のある大統領令を出すことにも消極的だった[37]。八年の任期のあいだ、彼はわずか八件の大統領令しか出さなかった。

ワシントンはその人生を通して、「進んで権力をあきらめることによって権力を得られる[38]」のだと学んだ。彼が大きな名声を受けたことによって、アメリカという共和国で生まれたばかりのほかの政治制度の多くにもこのような自制心が浸透していった。歴史家のゴードン・ウッドは著書のなかで、「若い共和国に安定した基盤をもたらしたもっとも重要な人物がひとりいるとすれば、それはワシントンだった[39]」と記した。

大統領の権限強化と自制の規範

このようにして、大統領による自制の規範ができあがった。とりわけ戦時中には大きな試練にさらされることがあったものの、これらの規範はじつに堅牢であり、きわめて野心的な大統領を抑え込むのにも充分な力をもっていた。たとえば、ウィリアム・マッキンリー（第二五代、共和党）が暗殺されたのち、一九〇一年に大統領になったセオドア・ルーズベルトについて考えてみてほしい。

ルーズベルトは、法律ではっきりと禁止されていないかぎり行政はいかなる行動をとっても赦されると主張し、それを「大統領職のスチュワードシップ理論」[40]と呼んだ。大統領権限を広げようとするこの考え方、〝人民〟へのポピュリスト的な訴えを好む傾向、「無限のエネルギーと野望」[41]は、彼が所属する共和党の指導者たちを含む当時の専門家に警戒感を与えるものだった。マッキンリー大統領の主要顧問だったマーク・ハンナは、ルーズベルトを副大統領に選ぶことに懐疑的で、「あの狂人がホワイトハウスにたどり着くまであと一歩だということが理解できていないのか？」[42]と大きな懸念を示したという。しかしながら、大統領になったセオドア・ルーズベルトは驚くほどの自制心を働かせて行動した。[43]たとえば、議会が重要な投票について話し合っているあいだ、彼は有権者に直接訴えかけたり、議員を個人的に攻撃したりすることを控え、議会を批判するような行動を避けた。[44]結局、ルーズベルトは憲法の抑制と均衡のシステムの範囲内にしっかりとどまって行動した。[45]

二〇世紀のあいだに行政の法的、実務的、軍事的および諜報的な能力は高まったにもかかわらず、多くの大統領は、議会や裁判所への対応において自制心を働かせるという規範を貫いてきた。[46]戦時中をのぞき、大統領令は慎重に使われた。自己防衛やわずかな政治的利益のために恩赦が使われたことは一度もなく、ほとんどの大統領はまえもって司法省に助言を求めた。[47]なにより重要なことに、一九世紀のリンカーンやアンドリュー・ジョンソンとは異なり、二〇世紀の大統領は政府のほかの機関に楯突くような素振りをほとんどみせなかった。一九五二年、ハリー・トルーマン大統領（第三三代、民主党）は鉄鋼産業で起きたストライキを国家的危機とみなし、国有化を命じる大統領令を出した。

しかし最高裁判所がそれを却下すると、彼は決定を素直に受け容れた。アイゼンハワーは、自身はまったく賛同していなかったにもかかわらず、人種分離教育を違憲とした「ブラウン対教育委員会裁判」の最高裁判所の判決を尊重した。ニクソンでさえも、最高裁が議会の判断を支持する決定を下すと、要求に応じて秘密の録音テープを提出した。

つまり、二〇世紀のあいだに職務権限は増したものの、アメリカ大統領はその権力を使うことに対して大いなる自制心を発揮したということだ。憲法上の障壁はないにもかかわらず、一方的な行政措置はおもに戦時に例外的にしか使われなかった。

裁判所の抱き込み

大統領による裁判所の抱き込みについても同じことが当てはまる。裁判所の抱き込みにはふたつのやり方がある。まず、敵対する最高裁判事を弾劾し、党に近い人間と入れ替えるという方法。もうひとつは、裁判所の規模を変え、新たな空席を党側の人間で埋めるという方法。厳密にいえば、どちらの手法も違法ではない。憲法では裁判官の弾劾が認められているし、最高裁判所の規模については何も規定されていない。よって大統領は法律の条文に違反することなく、不都合な人間を取りのぞいて裁判所を抱き込むことができる。しかし一世紀以上のあいだ、アメリカの大統領はそうしなかった。

アメリカの歴史で最高裁判事に対する唯一の弾劾裁判が起きたのは、一八〇四年のことだった。この年、民主共和党が過半数を占める下院がサミュエル・チェイス判事の弾劾を発議した。「熱心な連邦党支持者[48]」だったチェイスはジェファーソンへの反対運動を起こし、現役の大統領を批判した。それを扇動行為だと考えたジェファーソンは、チェイスの弾劾を求めた[49]。民主共和党はこの一連の流れを法的に正当なものだと演出しようとしたが、誰の眼から見ても弾劾は「はじめから最後まで政治的迫害」[50]でしかなかった。結局、上院はチェイスを無罪とした。[51]この強力な先例によって、弾劾へのハードルはいっそう高いものになった。

アメリカ建国から一世紀のあいだ、より党派の争いのターゲットになりやすかったのは最高裁判所の規模のほうだった。次期大統領ジェファーソンによる指名を阻止するために連邦党が判事の人数を減らした一件を皮切りに、一八〇〇年から一八六九年にかけて米最高裁の規模は七回変更されたが、そのすべてが政治的理由によるものだった。[52]ところが一九世紀末までに、裁判所の抱き込みは赦されない行為だと広くみなされるようになった。アメリカの政治制度について書かれた一八九三年の著書のなかで、のちに大統領となるウッドロウ・ウィルソンは「そのような暴挙は憲法の精神に反するものだ」[53]と主張した。同じ時期、ベンジャミン・ハリソン元大統領は、裁判所の規模を拡大することは「党にとってじつに魅力的ではあるものの、憲法の支配にとっては破壊的かつ致命的である」[54]と綴った。一九二〇年代になると、英国人ジャーナリストのH・W・ホーウィルは次のように結論づけた。「どんな挑発があるにせよ、きわめて大きな権力をもつ大統領と議会でさえも、最高裁判所を党政治の舞台に変えることはできない。アメリカには、そのような流れを防ぐための非公式の強力な規範が存在する」[55]

フランクリン・ルーズベルトの規範破り

前述のとおり、フランクリン・ルーズベルト大統領は一九三七年に裁判所の抱き込みを企て、この規範を破った。憲法学者のリー・エプスタインとジェフリー・シーガルが指摘したように、規範を無視したルーズベルトの提案は「並はずれて傲慢なものだった」[56]。しかし同じように並はずれていたのは、それによって生み出された抵抗だった。当時、ルーズベルトはとりわけ高い人気を誇っていた。

彼は歴史的圧勝によって再選されたばかりで、民主党は上下院の両方で安定過半数を保っていた。これほどの政治的な力を恣《ほしいまま》にした米大統領はほかにほとんどいなかった。にもかかわらず、裁判所の抱き込み計画が表沙汰になると、きわめて大きな反発が巻き起こった。

とくに、メディアによる批判にはすさまじいものがあった。たとえば『サンフランシスコ・クロニクル』紙は、この計画を「最高裁判所への明らかな宣戦布告」(57)と評した。議会では、野党の共和党員だけでなく、多くの民主党員からもすぐさま反対の声が沸き上がった。ミズーリ州選出のジェームズ・A・リード上院議員は、ルーズベルトの提案を「本物の独裁者への一歩」(58)と批判した。ジョージア州選出のエドワード・コックス下院議員は次のように警鐘を鳴らした。「これは基本的な法律と政府の制度全体の意味を変えるものだ。この国のすべての歴史のなかで、立憲政治にもたらされたもっとも恐ろしい脅威といっていい」(59)

ニューディール政策の忠実な支持者でさえ、ルーズベルトに背を向けるようになった。ワイオミング州選出のジョセフ・オマホニー上院議員は大統領と緊密な関係にあり、二週間前にホワイトハウスで開かれた就任前の晩餐会ではエレノア・ルーズベルト夫人の隣の席に坐るほどの仲だった。ところがオマホニーは、ルーズベルトの裁判所抱き込み計画に反対の声を上げ、ある友人に宛てた手紙のなかでこう綴った。「この混乱のすべてにマキャベリズムのにおいがただよっている。そして、マキャベリズムはひどく臭い！」(60)

注目すべきは、ルーズベルトの計画を失敗に追い込むうえで、最高裁判所そのものが大きな役割を果たしたということだ。最高裁判所は、品位を保つための「巧みな後退」(61)と呼ばれた一連の動きをみせ、反ニューディール一辺倒だった態度を翻《ひるがえ》して決定のいくつかを速やかに取り下げた。一九三七年春、最高裁判所はニューディール法案の一部を合憲とする判決を立てつづけに出した。そのなかには、ルーズベルトがとくに重要視した全国労働関係法や社会保障法も含まれていた。ニューディール政策にさらに明確な憲法上の根拠が与えられたことによって、議会リベラル派の民主党は、大統領の裁判所抱き込み計画により表立って反対できるようになった。一九三七年七月、計画は上院で破棄された。人気と権力の頂点にいたルーズベルト大統領は、憲法上の権限の限界を拡げようと試みたが、その計画は阻止された。これ以降、最高裁判所を抱き込もうとする大統領は二度と現われなかった。

フィリバスター

自制心の規範は、議会でも大きな役割を果たしている。ここでは、合衆国議会の上院を例に考えてみたい。少数派を多数派の権力から護ることを目的として作られた組織である上院は、当初から慎重な議論を進める場として重んじられてきた（議会の創設者たちは、下院が多数派を代表するものだと考えていた）。その上院の歴史のなかでは、多くの不文律を含むさまざまなルールや方法論が生まれ、少数派や個人でも多数派による計画を遅延・阻止できる仕組みができあがっていった。[62] 一九一七年以前の上院では、議論を制限するための規則がいっさいなかった。そのため上院議員であれば誰でも、たんに議論を引き延ばすことによって、法案への投票をいつまでも阻止（フィリバスター）することができた。[63]

これらの非公式の特権は抑制と均衡を保つうえで欠かせないものであり、少数党への保護として、あるいは大統領による職権乱用の抑止力として機能している。しかし、政治家たちによる自制心がなければ、議会はすぐに行き詰まりや対立に陥ってしまう。政治学者のドナルド・マシューズはこう指摘する。

それぞれの上院議員は、議会の規則に対して大きな権限をもっている。たとえば、たったひとりの上院議員でも、全会一致で同意される予定の案に毅然と反対し、上院の動きを遅らせ、その進行をほぼ止めることができる。さらに数人の議員が集まれば、フィリバスターの権利を行使して、すべての法案の通過を防ぐこともできる。(64)

しかしアメリカの歴史のほとんどにおいて、そのような機能不全が生じたことはなかった。(65)その理由のひとつは、議会全体に浸透する規範が上院議員による政治権限の乱用を防いでいたからだ。マシューズは次のように言う。「(フィリバスターのような方法は)潜在的な脅威として存在するものの、驚くべきは、そういったツールがあまり使われていないということだ。相互協力の精神によって、ほとんどまではいかないにしても、上院議員がもつ権力の多くが実際には行使されないという状況ができあがっている(66)」

一九五〇年代後半の米上院について書かれたマシューズの独創的な論文のなかでは、彼が「習俗《フォークウェイ》」と呼ぶ非公式の規範が上院の機能を支えていることが強調される。(67)これらの習俗には、自制心と密接に結びついた「礼儀正しさ」と「相互協力」も含まれていた。ここでいう礼儀正しさとはなによりもまず、ほかの上院議員への辱めや個人的攻撃を避けることを意味した。(68)マシューズによると、もっとも大切な基本ルールは「政治的な意見の相違を個人的な感情に影響させないこと」だった。が、これは簡単にできることではなかった。なぜなら、ある上院議員が言ったとおり「相手が嘘つきだとわかっているのに、嘘つき呼ばわりしないことは容易ではない(69)」からだ。同時に、「ある問題での敵が、次の問題では味方になるかもしれない(70)」と別の議員が言ったように、上院議員たちは自らの成功には礼儀正しさが必要不可欠だと考えていた。さらに別の議員は「政治的な自己防衛には、少なくとも見せかけの友好関係が必要になる。しかし知らないうちに、それが本物の友情になることもあるものだ[71]」と語った。

相互主義の規範によって自らの権限の行使を控えると、ほかの上院議員から過度に反感を買ったり、将来の協力関係を危険にさらしたりするリスクを減らすことができる。マシューズは論文のなかで次のように結論づけた。「上院議員が正式な権限を限界ぎりぎりまで行使するとき、それは暗黙の約束を破ることを意味する。すると同僚は協力をやめ、同じやり方で報復してくるかもしれない[72]」。この場合、議会運営はさらにむずかしくなる。また、ある上院議員はこの規範についてこう言った。「これは友情の問題ではなく、『相手がクソ野郎にならなければ、こちらもクソ野郎にはならない』という問題でしかない[73]」

フィリバスターの使われ方に注目すると、これらの規範がいかに大切なものかがはっきりとわかるはずだ[74]。さきほど説明したように、一九一七年までは上院議員の誰もがフィリバスターを使って議事進行を妨げ、投票を無制限に遅らせることができた。しかし、めったにそんな事態にはならなかった[75]。あらゆるタイミングで利用できたにもかかわらず、ほとんどの上院議員はフィリバスターを「手続き上の最終手段となる武器[76]」として扱った。ある統計によると、一九世紀のあいだに明らかなフィリバスターが使われたのは、わずか二三回だけだった[77]。二〇世紀はじめにフィリバスターが使われる頻度がわずかに増えると、一九一七年に討論終結《クローチャー》のルールが生まれ、上院の三分の二（現在は五分の三）の賛成によって討論を打ち切って採決に入ることができるようになった[78]。しかし増えたといっても、政治学者のサラ・バインダーとスティーブン・スミスによると、一八八〇年から一九一七年のあいだに起きたフィリバスターは三〇件だけだった[79]。一九六〇年代末ごろまで、フィリバスターが使われる頻度は依然として低いままだった。一九一七年から五九年までのあいだ、上院で使われたフィリバスター数は一回の会期につき平均一度のみだった。[80]

上院の「助言と承認」

抑制と均衡のシステムの要となるもうひとつの議会特権は、大統領による最高裁判事や閣僚の指名に対する上院の「助言と承認[81]」の権限だ。憲法に規定はあるものの、上院による助言と承認の役割が適用される範囲についてはさまざまな解釈が可能で、いまも議論が続いている。上院は理論上、大統領による閣僚や判事の指名のすべてを阻止することができる。これは憲法に則った行為ではあるものの、当然ながら指名の拒否によって政府の動きは妨げられることになる。そのため現実的には、上院が指名を拒むような事態に陥ることはめったになかった。その理由のひとつは、空席になった判事と閣僚の指名については大統領に一任するという規範が上院で確立されていたからだった。[82]一八〇〇年から二〇〇五年までの二〇〇余年のあいだ、大統領による閣僚指名が拒否されたのは九回のみ。[83]一九二五年、司法長官の人事を拒まれたカルビン・クーリッジ大統領は、「大統領に自分の閣僚を自由に選ばせるという、三世代にわたって途切れることなく続いてきた慣行をぶち壊した[84]」と怒りもあらわに上院を非難した。

いつの時代も上院には、最高裁判所の判事の指名を無効にする権利が与えられてきた。ワシントン初代大統領でさえ、一七九五年に指名を拒まれたことがあった。しかし歴史的に上院は、この権利を行使することにきわめて慎重だった。一八八〇年から一九八〇年のあいだ、最高裁判事の候補者の九〇パーセント以上が議会に承認され、指名が却下されたのはグロバー・クリーブランド、ハーバート・フーバー、リチャード・ニクソンの三人の大統領だけだった。[85]たとえ多くの上院議員と異なるイデオロギーをもつ判事候補だったとしても、充分な条件を満たしてさえいれば必ず議会で承認された。[86]

たとえば一九八六年、共和党のレーガン大統領が超保守的なアントニン・スカリアを最高裁判事に指名したことがあった。当時、民主党はフィリバスターに必要な議席数（四七）を有していたにもかかわらず、スカリアの指名は九八対〇で承認された。[87]

それぞれの候補を承認するかどうかは別として、判事の最終的な指名権が大統領にあるという前提を上院は受け容れてきた。一八六六年から二〇一六年までの一五〇年間、大統領が判事の空席を埋めるということ自体を上院が阻んだ事例は一度もなかった。このあいだ、次の選挙によって新しい大統領が誕生するまえに、退任間近の大統領が最高裁判所の空席を埋めようとしたことが七四回あった。ひとり目の指名が承認されないケースはあったものの、その七四回すべてにおいて最終的には現職大統領の指名が認められた。[88]

制御されてきた「弾劾」

最後に、憲法によって議会に与えられた特権のなかでもっとも大きな爆発力をもつのが、弾劾によって現職大統領を辞めさせる権限である。いまから一世紀以上前、イギリスの学者ジェームズ・ブライスは、弾劾は「議会の武器庫のなかでもっとも強力な武器である」[89]と指摘した。しかし、「あまりに強力なため、通常時の使用には適していない」とブライスは続けた。不用意に使われると、弾劾は「選挙当局を弱らせ、選挙の結果をくつがえすための政党のツールになる」[90]と憲法学者キース・ウィッティントンは警告する。

すでに説明したように、まさにそのとおりのことが二〇一二年のパラグアイで起き、わずか二日間の〝迅速な〟裁判によってフェルナンド・ルゴ大統領が弾劾された。さらに一九九七年のエクアドルでは、アブダラ・ブカラム大統領が「精神的能力の欠如」という偽りの理由で辞任を余儀なくされた。

これらのケースでは弾劾が武器として扱われ、議会の有力者たちは気に入らない大統領を追い出すためにその武器を使った。

理論の上では、米大統領もルゴやブカラムと同じ運命をたどる可能性がないとはいえない。じつのところ、アメリカにおける弾劾への法的なハードルはとても低い[91]。憲法上、弾劾を申し立てるために必要なのは、下院の単純過半数の賛成のみ。実際に大統領を失職させるためには、上院で三分の二の賛成が必要になる。しかし、たとえ有罪判決が下らなかったとしても、弾劾の申し立てそのものが大統領を弱体化させ、そのまま政権を崩壊へと追い込むことがある。一八六八年に弾劾裁判にかけられたアンドリュー・ジョンソンの政権が、まさにその道をたどることになった。

ところがパラグアイやエクアドルとは異なり、アメリカ合衆国では、弾劾は長いあいだ自制心の規範によって制御されてきた。憲法学者のマーク・タッシュネットはこの規範を次のように定義する——「対象となる人物が実際に解職される合理的な可能性がないかぎり、下院は積極的に弾劾を行なうべきではない[92]」。実際の免職には上院の三分の二の賛成が必要になるため、少なくとも党を超えた一定量の支持がなければ弾劾を成功させることはできない。一八六八年のジョンソン大統領の弾劾裁判のあと、ニクソンのスキャンダルまで一世紀以上のあいだ、大統領の弾劾に向けて議会が大きく動いたことは一度もなかった。

マッカーシズムという苦難

アメリカの抑制と均衡のシステムが二〇世紀のあいだずっと機能してきたのは、それが相互的寛容と自制心の強固な規範のなかに組み込まれてきたからだ。だからといって、アメリカがただ〝黄金時代〟を謳歌していたわけでも、善良で紳士的なスポーツマンシップがアメリカ政治を支配していたわけでもない。歴史のさまざまな時点で、民主主義的な規範は危険にさらされ、破られてきた。なかでも、とくに三つの出来事に注目したい。

ひとつ目は、すでに本書でも論じてきたフランクリン・ルーズベルトによる権力の集中だ。世界大恐慌と第二次世界大戦のあいだ、彼は前例がないほどの権力を行政府に集中させ、裁判所の抱き込み戦略のみならず、ますます一方的な措置に頼るようになった。それは、伝統的な抑制と均衡に深刻な脅威をもたらすものだった。ルーズベルトは大統領就任中に一年あたり平均三〇〇件、合わせて三〇〇〇件以上の大統領令を発行したが、その数は史上最高記録であり、いまもこの記録は破られていない。[93]また、三期目（のちに四期目）を目指すというルーズベルトの決定は、大統領の任期を二期までに制限する一五〇年近く続いてきた規範を破るものだった。[94]

にもかかわらず、ルーズベルト政権が独裁政権に変わることはなかった。そこには多くの理由があるものの、ルーズベルトの行政権の乱用が党を超えた抵抗を惹き起こしたことも大きな理由のひとつだった。たとえば裁判所の抱き込み計画は、両方の党に拒絶された。ルーズベルトは大統領の任期を二期に制限する非公式のルールを破った。しかし古くからの規範を護ろうとする声はきわめて強く、彼が死亡してからわずか二年後の一九四七年には、議会の超党派連合によって憲法修正第二二条が可決され、任期制限が憲法に明記されることになった。ルーズベルト政権のあいだに民主主義のガードレールは大きな試練にさらされたものの、なんとか持ちこたえたのだった。

一九五〇年代はじめ、マッカーシズム（赤狩り）がアメリカの制度に第二の大きな苦難をもたらし、相互的寛容の規範を脅かした。とくに一九四〇年代末からソビエト連邦が核超大国として台頭すると、多くのアメリカ人が共産主義の蔓延に恐れを抱くようになった。このような反共産主義のヒステリーは、党の利益のために利用された。政治家はライバルを共産主義者やその支持者と位置づけて赤狩りし、彼らの票を奪おうとした。

一九四六年から一九五四年にかけて反共産主義が広がっていくと、政治は党利党略を中心とするスタイルへと変わっていった。そして冷戦時代への突入は、国家安全保障をめぐる大混乱を生み出した。当時、二〇年近く政権運営から遠ざかっていた共和党は、有権者を惹きつけるための新たな材料を探すことに必死だった。[95]

ウィスコンシン州選出のジョセフ・マッカーシー上院議員は、絶好の材料を見つけた。初当選から三年ほどたった一九五〇年二月九日、ある悪名高い演説によってマッカーシーの名が全国的に知れ渡るようになった。[96]その日、ウェストバージニア州ホイーリングのオハイオ郡共和党女性クラブのメンバーをまえに、マッカーシーは共産主義と〝裏切り者〟の存在について大げさに喚き散らし、のちに一連の騒動の象徴として扱われることになるセリフを偶然口にした――「私はいま、国務長官が把握する二〇五人の（共産主義者の）名前のリストを手にしている。しかし国務省は依然としてなんの手を打つこともできず、方針を決めかねている」[97]。すぐに反応が起きた。まず、マスコミが一気に飛びついた。注目を浴びるのが大好きだった大衆扇動家たるマッカーシーは、政治的な金鉱を掘り当てたことに気がつき、同じ演説を繰り返すようになった。民主党員たちは怒り狂った。穏健派の共和党員も危機感を募らせた一方で、保守的な共和党員は将来的に得があると踏んでマッカーシーを支持した。[98]共和党のロバート・タフト上院議員は、「話しつづけろ」[99]というメッセージをマッカーシーに送った。三日後、マッカーシーはトルーマン大統領宛てに次のような電報を打った。「すぐにディーン・アチソン国務長官に電話をかけ、いったい何人の共産主義者を解任することができなかったのか訊いてください……あなたがそうしなければ、民主党には国際的な共産主義の仲間というレッテルが貼られることになるだろう」[100]

赤狩り戦術

一九五〇年代はじめまでに、赤狩り戦術が共和党候補のあいだで一般的に使われるようになった。リチャード・ニクソンは一九五〇年の上院議会選挙のあいだ、民主党のライバル候補ヘレン・ガハガン・ダグラスを「共産主義に傾倒したピンク・レディー」[101]と呼んで非難した。一方、フロリダでは民主党のジョージ・スマザーズが悪意に満ちた選挙戦を繰り広げ、党内のライバルである現職のクロード・ペッパーを「レッド・ペッパー」[102]と揶揄して勝利を収めた。

一九五二年の大統領選に突入するころまでに、マッカーシーの性質《たち》の悪い反共産主義運動が、民主党を倒すための強力な武器になることはすでに明らかになっていた。全国各地から呼ばれて演説をしたマッカーシーは、民主党大統領候補のアドレー・スティーブンソンを裏切り者だとたびたび非難し、彼の名前をソ連のスパイとして告発されたアルジャー・ヒスの名前とわざと言いまちがえた[103]。穏健派の共和党大統領候補ドワイト・アイゼンハワーは当初、マッカーシーに対する態度を決めかね、彼と同時に登壇することを拒んだ。しかし、最後にはマッカーシーが生み出す政治的なパワーに頼らざるをえなくなった。共和党全国委員会の強い勧めにより、選挙の一カ月前にふたりははじめて一緒にウィスコンシン州で選挙活動を行なった[104]。

マッカーシズムによる相互的寛容への攻撃がもっとも熾烈をきわめたのは、一九五二年だった。しかしアイゼンハワーが大統領に選ばれて政権運営を始めると、共和党の指導者たちはマッカーシーの戦術がそれほど役に立たないことに気がついた。さらに、マッカーシーがアイゼンハワー政権だけでなく、アメリカ陸軍を攻撃したことによって、彼の信用は失われていった。状況が大きく変わったのは、一九五四年にテレビで生放送された陸軍とマッカーシーの公聴会だった。マッカーシーの根拠のない告発に対して、陸軍のジョセフ・ウェルチ法律顧問は「きみには品位はないのかね？　もはや、品位というものをまったく失ってしまったのかね？」と言い諭した。これを機にマッカーシーの人気は急落し、半年後に上院は彼に対する問責決議を採択した。事実上、マッカーシーの政治キャリアは終わった。

マッカーシーの凋落によって、赤狩りは悪い風習として位置づけられるようになり、「マッカーシズム」という軽蔑的な呼称が生まれた。一九五四年以降、このような戦術を使おうとする共和党員はほとんどいなくなり、使った人間は誰もが批判された。つねに現実路線をとるニクソンもまた、マッカーシー風のレトリックを使うことを控えるようになった。[105] 伝記作家によると、当時副大統領だったニクソンは、一九五六年のアイゼンハワー再選のための選挙期間中に「(対立相手である)民主党の愛国心をなんとか認めようと努めた」[106]という。極右過激派のジョン・バーチ・ソサエティなどのグループは「マッカーシズムの精神を保ちつづけた」[107]ものの、彼らは共和党の隅っこのほうでひっそりと活動していたにすぎなかった。さまざまな危機にさらされつつも、相互的寛容の規範は二〇世紀末まで両党の主流派のなかに生きつづけていた。

ニクソンによる民主主義への攻撃

アメリカの民主主義制度への三つ目の注目すべき試練は、ニクソン政権の独裁的な行動だ。一九五〇年代の公の場での態度とは打って変わって、大統領になったニクソンは相互的寛容の規範を全面的に受け容れようとはせず、国民の反対勢力やマスコミを敵とみなした。[108] ニクソンやまわりのスタッフたちは、国内の敵対者にしばしば無政府主義者や共産主義者の烙印を押し、彼らが国家や憲法秩序を脅かしていると訴えて自分たちの不法行為を正当化しようとした。[109] 一九七一年、ブルッキングス研究所への（未遂に終わった）不法侵入をH・R・ハルデマン補佐官に命じたとき、ニクソンはこう伝えた。「われわれは敵と陰謀に直面している。手段は選ばない……わかったか？」[110]。同じように、ウォーターゲート事件の共謀者であるG・ゴードン・リディは、一九七二年の民主党全国委員会本部への不法侵入について、「ホワイトハウスは対内的にも対外的にも戦争状態にあった」[111]と主張して正当化しようとした。

ニクソン政権による民主主義的な規範からの逸脱は、大々的な盗聴や監視から始まった。その標的になったのは、ジャーナリスト、反対活動家、民主党全国委員会、エドワード・ケネディ上院議員などの著名な民主党員だった[112]。一九七〇年一一月、ニクソンはハルデマン補佐官にメモ書きを送り、反対派のリストを作って「彼らを攻撃するための情報収集計画を立てろ」と命じた。すぐに、「数十人の民主党員[113]」を含む何百人もの名前が連なるリストができあがった。ニクソン政権はさらに内国歳入庁（IRS）を政治的な武器として使い、ラリー・オブライエン民主党全国委員会委員長などの反対派の主要人物への監査を集中的に行なった[114]。しかしもっとも有名なのは、一九七二年の大統領選挙のさなかに民主党の対立相手を妨害しようとした一件だろう。結果として、これが民主党本部〈ウォーターゲート・ビル〉への不法侵入事件へとつながった。

民主主義制度に対するニクソンの犯罪的な攻撃行為は、最後には抑え込まれた[115]。一九七三年二月、上院で「大統領選挙活動に関する特別委員会」（通称、ウォーターゲート特別委員会）が起ち上がり、ノースカロライナ州選出の民主党上院議員サム・アービンが委員長に任命された。アービン率いるこの委員会は超党派によって設置されたもので、副委員長のテネシー州選出の共和党上院議員ハワード・ベイカーはその使命を「両党の協力によってありのままの真実を炙《あぶ》り出すこと[116]」だと述べた。委員会が始動すると、一〇人ほどの共和党議員が民主党議員たちと一緒に声を上げ、独立した特別検察官の任命を要求した[117]。すると五月には、アーチボルド・コックスが指名された。一九七三年なかばまでに、捜査はじわじわとニクソン本人に迫ろうとしていた。上院の公聴会では、大統領の関与を示すホワイトハウスの極秘録音テープが存在することが明らかになった。コックス特別検察官がニクソンにテープの提出を求めると、両党の代表者たちもその要求に賛同した[118]。強気のニクソンはテープの提出を拒み、最終的にコックスを解任したが、すべては無駄な努力でしかなかった。

この一連の流れによって、ニクソンの辞任を求める声が高まっていった。ニュージャージー州選出のピーター・ロディーノ民主党下院議員が委員長を務める下院司法委員会はついに、弾劾発議の手続きに向けた準備を始めた。一九七四年七月二四日、最高裁判所はニクソンに録音テープの提出を命じる判決を下した。そのころまでに司法委員会の共和党から充分な支持を得ていたロディーノは、実際に弾劾の手続きを進めた[119]。それでもニクソン大統領としては、上院での弾劾否決に必要な三四票を集めることができるという淡い期待を抱いていた。しかし、共和党はバリー・ゴールドウォーター上院議員をホワイトハウスに送り、弾劾がもはや避けられない状況であることを伝えた[120]。弾劾に反対する議員の人数について尋ねられたとき、「ゴールドウォーターは「多くて一〇人、それ以下かもしれません」と答えたという[121]。二日後、ニクソンは辞任した。超党派による協力が後押しとなり、議会と裁判所は大統領の職権乱用を最後まで監視しつづけることができた。

規範を支えた排除

アメリカの民主主義の制度は、二〇世紀のあいだに何度となく試練にさらされた。しかし、それぞれの試練は効果的に抑え込まれてきた。両党の政治家だけでなく、ときには社会全体が一丸となって民主主義を脅かす違反行為に立ち向かったおかげで、ガードレールはなんとか壊れずに持ちこたえた。

その結果、不寛容と党派争いにまつわる数々の物語が〝死のスパイラル〟へと発展することはなかった。一九三〇年代のヨーロッパや六〇年代から七〇年代の南米では、そのような死のスパイラルが民主主義を破壊したのだった。

しかしながら、私たち著者はこの章を厄介な警告の言葉で締めくくらなければいけない。アメリカの政治システムを支える規範は、その大部分が人種の排斥の上に成立するものだった。レコンストラクションの終わりから一九八〇年代のあいだの政治的安定は、ある原罪に根づくものだった――「一八七七年の妥協」とその後の展開は、南部の非民主化と黒人差別政策の強化へとつながった。人種の排斥は政党の礼節と協力の規範の大きな支えとなり、それが二〇世紀のアメリカ政治を特徴づけることになった。「ソリッド・サウス」と呼ばれる南部諸州は、民主党のための強固な保守基盤となった。それらの州は黒人から公民権を奪い、同時に共和党への橋渡し役として機能した。南部民主党の思想は保守的な共和党のイデオロギーに近いものがあり、それが二極化を和らげつつも、二大政党制をうながしてきた。しかしその成功は、公民権と〝アメリカの完全な民主化〟を政治的な議題から遠ざけるという大きな犠牲の上に成り立つものだった。[122]

つまりアメリカの民主主義の規範は、排除を背景として生まれたのだった。政界の住人がおもに白人に限られていた時代、民主党と共和党には多くの共通点があった。そのためどちらの党も、互いを深刻な脅威だとみなさない傾向にあった。多人種の共生へのプロセスは第二次世界大戦後に始まり、一九六四年の公民権法と六五年の投票権法へとつながる。そしてついに、アメリカは完全に民主化される。ところが民主化によって二極化が進むと、レコンストラクションの時代から確立されてきた相互的寛容と自制心の規範にかつてないほど大きな試練が与えられることになった。[123]

第7章

崩れていく民主主義

二〇一六年二月一三日の土曜日の午後、テキサス州サンアントニオの地元紙がある出来事を報じた——ハンティング旅行中だったアントニン・スカリア最高裁判事が就寝中に死亡。すぐにソーシャルメディアがざわついた。わずか数分のうちに、保守的なウェブ・マガジン「ザ・フェデラリスト」の創設者である共和党の元職員はこうツイートした。「スカリアが実際に亡くなったのであれば、上院は二〇一六年中のすべての判事指名を拒否し、次の大統領に指名を任せるべきだ[1]」。ほどなくして、共和党のマイク・リー上院議員の報道官は「ゼロ以下のものってなんだ？　オバマ大統領がスカリアに代わる最高裁判事を首尾よく任命できる可能性[2]」とツイート。夕方までに、共和党のミッチ・マコーネル上院多数党院内総務は、スカリアの遺族に哀悼の意を伝える声明を発表しつつ、同時に「新しい大統領が決まるまで、この欠員は埋めるべきではない」と念を押した。

一カ月後の三月一六日、バラク・オバマ大統領は、スカリアの死亡によって空いた最高裁判事の席に連邦控訴裁判所のメリック・ガーランドを指名した。ガーランド判事が有能な候補者である事実を疑う者は誰ひとりいなかったし、彼は政治的に穏健派として知られていた。しかし、アメリカの歴史のなかではじめて上院は、現職大統領が選んだ最高裁判事候補を適任かどうか検討することさえをも拒んだ[3]。本書ですでに見てきたとおり、上院はこれまでの最高裁判事の指名に関して、いつも自制心を働かせたうえで「助言と承認」の権利を行使してきた。事実、一八六六年以来、現職大統領が次の選挙に先立って最高裁判所の空席を埋めようとしたときに、拒否された事例は一度もなかった[4]。

しかし、二〇一六年までに情勢は変わっていた。上院の共和党は歴史的な先例から大きく逸脱し、新しい判事を指名する大統領の権限を否定した。これは、驚くべき規範違反だった。それから一年のうちに共和党の大統領候補であるドナルド・トランプが当選すると、上院の共和党は自分たちの望みを叶えた――最高裁の空席に保守派のニール・ゴーサッチが指名され、すぐに承認された。共和党は基本的な民主主義の規範を踏みにじり、最高裁判事の席を事実上奪い取り、そのまま逃げ切ったのだった。

今日、アメリカの民主主義の制度を下支えする伝統はみるみる崩れ、政治システムがどう機能するべきかというむかしながらの期待と実際にどう機能しているかという現実のあいだに恐ろしいほどの乖離が生じている。こうやってアメリカの柔らかいガードレールの力が弱まるにつれて、反民主主義的な指導者が現われる可能性はどんどん増えていった。

一般的なルールを無視しつづけるドナルド・トランプは、アメリカの民主主義の規範を脅かす存在だと広く批判されてきた。しかし、そもそもの問題はトランプから始まったことではなかった。規範の衰退が始まったのは何十年もまえ、トランプがエスカレーターの下で大統領候補選への出馬を発表するずっとまえのことだった。

政治を戦争とみなしたギングリッチ

一九七八年、ジョージア州北西部アトランタ郊外のある選挙区では、若いニュート・ギングリッチが三度目の下院選挙に挑戦していた。過去二回、彼は共和党のリベラル派を売りに出馬したものの、あえなく落選。しかし保守派に路線を変えると、それまで一三〇年にわたって民主党が議席を護りつづけていた選挙区で見事に勝利を収めた。眼鏡をかけた学者風の見かけ（彼は地元の大学の歴史学教授だった）、はつらつとした演説、毛量豊かなふさふさとした髪、濃いもみあげは、のちにアメリカの政治を変えることになるギングリッチの無慈悲さを覆い隠すものだった。

一九七八年六月の選挙期間中、ギングリッチはアトランタ・エアポート・ホリデー・インで学生団体カレッジ・リパブリカンズと懇談した。そのときの彼は、これまでの常識よりもずっと率直かつ過激な政治ビジョンで学生たちを惹きつけた。ギングリッチはそこに、変化に飢えた聴衆を見つけた。彼は若い共和党員たちに警鐘を鳴らした。「ボーイスカウトで使われるような言葉は、キャンプファイヤーのまわりの会話にはぴったりだが、政治の世界では通用しない」。ギングリッチはさらに続けた。

> きみたちは戦争を闘っている。これは権力のための戦争だ……この党の次の世代を担う若者たちに必要なのは、慎重で、賢明で、注意深く、心やさしく、見かけ倒しの無責任な指導者なんかじゃない……われわれがほんとうに必要としているのは、激しい戦闘に自ら立ち向かうことのできる人々だ……政治指導者にとっていちばん大切な目標とは何か？……過半数の議席を勝ち取ることだ。[5]

一九七九年にギングリッチがワシントンにやってきたとき、政治を戦争とみなす彼のビジョンは共和党執行部の考え方と相反するものだった。たとえば、共和党幹部のボブ・マイケル下院少数党院内総務は人当たりのいい政治家で、礼節と党同士の協力という確立された規範にしたがうことを大切にした。[6] 議会が休みになると、マイケルは議員仲間である民主党のダン・ロステンコウスキーと一緒に車に乗ってイリノイ州に里帰りした。ギングリッチは、このような態度をあまりに〝ソフト〟だと拒絶した。共和党が過半数の議席を得るためには、より厳しい態度で政治に臨むことが必要だと彼は信じていた。[7]

ギングリッチには少人数ながらも熱狂的支持者がおり、その数は増えつづけていた。彼らの後押しを受けたギングリッチは、共和党内により闘争的なアプローチを採り入れることを狙って反乱を始めた。[8] 開局したばかりの政治専門ケーブルチャンネルＣ－ＳＰＡＮを利用し、ギングリッチは過激な形容詞と大げさすぎるほどのレトリックを使って有権者に訴えかけた。[9] 彼は議会を「腐敗している」「病んでいる」と形容し、民主党のライバル議員たちの愛国心について疑問を投げかけた。[10] ギングリッチは民主党議員をムッソリーニにたとえ、「われわれの国を破壊しようとしている」と非難した。[11] ジョージア州の元民主党幹部のスティーブ・アンソニーは次のように主張した。「ギングリッチの口から出てきた言葉といったら……どちらの党の人間からも聞いたことのないようなものばかりだった。ギングリッチの行動はとどまるところを知らず、あまりの衝撃によってライバルは何年かまったく動けない状態になった」[12]

民主党を攻撃する過激なレトリック

新たに起ち上げられた政治活動委員会ＧＯＰＡＣを通して、ギングリッチと協力者たちは、これらの戦術を党全体に広めようとした。GOPACは二〇〇〇本以上のトレーニング用音声テープを制作し、毎月のように配布した。そうやってギングリッチの「共和党革命」への賛同者を募り、同じ過激なレトリックを使うことを推奨した。ギングリッチの元報道官トニー・ブランクリーは、この音声テープを配布する戦略が、イランのルーホッラー・ホメイニーが権力の座に就くために使った方法と似ていると指摘した。(13) 一九九〇年代はじめ、ギングリッチ率いるチームは共和党候補者に簡単なマニュアルを配り、ライバルの民主党候補に対して使うべき否定的な単語を伝授した——哀れ、気持ち悪い、奇妙、裏切り者、非国民、反家族的、反逆者(14)……。それは、アメリカ政治における劇的な転換のはじまりだった。

ギングリッチは共和党執行部への階段を駆け上り、一九八九年に下院少数党院内総務に、一九九五年には下院議長に就任した。それでも、彼は過激なレトリックをやめることを拒んだ。ギングリッチは党を遠ざけるのではなく、自分のほうに引き寄せた。議長になるころまでに、彼は新しい世代の共和党議員のお手本として持て囃されるようになっていた。そのような議員の多くは、共和党が圧倒的勝利を収めて四〇年ぶりに下院第一党になった一九九四年の選挙の当選者だった。同じように、上院も〝ギングリッチ・チルドレン(15)〟の登場によって変わろうとしていた。チルドレンたちのイデオロギー、妥協への反発、審議を平気で妨害しようとする態度は、議会の伝統的な習俗《フォークウエイ》の終焉を早めるものだった。

当時気がついていた人はほとんどいなかったものの、ギングリッチとその仲間たちは新たな二極化の波の先端にいた。その根底にあったのは、とくに共和党支持者のあいだに広がっていた社会への不満だった。ギングリッチがこの二極化を生み出したわけではなかったが、彼は一般大衆の感情の高まりを巧みに利用した最初の共和党議員のひとりだった。彼の強いリーダーシップによって、「戦争としての政治」が共和党の主たる戦略となる流れができあがっていった。民主党のバーニー・フランク下院議員はギングリッチについてこう指摘する。

ギングリッチはアメリカの政治を「たとえ意見が一致しなくても相手の善意を尊重する」というものから、「反対者を不道徳な悪人として扱う」ものに変えた。いわば、マッカーシズム支持者が成功を遂げたようなものだ[16]。

いっさい妥協しないアプローチ

共和党の新たな強硬路線は、ビル・クリントン大統領の就任中にさらに加速していった。一九九三年四月、クリントン大統領の一期目が始まってから四カ月後、ロバート・ドール上院少数党院内総務はこう言い放った——クリントンの僅差での勝利は、新しい大統領に敬意を払って通常は設けられる〝ハネムーン期間〟を保障するものではない。ドールはフィリバスターを先導し、大統領発案による一六〇億ドル規模の雇用政策の可決を阻止した[17]。一九八〇年代から九〇年代はじめにかけてフィリバスターの利用はすでに大幅に増えていたものの、クリントン就任から二年のあいだにさらに頻繁に使われるようになった[18]。その数は、元上院議員のひとりが「伝染病」のレベルに達したと揶揄するほどだった[19]。一九七〇年代まで、上院での討論終結《クローチャー》の申し立て数——フィリバスターの試みを示すバロメーター——が年間七回を超えることはなかった。しかし一九九三年から九四年の一年のあいだにその数は八〇回を記録[20]。上院共和党はさらに、一連の疑わしいスキャンダルへの調査も攻撃的に推し進めた。なかでも有名なのは、一九八〇年代にアーカンソー州知事を務めていたクリントンによる土地取引不正融資問題（いわゆるホワイトウォーター疑惑）だった。共和党による追及により、一九九四年にはケネス・スターが独立検察官に任命される事態にまで発展した。このスキャンダルの影は、クリントン大統領の退任までずっと政権を覆いつづけた。

「戦争としての政治」への流れは、一九九四年の選挙で共和党が圧勝したあとにさらに本格化した。ギングリッチを下院議長に据えた共和党は、「いっさい妥協しない」アプローチをとり、単純化したイデオロギーで党の支持層にアピールしようとした。彼らはやすやすと自制心を脱ぎ捨て、どんな手段を使ってでも勝利を収めようと躍起になった。たとえば、下院共和党は予算審議での妥協をかたくなに拒んだため、一九九五年には五日、九六年には二一日にわたって政府機関が閉鎖された。[21] アメリカは危険な曲がり角を迎えていた。政治家が自制心を失ってしまえば、抑制と均衡のシステムは行き詰まり、機能不全に陥ってしまうことは目に見えていた。

一九九〇年代には、いわゆる「憲法違反ぎりぎりの強硬手段」もたびたび使われるようになった。そのもっとも顕著な例が、不倫疑惑が発覚したクリントン大統領に対して一九九八年一二月に弾劾が下院で発議された一件だった。米国史上二回目の弾劾発議となったこの動きは、長いあいだに確立されてきた規範に反するものだった。袋小路に迷い込んだホワイトウォーター疑惑しかり、最終的に証言のみに頼らざるをえなくなった不倫疑惑しかり、これらの調査では重罪や軽犯罪を裏づける従来の証拠に近いものは何ひとつ見つからなかった。憲法学者キース・ウィッティントンの言葉を借りれば、共和党はクリントンを「厳密すぎる法解釈にもとづいて」[22] 弾劾しようとした。また、共和党の下院議員たちは超党派による協力なしに単独で弾劾を進めることになり、クリントン大統領が上院で有罪判決を受ける可能性はほぼゼロだった（一九九九年二月に無罪が確定）。アメリカ史上先例のないこの行動のなかで、下院の共和党は弾劾のプロセスを政治利用した。[23] 政治学者のトーマス・マンとノーマン・オーンスタインは、弾劾が「党派闘争のもうひとつの武器[24]」に格下げされたと論じた。

ディレイによる規範破りの習慣

相互的寛容と自制心に対する最初の攻撃を率いたのはまちがいなくニュート・ギングリッチだったが、戦争としての政治への堕落が進んだのは彼が一九九九年に政界を退いたあとのことだった。下院議長の席はギングリッチからデニス・ハスタートに引き継がれたが、事実上の権力はトム・ディレイ多数党院内総務の手に渡ることになった。「ハンマー」のニックネームで知られるディレイは、ギングリッチと同じようにライバル政党に対する無慈悲さを持ち合わせた人物だった。彼のその性格が如実に表われたのがK・ストリート・プロジェクトだった。このプロジェクトを通してディレイは、ロビイスト企業に共和党員だけを雇うように圧力をかけた。さらに、共和党の役人への支持や献金にもとづいてロビイスト企業を法律的に優遇する〝見返り献金〟システムを作り上げた[25]。共和党のクリス・シェイズ下院議員はディレイの哲学について、「違法でなければなんでもやれの精神[26]」だと言い切った。そのさきに待っていたのは、さらなる規範の衰退だった。ある記者は「何度も何度もディレイは見えない柵を飛び越え、ライバル政党を邪魔しようとした[27]」と述べた。そしてディレイは、この規範破りの習慣を二一世紀にまで持ち込んだ。

二〇〇〇年一二月一四日、大統領選後の苦々しい争いの末にアル・ゴアが敗北を認めたあと、当選したジョージ・W・ブッシュはテキサス州議会から国民に語りかけた。民主党の下院議長に紹介されたブッシュは、州議会下院の議場で勝利宣言を行なう理由について語り出した。

……なぜなら、党を超えた協力が行なわれつづけてきた場所だからです。ここでは、民主党が議席の過半数を占めてはいますが、共和党と民主党がともに協力し合い、有権者のために正しいことを実践してきました。この議場で私が目の当たりにしてきた協力の精神こそ、ワシントンにいま必要なものです。[28]

そのような精神はいっさい現実のものにはならなかった。ブッシュは「仲を裂く人物ではなく、まとめ役になる」と約束したが、彼が大統領だった八年のあいだに党同士の抗争はみるみる激しくなっていった。就任直前にブッシュは、議会の現状についてディレイから次のように説明を受けたという。「われわれは民主党と協力などしません。仲を裂くか、まとめ役になるかなどという議論はそもそも起こりませんよ[29]」

自制心を捨てた民主党

ブッシュ政権は大きく右に舵を切った。カール・ローブ政治顧問の忠告にもとづき、ブッシュは超党派による見せかけの協力をすべて取りやめた。ローブとしては、有権者の極端な二極化に勝機を見いだしていた。わざわざ無党派層を取り込もうとしなくても、共和党の支持層を動かすだけで選挙に勝つことができる、と彼は結論づけた[30]。結局、二党が協力したのは、9・11同時多発テロへの対応とその後のアフガニスタンとイラクでの軍事行動についてだけだった。連邦議会の民主党も超党派の協力を避け、相手を妨害することに専念した。ハリー・リードなどの有力議員たちは上院のルールを巧みに使い、共和党が提出した法案についての議事の遅延と阻止を繰り返した。それまでの先例はいとも簡単に破られ、反対する提案に対して日常的にフィリバスターが使われるようになった[31]。

上院の民主党はまた、助言と承認に関する自制心の規範からも逸脱しはじめ、ブッシュ大統領による裁判官の指名をかつてない頻度で拒んだ（たんに拒否することもあれば、わざと聴聞会を開かずに勢いを失わせることもあった）[32]。任命についての最終判断は大統領に委ねるという規範は消えようとしていた。事実、『ニューヨーク・タイムズ』は、民主党のブレインが次のように発言したと報じた。「上院は基本原則のいくつかを変えなければいけない……その人物が学者として優秀だからとか、博識だからというだけで、指名を認める義務はない」[33]。二〇〇三年に共和党が再び上院第一党に返り咲くと、民主党は控訴裁判事の指名承認を拒むためにフィリバスターを使うようになった[34]。共和党は怒り狂った。保守派のコラムニスト、チャールズ・クラウザンマーは「上院のもっとも偉大な伝統、習慣、不文律のひとつは、裁判官の指名をフィリバスターしないことだ[35]」と苦言を呈した。ブッシュ就任中の最後の開催となった合衆国第一一〇回議会のあいだ、フィリバスターの使用回数は過去最高の一三九回に達した。これは、クリントン政権時代と比べてほぼ倍近い数字だった[36]。

民主党が大統領を邪魔するために自制心を捨てると、共和党は大統領を護るために自制心を捨てた。下院では、「レギュラー・オーダー」――少数政党に発言や法案修正の機会を与えるための非公式の慣習――がほとんど無視されるようになった[37]。同じように、修正を禁止する〝裏ルール〟付きで導入される法案の数が一気に増えた[38]。政治学者のトーマス・マンとノーマン・オーンスタインが指摘するように、「下院で長年にわたって引き継がれてきた行動規範は、大統領の政策を推し進めるという大義のもとに切り刻まれた[39]」。

共和党は自党の大統領を監視するという役割をほぼ放棄したため、行政をチェックする議会の能力も弱まってしまった。かつて、クリントン大統領がホワイトハウスのクリスマスカード送付用リストを悪用し、新しい寄付者を集めるために使ったという疑惑が浮上したことがあった。このとき下院では、一四〇時間を費やして証人喚問が行なわれた。一方、ジョージ・ブッシュの就任から六年間、下院がホワイトハウスに対して証人喚問を要請したことは一度もなかった[40]。それどころか、議会はイラク戦争を監視することも疎《おろそ》かにし、アブグレイブ刑務所での拷問を含む深刻な虐待事件について上辺だけの調査しかしなかった。議会という番犬は大統領のペット犬に成り果て、制度上の責任を放棄したのだった[41]。

選挙区割りの変更

規範の衰退は州レベルでも起きた。なかでももっとも悪名高い事例が、二〇〇三年のテキサス州選挙区再編計画だった。憲法に則って人口配分を均等に保つために、アメリカ各州の州議会には、連邦議会下院選挙の区割りを修正する権利が与えられている。広く受け容れられた規範と古くからの慣例によって、一〇年に一度(ゼロで終わる暦年に)行なわれる国勢調査の結果が発表されたすぐあとに選挙区が見直されることが決まりとなっていた[42]。これには正当な理由があった。住民はつねに移動を繰り返しているため、国勢調査から年数がたつほど、区割り修正に使われる人口統計の精度は低くなってしまう。調査の結果発表の直後以外の時期に選挙区の見直しを行なってはいけないという法律はないものの、これまで実施された例はほとんどなかった。

二〇〇三年、テキサス州共和党はトム・ディレイ下院多数党院内総務を中心に、慣例とは異なる時期に大規模な選挙区の見直しを行なった[43]。彼ら自身が認めたように、その目的は選挙を有利に進めるということだけだった。テキサスでは共和党への支持が増えつづけていたものの、州選出の三二人の下院議員のうち一七人が民主党員で、その多くが地元に強い基盤をもつベテラン議員だった。ワシントンの共和党本部にとって、テキサス州のこの数字は大きな意味をもつものだった。なぜなら、連邦議会下院の共和党は過半数割れすれすれの状態だったからだ（二二九対二〇四）。二〇〇四年の選挙において、民主党が過半数を取り戻すために必要なのは一三席のみ。つまり、わずか数議席がどちらに転ぶかによって第一党が入れ替わる可能性があった。

ディレイの指揮のもと、テキサス州共和党は新たな区割り案を作り上げた。まず、アフリカ系アメリカ人とラテン系有権者を民主党優勢の選挙区に組み込む。同時に、共和党の有権者の一部を白人の現職民主党議員の選挙区に加え、確実に相手を倒すというのが作戦だった[44]。新たな区割りによって、六人の民主党現職議員の再選がとくに危うくなった[45]。この計画はどこまでも強硬なものだった。ある専門家が言うように、これは「法の目をかいくぐる限界ぎりぎりの強硬手段だった[46]」。

共和党がこの区割り法案を可決させるためには、もうひとつ難関があった。テキサス州下院では、定足数（法案の投票を成立させるための必要最低限の出席人数）が決まっていた――全体の三分の二以上。野党の民主党は、定足数割れに持ち込む議席数を有していた。二〇〇三年五月、区割り再編案の審議が始まると、民主党議員たちはかつてない巧妙な方法によって対抗措置に出た。四七人の州議員がバスに乗って隣州オクラホマのアードモアに行き、下院で法案が取り下げられるまで四日間そこにとどまった[47]。

これに対抗して、リック・ペリー知事は六月に下院の特別議会を開いた。すでに疲れ果てていた民主党議員たちは新たなボイコットを計画することができず、区割り再編案は可決された。法案の審議が州上院に移されると、民主党議員は下院の同僚たちが作った前例にしたがい、飛行機に乗ってニューメキシコ州アルバカーキに行った。彼らは数週にわたってそこにとどまり、定足数割れに追い込んで法案成立を阻もうとした。しかし一カ月ほどたつと、上院議員のジョン・ホイットミアがボイコットをやめてオースティンに戻った（彼はすぐさま裏切り者のレッテルを貼られた）。最終的に法案が可決されたとき、ディレイはワシントンから現地入りして和解プロセスを監督し、さらに大々的な区割り再編計画を作り上げた[48]。共和党のジョー・バートン下院議員の補佐官は、Eメールのなかで次のように認めた。「私がいままで見たなかでもっとも攻撃的な区割りだ。国全体の流れがどうなろうとも、これで下院での共和党の過半数維持は確実なものになったにちがいない[49]」。事実、この再編計画はほぼ完璧に機能した。二〇〇四年の選挙では、テキサス州の六つの選挙区の当選者が民主党から共和党候補に変わった。それが要因のひとつとなり、共和党は下院で過半数の議席を保つことができた。

右派メディアの台頭

自制心の規範を破るだけにとどまらず、ブッシュ政権は早い段階から相互的寛容の規範にも闘いを挑んだ。彼の名誉のために指摘しておくと、ブッシュ大統領自身は民主党のライバルたちの愛国心に疑義をあらわにしたことはなかった。9・11同時多発テロの余波で反ムスリムのヒステリーが社会全体に広がったときでさえも、ブッシュは決してそれに便乗して対立相手の愛国心に疑問を投げかけようとはしなかった。しかしフォックス・ニュースのコメンテーターや影響力のあるラジオのトークショー司会者はこの機会を利用し、民主党員は愛国心に欠けているとほのめかした。コメンテーターたちは折に触れて、民主党とアルカイダを関連づけようとした。たとえば二〇〇六年、最高裁判事候補だったサミュエル・アリートのブッシュ政権の拷問利用に関する考え方に対して、民主党のパトリック・リーヒー上院議員が疑いの眼を向けたことがあった。直後、ラジオ・パーソナリティのラッシュ・リンボーは、リーヒーは「アルカイダのために闘いを始めた[50]」と非難した。

二〇〇〇年代はじめ、政党による不寛容をあからさまに体現した人物のひとりに、コラムニストのアン・コールターがいた。コールターは数々のベストセラー本を上梓し、マッカーシー主義者と似たやり方でリベラル派と民主党を攻撃した。それらの本のタイトルが、すべてを物語っているといっていい――『中傷』(二〇〇二年)、『背信』(二〇〇三年)、『邪悪』(二〇〇六年)、『有罪』(二〇〇九年)、『悪魔』(二〇一一年)、『アディオス、アメリカ!』(二〇一五年)。イラク進攻と同じころに出版された『背信』のなかで、コールターはジョセフ・マッカーシーと彼の戦術を擁護した。[51] 彼女は「左派の反米主義はその世界観に本来そなわっている」ものだと主張し、冷戦中のリベラル派の行動を「背信の五〇年[52]」だったと非難した。この本の宣伝活動をするあいだ、コールターは「ここには何百万人もの容疑者がいる……私は民主党全体を指しています[53]」と断じた。『背信』は『ニューヨーク・タイムズ』のベストセラー・リストに一三週連続でランクインした。

二〇〇八年の大統領選挙は、党同士の不寛容を決定づける分水嶺になった。アメリカでもっとも視聴者の多いケーブルニュース局であるフォックス・ニュースなどの右派メディアによって、民主党の大統領候補だったバラク・オバマはマルクス主義者、反米主義者、隠れムスリムとして描かれた。[54] このようなアンチ運動の参加者たちは、"テロリスト"とオバマをひたすら関連づけようとした。その矛先となったのが、一九七〇年代はじめに活動していた過激派組織ウェザー・アンダーグラウンドの主要メンバーで、シカゴ在住のビル・エアーズ教授だった。エアーズはイリノイ州上院選挙の準備を進めるなかで、一九九五年にオバマのための集会を主催したことがあった。二〇〇八年の選挙期間中、フォックス・ニュースの討論番組『ハニティー・アンド・コルムズ』では、少なくとも六一回にわたってエアーズの話が取り上げられた。[55]

しかし、二〇〇八年の大統領選挙についてとくに厄介だったのは、右翼メディアによる不寛容のレトリックに共和党の有力政治家たちが共鳴したことだった。たとえばトム・ディレイは、「私がまちがっていなければ、オバマはマルクス主義者だ[56]」と述べた。アイオワ州選出の下院議員スティーブ・

キングはオバマを「反米主義者」と呼び、アメリカを「全体主義の独裁政治[57]」に導くだろうと警告した。共和党の大統領候補だったジョン・マケインはこれに同調こそしなかったが、そのようなレトリックを多用するサラ・ペイリンを副大統領候補に選んだ。ペイリンはビル・エアーズの話をたびたび持ち出し、オバマは「テロリストと仲よし[58]」だと言い切った。選挙遊説のなかで、彼女は支持者にこう訴えかけた。「オバマが最初に政治活動を始めたのは国内のテロリストが住む家の居間だった！……あの男のアメリカ観は、あなたや私たちのものとはちがう……彼はアメリカを不完全な国だとみなし、かつてこの国を標的にした国内のテロリストと一緒に仕事をするのが当然だと考えている[59]」。ペイリンの人種差別的な演説に扇動された観衆は、口々に「裏切り者！」「テロリスト！」と叫んだ。なかには「やつを殺せ！」と雄叫《おたけ》びを上げる有権者もいた[60]。

ティーパーティーの中心にある考え方

二〇〇八年の大統領選でのバラク・オバマの勝利は、より洗練された政治の復活への望みを蘇らせるものだった。投票日の夜、次期大統領に決まったオバマは家族とともにシカゴの集会に姿を現わし、対立候補のマケインについて「アメリカに英雄的な貢献をもたらしてきた人物」だと褒め称えた。その直前にアリゾナ州フェニックスで行なわれたマケインの敗戦演説は、じつに格調高いものだった。彼はオバマを愛国的で善良な市民だと称し、幸運を祈った。それは、教科書どおりの〝選挙後の和解〟だった。

しかし、フェニックスの集会の雰囲気はどこかおかしかった。オバマの名前が出るたび観衆が大声でブーイングしたため、マケイン自身が落ち着くよう言い聞かせる場面もあった。群衆の多くは、ステージの隅でむっつりと黙り込んでいるサラ・ペイリンのほうに眼を向けていた。その晩のステージはマケインのために用意されたものであり、彼は伝統にしたがって共和党員に新大統領と「隔たりを埋めてほしい」と乞うた。しかし多くの人々は、彼の話を不安な気持ちで聞いていたのだった。

オバマ大統領の就任は新たな寛容と協力の時代が来ることを告げるものではなく、過激思想と党同士の抗争を推し進めるものだった。過激主義を標榜する保守的な著述家、ラジオのトークショーのパーソナリティ、テレビ番組の司会者、ブロガーなどがオバマ大統領の正当性を疑いはじめると、すぐに大規模な政治運動へとつながった——オバマ大統領就任からわずか数週間のうちに、「ティーパーティー」が組織された。ティーパーティーは、小さな政府と低い税率の維持、医療保険制度改革への抵抗といった伝統的な保守思想を使命に掲げた運動だったが、そのオバマへの反対活動はどこまでも悪意に満ちたものだった。(61) では、従来の保守的な運動とのちがいはなんだったのか？　ティーパーティーは、オバマが大統領になる権利そのものに疑問を投げかけた。

ティーパーティーの活動の中心にはつねに、確立された規範を破るふたつの考えがあった。ひとつは、オバマ大統領がアメリカの民主主義に脅威を与える存在であるという考えだ。オバマ当選のわずか数日後、ジョージア州選出のポール・ブラウン下院議員は、ナチス・ドイツやソ連に匹敵する独裁政権が生まれると警鐘を鳴らし、(62)「大統領、あなたは憲法を信じていない。あなたが信じているのは社会主義だ」(63) とツイートした。のちに上院議員になったアイオワ州のティーパーティー主宰者ジョニ・アーンストは、オバマ大統領は「独裁者になった」(64) と主張した。

ティーパーティーの活動の中心にあったふたつ目の考えは、バラク・オバマが「真のアメリカ人」ではないというものだった。二〇〇八年の大統領選挙のあいだ、サラ・ペイリンは自分の支持者（ほぼ全員が白人のキリスト教徒）を「真のアメリカ人」であるとたびたび表現した。これこそ、オバマ大統領に反対するティーパーティーの活動の核となる思想だった。参加者たちが繰り返し強調したのは、オバマがアメリカを愛しておらず、アメリカ的価値観を共有していないということだった。[65] ティーパーティー活動家でラジオ・パーソナリティのローリー・ロスは次のように語った。

これはジミー・カーターやビル・クリントンのような左へのシフトなどではなく、世界観の衝突です。私たちは、ホワイトハウスにおける世界観の衝突を目の当たりにしているのです。信仰の薄い隠れイスラム教徒だとしても、彼がイスラム教徒であることに変わりはありません。彼はキリスト教徒ではない。私たちのホワイトハウスにいるのは、アメリカ人のふりをした社会共産主義者なのです。[66]

ティーパーティーのメンバーたちに送られた一斉送信メールを通して、さまざまな噂や誹謗中傷が流布された。たとえば、CNNの司会者ファリード・ザカリアが著わした『アメリカ後の世界』（*The Post-American World*）を手に握るオバマ大統領の写真が添付されたメールには、次のような文言が躍っていた。「きっとあなたは戦慄するだろう!!! オバマが読んでいるのは『アメリカ後の世界』という本で、仲間のイスラム教徒によって書かれたものだ[67]」

悪名高いバーサー、トランプ

このようなレトリックを使うのは、ティーパーティー活動家だけではなかった。共和党の多くの政治家たちも、オバマ大統領の「アメリカ人らしさ」（Americanness）に不信の眼を向けた。コロラド州選出のトム・タンクレド元下院議員は、「私が愛しているのと同じアメリカ、つまり建国の父たちが造り上げたアメリカをバラク・オバマが愛しているとは思えない[68]」と語った。政界への復帰を試み、二〇一二年の共和党大統領候補指名を目指したニュート・ギングリッチは、オバマを「史上はじめての反米大統領[69]」と呼んだ。二〇一五年二月、ウィスコンシン州知事スコット・ウォーカーのための資金集めパーティーに参加したルディ・ジュリアーニ元ニューヨーク市長は、現職大統領の愛国心について公然と疑問を呈した。「ひどいことを言うようですが、私としては、オバマ大統領がアメリカを愛しているとは思えません[70]」

ティーパーティーは「オバマ大統領がアメリカを愛していない」と大々的に非難した。一方の「バーサー運動」はさらにもう一歩踏み込み、彼が合衆国で生まれたかどうか、つまり大統領職に就く憲法上の権利があるかどうかに疑いの眼を向けた。オバマがそもそもアメリカ生まれではないという考えは、二〇〇四年の上院選挙のあいだにブログの世界で広まり、二〇〇八年の大統領選で再び火がついたものだった。このとき、共和党の政治家たちはあることに気がついた——演説のなかでオバマ大統領に市民権があるかどうかを疑問視するような発言をすると、簡単に群衆を盛り上げることができる。すぐに、彼らはそれを利用しはじめた。

コロラド州選出のマイク・コフマン下院議員は支持者にこう告げた。「私としては、バラク・オバマがアメリカ合衆国で生まれたのかどうかはわからない……ただ、彼の頭の中身がアメリカ人ではないということは知っている。どう考えても、彼はアメリカ人じゃない[71]」。オバマがアメリカ出身ではないという作り話を否定することを拒んだ少なくとも一八人の共和党の上下院議員が、「バーサー・イネイブラー[72]」と呼ばれるようになった。上院議員のロイ・ブラント、ジェームズ・インホフ、リチャード・シェルビー、デイビッド・ビッター、サラ・ペイリン元副大統領候補、二〇一二年の共和党の大統領候補戦の有力者と目されていたマイク・ハッカビーはみな、バーサー運動を支持あるいは奨励することを公言した[73]。

なかでももっとも悪名高いバーサーこそが、ドナルド・トランプだった。二〇一二年の大統領選への出馬を検討していた一一年春、トランプは朝の情報番組『トゥデイ』に出演し、オバマ大統領が生まれつきの米国市民であるかどうかについて「疑いの余地」があると語った。「実際に研究している人たちがいてね」と彼は続けた。「信じられないような事実が次から次に出てきているんだ」[74]。アメリカでもっとも有名なバーサーとなったトランプは、テレビのニュース番組にたびたび出演し、大統領に出生証明書を公表するように呼びかけた。二〇一一年にオバマの出生証明書が公開されると、今度はそれが偽造ではないかと疑った。一二年の大統領選への出馬こそ断念したトランプだったが、オバマ大統領の国籍に疑念を向ける彼の目立った行動はメディアから大いに注目され、共和党のティーパーティー支持者たちの心をつかんだ[75]。「不寛容」は政治的に大いに役に立つものだった。

これまでの過激主義とのちがい

この種の攻撃については、アメリカ史のなかに長く不名誉な伝統があった。ヘンリー・フォード、カフリン司祭、ジョン・バーチ・ソサエティなどがみな、同じような言葉遣いを用いて対立相手を攻撃した。しかし、オバマの〝正当性〟を疑問視することは、ふたつの点において過去のケースとは大きく異なるものだった。第一に、その動きは社会の端のほうに抑え込まれるのではなく、共和党の有権者に広く受け容れられた。二〇一一年のフォックス・ニュースの世論調査によると、共和党支持者の三七パーセントが「オバマ大統領はアメリカ生まれではない」と信じ、六三パーセントが「彼の出生について疑義がある」と考えていることがわかった[76]。CNNとORCによる世論調査では、共和党支持者の四三パーセントが「オバマはイスラム教徒だと思う」と回答した[77]。『ニューズウィーク』誌の調査では、共和党支持者の半分以上が「オバマ大統領はほかの宗教よりもイスラム教への利益を好むと思う」と答えた。[78]

第二に、過去の過激主義とは異なり、オバマ攻撃の波は共和党の上層部にまで達した。マッカーシーによる赤狩りを例外として、二大政党は一世紀以上にわたって互いへの不寛容を端のほうに追いやってきた。党幹部たちは、カフリン司祭やジョン・バーチ・ソサエティに耳を貸そうとはしなかった。しかし、オバマ大統領（のちにヒラリー・クリントン）の正当性へのあからさまな攻撃を仕かけたのは、中央政界の有力な政治家たちだった。

二〇一〇年、サラ・ペイリンは共和党員に向かって「ティーパーティー運動からなるべく多くのことを学ぶように[79]」と助言した。彼らはペイリンのアドバイスにしたがった。共和党の上院議員、知事、さらには大統領候補までもが一部の過激グループの言葉を真似するようになった。共和党への資金提供者たちもティーパーティー運動を応援し、これをオバマ政権に打撃を与えるための絶好の機会だととらえた。

フリーダム・ワークスやアメリカンズ・フォー・プロスペリティー（AFP）などの潤沢な資金をもつ組織、ティーパーティー・エキスプレスやティーパーティー・パトリオッツのような政治行動委員会は、何十人もの共和党候補を後援するようになった。[80]二〇一〇年の連邦議会選挙では、一〇〇人以上がティーパーティーの推薦を受けて立候補し、うち四〇人以上が当選した。[81]二〇一一年までに、下院ティーパーティー党員集会《コーカス》に所属する議員は六〇人に増えた。二〇一二年の共和党予備選挙では、ティーパーティーに友好的な候補者が軒並み支持を伸ばした。[82]そして二〇一六年、共和党はついにバーサーを大統領候補に指名した。そのときの党全国大会では、共和党の幹部たちが民主党の対立候補であるクリントンを犯罪者呼ばわりし、「彼女を逮捕しろ」という観衆のかけ声を誘導した。

フィリバスターの急増

数十年ぶりに、(将来の大統領を含めた)共和党の有力者たちが、相互的寛容の規範をあからさまに放棄した。このような流れをはじめに作った〝非主流派〟は、いまや〝主流派〟に変わった。オバマ大統領が退任するころには、多くの共和党員が民主党のライバルたちを「反米主義者」「アメリカの生活様式に脅威を与える存在」と考えるようになった。事態は危険な領域に突入していた。このような過激主義が広がると、政治家は嬉々として自制心を解き放つようになる。バラク・オバマは「法の支配に対する脅威」[83]であるというテッド・クルーズ上院議員の意見が正しいとみなされたとき、オバマによる裁判官の指名を是が非でも拒まなければいけないという考えは妥当なものになる。

政党間の不寛容の高まりは、オバマ政権時代のあいだに進んだ組織的自制心の衰退へとつながった。オバマが大統領に当選したあとすぐ、ケビン・マッカーシー、エリック・カンター、ポール・ライアンらが率いる若手の下院議員たちのグループが一連の会合を開き、新政権に対抗するための戦略を立てた。[84]「ヤング・ガンズ」[85]を自称する彼らは、共和党を〝なんでも反対党〟にすることを決めた。当時のアメリカは世界大恐慌以来もっとも深刻な経済危機に陥っていたにもかかわらず、共和党議員たちは新政権に協力しないという方針を打ち出した。ミッチ・マコーネル上院少数党院内総務はこの流れに賛同し、「われわれが上院で達成すべきただひとつの大切な目標は、オバマを一期限りの大統領にすることだ」[86]と宣した。それを実現するために、マコーネルも議事進行妨害を容認した。二〇〇九年一月、その年最初の議題となった公共地管理法の話し合いが上院で始まった。超党派による環境保全対策のひとつで、九つの州で二〇〇万エーカーに及ぶ荒野を保全するという当たり障りのない内容の法案だった。しかし、あたかもメッセージを送るかのように、共和党はこの法案に対してフィリバスターを行使した。[87]

このような強硬姿勢が標準的な習慣となった二〇〇八年以降、上院で議事進行が妨害されるケースが一気に増えた。[88]上院による「保留」はもともと、準備に余裕をもたせるという目的において、審議を最長で一週間ほど延期するために使われていた。しかし、それが「無期限あるいは永続的な拒権」[89]に変わった。二〇〇七年から二〇一二年の六年のあいだに使われたフィリバスターの数は三八五回に上った。これは、第一次世界大戦からレーガン政権の終わりまでの七〇年間に使われたフィリバスターの合計数に匹敵する。[90]さらに上院の共和党は、裁判官指名の認証プロセスを党の政治道具として使いつづけた。たとえば、巡回裁判所判事の大統領指名への上院の認証率は一九八〇年代に九〇パーセントを超えていたのに対し、オバマ政権下ではわずか五〇パーセントほどに下がった。[91]

民主党も自ら規範を破ることによって応戦した。二〇一三年一一月に上院の民主党は、（最高裁をのぞく）連邦司法裁判所判事の大統領指名の承認を拒んだ共和党のフィリバスターを投票によって無効化した。これはきわめて極端な対抗策であり、「核オプション」[92]と広く揶揄されるほどだった。共和党の上院議員たちは、民主党による「政治権力の乱用」[93]を批判したが、オバマ大統領は次のように反駁した。「フィリバスターは、議事進行妨害のための無謀かつ無情なツールに変わってしまった。今日の妨害のパターンはまったく正常ではなく、われわれの建国の父たちが思い描いたものではない」

オバマによる規範破り

オバマ大統領もまた、一方的な行政措置を通して規範の無視に抗おうとした。二〇一一年一〇月にネバダ州で開かれた集会のなかで、彼は政策目標を実現するための〝マントラ（言葉）〟を有権者に伝えた。「ますます機能不全に陥っていく議会がその仕事を果たすのを待ってはいられない。彼らが行動しないのであれば、私が行動する」[94]。こうしてオバマは、おそらく就任前には予想もしていなかったやり方で、行政権限を行使するようになった[95]。

二〇一〇年、議会が新しいエネルギー法案を否決すると、オバマ大統領は「大統領覚書」[96]を出し、政府機関のすべての車の燃料効率基準を引き上げるように指示した。二〇一二年、移民政策の改革案を通さなかった議会への対抗策として、オバマ大統領は行政措置をとることを発表した。この措置によって、一六歳までに合衆国に来た不法移民のうち通学中あるいは卒業してまもない者、または軍から退役した若者については、国外退去の対象外となった[97]。二〇一五年、気候変動に対処するための法案を議会が否決。オバマ大統領はすぐに行政命令を出し、すべての連邦政府機関に温室効果ガスの排出量を減らし、再生可能エネルギーをさらに活用することを命じた[98]。

また、イランとの核兵器条約の締結について上院から同意を得られないことがはっきりすると、オバマ政権は「行政協定」の交渉に切り替えた。行政協定は正式な条約ではないため、上院の承認を必要としなかった。こういった一連の大統領の行動は、憲法の範疇から外れるものではなかった。しかし、議会に阻まれた目標を達成するために一方的な行動をとるというオバマ大統領の姿勢は、明らかに自制心の規範を破るものだった。

オバマ大統領による議会の迂回は、みるみるエスカレートしていった。すると、二〇一五年三月に上院共和党の執行部は、米国の各州に対して大統領の命令を拒むことを公にうながした。ミッチ・マコーネルは『レキシントン・ヘラルド・リーダー』紙に論説を寄せ、温室効果ガス排出を制限するオバマ政権の命令を無視するよう全州に強く要請した[99]。それは、連邦政府の権限を弱めようとする大いなる攻撃だった。直後、アリゾナ州議会で驚くべき法案が提出され、可決される寸前まで議論が進んだ。その内容は、連邦議会の承認を受けていない行政命令について、それを実施するために州政府が職員やリソースを使うことを禁止するというものだった。『ニューヨーク・タイムズ』が社説で論じたように、この法案は「一八二八年にジョン・カルフーンが連邦離脱を主張して起草した文書『サウスカロライナの解釈と抗議』を彷彿させるもの[100]」だった。

債務上限の危機

オバマ政権時代に起きた三つの劇的な出来事に注目すると、自制心の規範がどれほど深刻なダメージを受けたのかがわかるはずだ。ひとつ目は、連邦債務上限にまつわる二〇一一年の危機。債務上限を引き上げることができなくなると、米政府は債務不履行のリスクにさらされる。その影響で米国の信用格付けが引き下げられれば、経済が一気に不景気に追い込まれる可能性も出てくる。理論上、議会は債務上限を〝人質〟として利用し、大統領に一定の要求を飲ませるために引き上げを拒むことができる。しかし、それは常識外れの瀬戸際政策であり、これまで真剣に検討されたことはなかった――二〇一一年までは。債務上限の引き上げは、長年にわたって超党派の協力によって行なわれてきた慣習だった。事実、一九六〇年から二〇一一年のあいだに、共和党政権で四九回、民主党政権で二九回、計七八回にわたって実施されてきた[101]。引き上げに対して異論が出るケースはあったものの、両党の代表者たちはそれが政治的な駆け引きにすぎないことを理解していた[102]。

その状況が変わったのは、ティーパーティーの支持を受けた新たな下院議員グループの台頭により、二〇一一年に共和党が連邦議会の主導権を握るようになったあとのことだった。彼らは、債務上限の引き上げを人質として使おうとするだけではなかった[103]。大々的な支出削減の要求が満たされなかったときには、引き上げを実際に拒否して「システム全体を破壊[104]」することもいとわない姿勢を示した。

同じように、ティーパーティーの推薦を受けるペンシルバニア州選出のパット・トゥーミーやユタ州選出のマイク・リーといった上院議員たちは、オバマ大統領が彼らの要求に同意しなかった場合には債務不履行を宣言するべきだとまで言い切った[105]。のちにジェイソン・チャフェッツ下院議員は「われわれは冗談を言っていたわけじゃない……ほんとうに最後まで闘うつもりだった[106]」と語った。土壇場での合意によって債務不履行こそ回避されたものの、すでにかなりの被害が生じていた。市場は大きく反応し、スタンダード&プアーズは史上はじめてアメリカの信用格付けを引き下げた。

二〇一五年三月、前例のない出来事が再び起きた。アーカンソー州選出のトム・コットンら四七人の共和党上院議員がイラン政府に公開書簡を送り、オバマ大統領には核開発計画について交渉する権限がないと伝えた。イランとの取引に反対の立場をとっていた共和党上院議員たちは、条約ではなく「行政協定」を使うというオバマの決定に憤慨し、それまで長いあいだ行政府の専権事項だった外交交渉にまで介入しようとした[107]。フロリダ州選出の穏健派のビル・ネルソン民主党上院議員は、この書簡について次のように語った。「開いた口が塞がらないほどだった……たとえばジョージ・W・ブッシュ大統領政権のときに、私がこのような手紙に署名することはあっただろうか、と自問せずにはいられなかった。そんな考えは頭をよぎることもなかったにちがいない[108]」。しかしコットンとその協力者たちは、現職の大統領の権限を公然と弱めようとしたのだった[109]。

規範違反の三つ目の例は、二〇一六年のオバマ大統領によるメリック・ガーランドの最高裁判事指名に対する上院の拒否だ。繰り返しになるが、レコンストラクション以降、次の選挙が近いからという理由で現職大統領による最高裁判事の指名の機会が奪われた例は一度もなかった[110]。しかし、共和党の妨害はそこで終わらなかった。二〇一六年の大統領選挙前、まだヒラリー・クリントンが勝つと広く信じられていたころ、テッド・クルーズ、ジョン・マケイン、リチャード・バーら数人の共和党上院議員は、今後四年にわたってクリントンによる最高裁判事の指名をすべて拒み、判事の人数を八人にとどめておくために協力し合うことを誓った[111]。

ノースカロライナ州選出の上院議員であるバーは、共和党のボランティアとの私的な懇談会のなかでこう語った。「もしヒラリー・クリントンが大統領になったら、私はあらゆる手を尽くして、四年後まで最高裁に空席がある状態を保つだろう[112]」。最高裁判事の人数は憲法で定められているわけではないものの、九人体制という伝統が古くから確立されていた。一九三七年のルーズベルト大統領による抱き込み計画に対抗し、共和党と民主党は手に手をとり合って裁判所の自治権を護り抜いた。しかし、いまやそんな協力はありえなかった。最高裁の規模を変えることには長い「歴史的前例[113]」があるとテッド・クルーズは言い張ったが、その前例は南北戦争のすぐあとに消滅したものだった。クルーズらによるこの動きは、一四七年にわたって保たれてきた規範を破ろうとするものだった。

共和党員たちはこういった戦術を多用し、まるで反体制政党のように行動しはじめた。オバマ大統領が退任するころには、民主主義の柔らかいガードレールはもはや崩壊寸前だった。

党派の再編成

いまから二五年前に、ある国の政治についてこんな説明を聞いたところを想像してみてほしい――その国では、選挙の候補者が対立相手を逮捕すると脅し、政敵が「汚いやり方で選挙に勝った」「独裁政権を築こうとしている」と政府を非難し、政党が議会での優位を利用して大統領を弾劾する……。おそらくあなたは、エクアドルやルーマニアのことを思い浮かべたにちがいない。まさか、アメリカ合衆国のことだとは考えなかっただろう。

相互的寛容と自制心という基本的な規範の衰退の裏には、党派の激しい二極化という現象が必ず潜んでいる。今日のアメリカの場合、引き金となったのは共和党の急進化だったが、この二極化の影響はアメリカの政治体制全体に及んだ。政府の閉鎖、議会による人質取り、時期外れの選挙区割り変更、最高裁判事指名の拒否（を検討すること）は、もはや常軌を逸した出来事ではなくなった。ここ二五年のあいだに、民主党と共和党は、リベラルと保守に分かれて対立し合うだけの関係ではなくなった。両党の有権者たちはいまや、人種、信仰、地理、さらには〝生活様式〟[114]によって深く分断されてしまった[115]。

ある驚くべき調査結果について考えてみてほしい。一九六〇年、政治学者たちがアメリカ人に「自分の子どもが別の政党の支持者と結婚したらどんな気持ちになりますか？」と尋ねると、民主党支持者の四パーセント、共和党支持者の五パーセントが「不満」と答えた。対照的に二〇一〇年の調査では、民主党支持者の三三パーセント、共和党支持者の四九パーセントが、支持政党の異なる者同士の結婚について「幾分あるいは非常に不満[116]」に感じると答えた。民主党か共和党のどちらかの支持者になるという選択は、たんにその党の応援者になるということだけでなく、いまではアイデンティティーの一部とみなされるようになった[117]。ピュー財団が二〇一六年に行なった調査では、共和党支持者の四九パーセント、民主党支持者の五五パーセントがもう一方の政党を「怖れている」と答えた。とりわけ政治意識の高いアメリカ人への調査ではさらに割合は高くなり、民主党員の七〇パーセント、共和党員の六二パーセントが「相手の党を怖れながら生活している」と答えた[118]。

これらの調査の結果は、アメリカの政治に危険な現象が起きていることを指し示すものにちがいない——党同士の激しい敵意だ。この現象のルーツは、一九六〇年代から始まった長期的な〝党派の再編成〟にある。二〇世紀の大部分において、アメリカの政党はイデオロギーの〝大きなテント〟として機能し、多様な有権者や幅広い政治的思想を包み込んでいた。民主党の支持者はリベラル派のニューディール連合、組合労働者、第二・第三世代のカトリック系移住者、アフリカ系アメリカ人が中心だったが、同時に南部の保守的な白人も民主党を支持していた[119]。一方の共和党支持者は、北東部のリベラル派から中西部と西部の保守派までさまざまだった。福音派のキリスト教徒は両党に属していたが、わずかに民主党支持者のほうが多かった[120]。すなわち、どちらの政党も「神を信じていない」などと非難されるいわれはなかった。

ふたつの政党にはその内部にさまざまな思想の支持者や政治家が含まれていたため、党による二極化は現在よりもずっと穏やかなものだった。議会の共和党と民主党は、税金、予算、政府規制、労働組合などの問題については意見が異なっていたが、最大の懸念事項である人種の問題については意見が重なる部分も多かった[121]。両党には公民権運動を推進しようとする派閥が含まれていたものの、議会委員会による戦略的なコントロールと南部民主党の反対によって、人種問題は巧みに議題から外されていた[122]。リベラル派の民主党議員と共和党議員はしばしば手を組み、公民権の問題を議論の俎上に載せようとした。ところが、南部民主党と右派の北部共和党は「保守連合[123]」を保ち、リベラル派の動きを抑え込んだ。このように内部にさまざまな支持者が含まれていたことで、対立は和らいだ。共和党と民主党はお互いを敵とみなすのではなく、合意点を見いだすことも多かった。

公民権運動による再編

一九六四年の公民権法と翌六五年の投票権法の成立へとつながった公民権運動によって、党同士の取引で政策を進める時代は終わった。黒人に参政権が与えられ、一党独裁が終わると、ついに南部は民主化された。しかし同時に、政党システムの再編が長期にわたって進むことになった（その影響は今日まで続いている[124]）。民主党のリンドン・ジョンソン大統領が公民権法の制定を推し進めた一方で、一九六四年の共和党大統領候補バリー・ゴールドウォーターはこの方針に反対した。すると民主党は「公民権推進の政党」、共和党は「人種問題の現状維持を求める政党」と定義されるようになった。それから数十年のあいだに、南部の白人による共和党支持が一気に進んでいった。ニクソンの「南部戦略[125]」やその後のロナルド・レーガンの演説に隠された人種差別擁護の姿勢は、共和党が保守的な白人のための場所であることを有権者に伝えるためのものだった。[126]二〇世紀の終わりまでに、それまで民主党の地盤だった地域は、共和党の地盤に変わった。同時に、ほぼ一世紀ぶりに投票権を与えられた南部の黒人たちにくわえ、公民権運動を支持してきた北部のリベラル派の共和党支持者たちはこぞって民主党支持にまわった。[127]南部が共和党色に染まっていくなか、北東部はみるみる民主党色に染まっていった。

一九六五年からの再編によって、有権者をイデオロギー的に分類するというプロセスも始まった。[128]およそ一〇〇年ぶりに党派とイデオロギーがひとつにまとまり、共和党は主として保守的に、民主党は圧倒的にリベラルに傾いていった。[129]二〇〇〇年代に入ると、民主党と共和党はもはやイデオロギーの〝大きなテント〟ではなくなった。保守的な民主党支持者とリベラルな共和党支持者がいなくなったことによって、それまで党同士で重なり合っていた部分が少しずつ消えていった。ほとんどの上下院議員は、相手の党のメンバーではなく、自分の党の仲間たちとより多くの共通点をもつようになった。互いに協力する機会は減り、より一貫して自党の政策に賛成票を投じるようになった。有権者と政治家の両方がますます均質的な〝キャンプ〟に集う状態が生まれると、政党間のイデオロギーのちがいがより明確になった。[130]

しかし、「リベラルな民主党」と「保守的な共和党」に有権者が分類されたという一点だけで、アメリカで生まれた党同士の敵意の深刻さを説明することはできない。さらに、なぜこの二極化が非対称なのかということの説明にもならない。民主党の左への移行に比べて、共和党の右への移行がより極端なのはなぜか？　イデオロギーによって分かれた政党が必ずしも「恐怖と嫌悪」――相互的寛容の規範を蝕み、政治家が対立相手の正当性に疑いの眼を向ける状態――を生み出すわけではない。イギリス、ドイツ、スウェーデンなどの有権者もイデオロギー的に二分化されているが、これらの国々では現在のアメリカのような党同士の憎しみ合いはみられない。

移民の波

政党の再編は「保守vsリベラル」の枠組みを大きく超えるものだった。支持者の社会的、民族的、文化的基盤も大きく変わり、政党は異なる政策アプローチだけではなく、異なる共同体、文化、価値観を代表するようになった。[131] すでに触れたとおり、公民権運動がその大きな要因のひとつだった。しかしながら、アメリカで民族的な多様化が進んだ理由は、黒人の政治参加だけにかぎられるものではなかった。一九六〇年代以降、アメリカに移民の巨大な波が押し寄せた。はじめは南米から、のちにアジアから多くの移民がやってくると、国の人口統計地図が劇的に変わった。一九五〇年、アメリカの非白人の人口比率は全体のわずか一〇パーセントほどにすぎなかった。しかし二〇一四年には三八パーセントに増え、[132] 米国国勢調査局は二〇四四年までに人口の半分以上が非白人になると予測している。[133]

黒人への選挙権の付与とともに、移民がアメリカの政党を変えた。これらの新しい有権者たちは、不釣り合いなほど民主党を一方的に支持した。民主党への投票者のうち非白人が占める割合は一九五〇年代には七パーセントだったが、二〇一二年には四四パーセントに上がった。[134] その一方で共和党への投票者は、二〇〇〇年代に入っても依然として九〇パーセント近くを白人が占めたままだった。[135] つまり、民主党が少数民族のための党へとみるみる変わっていった陰で、共和党はほぼ白人のためだけの政党としてとどまったのだった。

共和党はさらに、福音派キリスト教徒のための党にもなった。一九七〇年代後半、福音派は政治の世界に大きな影響を与える存在になった。その大きなきっかけとなったのは、一九七三年の「ロー対ウェイド事件」において最高裁判所が中絶規制を違憲とする判決を出したことだった。一九八〇年の大統領選でロナルド・レーガンが保守的な立場をはっきりさせて以来、共和党はキリスト教右派を受け容れ、より福音派寄りの立ち位置をとるようになった——中絶への反対、学校での祈禱の推進、同性婚への反対。[136] 一九六〇年代には民主党を支持していた白人の福音派キリスト教徒たちも、徐々に共和党支持へと流れていった。二〇一六年の調査では、白人福音派の七六パーセントが共和党の支持者であることがわかった。[137] その裏で、民主党有権者の宗教離れはますます進んでいった。定期的に教会に行く白人の民主党支持者の割合は、一九六〇年代には五〇パーセント近くに上ったが、二〇〇〇年代には三〇パーセント以下に減った。[138]

これは驚くべき変化だ。政治学者のアラン・アブラモウィッツが指摘するように、一九五〇年代には白人既婚者のキリスト教徒がアメリカの有権者の圧倒的多数（八〇パーセント近く）を占め、民主党・共和党の支持がほぼ半々に分かれていた。[139] しかし二〇〇〇年代に入ると、既婚の白人キリスト教徒の割合は有権者の四〇パーセントほどに下がり、その支持政党は共和党に集中するようになった。[140] 言い換えれば、二大政党はいまでは「人種」と「宗教」によって区別されているということだ。深刻な二極化の原因となるこのふたつの問題は、税金や政府支出などといった伝統的な政策課題に比べて、より不寛容と敵意を生み出しやすいものだった。

メディアと利益団体

二〇〇〇年代までに、民主党と共和党の支持者や政治家たちは、前世紀のどの時点よりも深刻な分裂状態に陥った[141]。ではなぜ、規範をより多く破ったのは共和党のほうだったのだろうか？[142]

その理由のひとつに、メディア環境の変化が共和党のほうにより大きな影響を与えたということが挙げられる。民主党の支持者に比べて、共和党の支持者は党寄りの報道機関をより強く信頼する傾向がある[143]。たとえば二〇一〇年の時点で、共和党の支持者の六九パーセントがフォックス・ニュースを視聴していた[144]。ラッシュ・リンボー、ショーン・ハニティー、マイケル・サベージ、マーク・レビン、ローラ・イングラハムといったラジオで人気の右寄りのトーク番組司会者たちが、公の場で過激な発言をすることはもはや日常茶飯の光景となった。しかし、同じように過激な発言をするリベラル派の人気司会者はほとんどいなかった[145]。

右派メディアの台頭は、共和党の政治家にも影響を与えた[146]。オバマ政権時代、フォックス・ニュースの解説者と右派ラジオ局のパーソナリティたちは、一様に「妥協を赦さない」立場をとり、党の公式見解から少しでもずれた共和党の政治家を激しく非難した[147]。たとえば、カリフォルニア州選出の共和党下院議員ダレル・アイサはあるとき、オバマ大統領にときどき進んで協力すれば共和党の政策をもっと実現できると主張した。するとラッシュ・リンボーは公の場でアイサに自らの発言を撤回することを強い、議事進行妨害の方針に忠誠を誓わせた[148]。共和党のトレント・ロット元上院多数党院内総務は、「極右から少しでもずれたら、保守的なメディアから叩かれる」[149]と語った。

資金豊かな保守系の利益団体の存在もまた、共和党が強硬姿勢を強める後押しになった[150]。一九九〇年代末、米政界随一のロビイストであるグローバー・ノーキスト率いる全米税制改革協議会（AT

R）や貿易促進団体であるクラブ・フォー・グロースといった組織が共和党内で大きな発言権をもつようになると、政治家たちはイデオロギー的により柔軟性のない立場へと追いやられていった。[151]ノーキストは共和党議員に「増税なし」の方針を支持することを求めたため、結果として議員たちは議事進行妨害のスタンスをとらざるをえなくなった。さらに、二〇一〇年の選挙資金法の規制緩和などによって、アメリカンズ・フォー・プロスペリティーやアメリカ・エネルギー連盟（AEA）などの外部団体がオバマ政権時代の共和党にきわめて大きな影響を与えるようになった。[152]そういった団体の多くは大富豪のコーク兄弟が率いる組織で、二〇一二年だけでも彼らは四億ドルの選挙資金を共和党に提供した。[153]ティーパーティーやコーク・ネットワークなどの組織の後ろ盾によって、「妥協」を汚らしい言葉だと考える新世代の共和党員たちが次々と当選を果たしていった。そして、資金提供者と圧力団体によって骨抜きにされた共和党は、過激派勢力に対してより脆弱になっていった。

白人プロテスタントの「ステータス不安」

共和党を過激主義へと追いやったのはメディアと外部の利益団体だけではなく、社会や文化の変化も大きな要因となった。民主党がここ数十年のあいだにどんどん多様化していった一方で、共和党は一貫して文化的に均質でありつづけた。[154]これはとくに注目すべき点だ。共和党の中核をなす白人プロテスタントの有権者たちは、ただの支持者ではない。およそ二〇〇年にわたって、彼らはアメリカ選挙民の大多数を占め、米国社会において政治的、経済的、文化的に優位に立つ存在だった。しかしさきほども説明したとおり、いまや白人プロテスタントは有権者の少数派となり、その割合はさらに減りつづけている。[155]そんな白人たちは、共和党と一蓮托生の道を選んだ。

政治史家のリチャード・ホフスタッターは、一九六四年に発表した論評『アメリカ政治におけるパラノイア的様式』（*The Paranoid Style in American Politics*）のなかで、集団の社会的立場、アイデンティティー、所属意識が存亡にかかわる脅威にさらされたとき、「ステータス不安」という現象が起こりやすいことを解説した。この現象に陥ると、「過度に興奮し、疑い深く、攻撃的で、大げさで、終末論的な」[156]政治スタイルが生まれる傾向があるとホフスタッターは論じた。彼のこの主張は、出版から半世紀以上がたった現在の状況にぴったり当てはまるものだ。多数派としての地位を失うことに抗う闘いは激しい敵意を生み出し、その敵意が「アメリカの右派」を定義するようになった。ある調査によると、ティーパーティー活動に参加する共和党支持者の多くは、「〝真のアメリカ〟だと信じるものが急速に変わることに脅威を感じ、自分たちが育った国が消えていく」[157]という認識を共有しているという。社会学者アーリー・ホックシールドの近著のタイトルのとおり、彼らは「自国のなかの部外者」[158]（*Strangers in Their Own Land*）になったような感覚を抱いているのだ。

このような認識こそが、「真のアメリカ人」からリベラル派と民主党を区別しようとする論調が生まれる要因のひとつになった。もし「真のアメリカ人」の定義が「英語を母語とする国内生まれの白人キリスト教徒」に限られる場合、なぜ「真のアメリカ人」が自分たちの地位が危ういと考えているのかを理解するのはむずかしいことではない[159]。コラムニストのアン・コールターが舌鋒鋭く指摘したとおり、彼らにとって「アメリカの有権者は左に動いているのではなく、縮小している」[160]のだ。ティーパーティーに参加する多くの共和党支持者が「アメリカが消えていく」感覚を抱いているという事実を理解すれば、なぜ彼らが「われわれの国を取り戻せ（Take Our Country Back）」[161]「アメリカを再び偉大にしよう（Make America Great Again）」といったスローガンに惹かれるのかもよりはっきりわかってくる。しかし、このような訴えはきわめて危険だ。なぜか？　民主党支持者への真のアメリカ人ではないというレッテル貼りは、相互的寛容を全面的に攻撃することを意味するからだ。

ニュート・ギングリッチからドナルド・トランプまで、多くの共和党の政治家は、二極化する社会ではライバルを敵とみなすことが役に立つことに気がついた。さらに、「戦争としての政治」を追い求めると、多くのものを失うことを怖れる人々の心をとらえられるのだと学んだ。しかし、戦争には必ず犠牲がともなう。相互的寛容と自制心の規範への（すべてではないにしろ、おもに共和党による）攻撃が激しくなるにつれ、党派闘争——世界じゅうの民主主義を破壊してきた要因——から私たちを長らく護ってきてくれた柔らかいガードレールは蝕まれていった。二〇一七年一月にドナルド・トランプが大統領に就任したとき、ガードレールはまだそこにあった。しかし、ここ一〇〇年でもっとも脆い状態にあり、事態はさらに悪化しようとしていた。

第8章

トランプの一年目——独裁者の成績表

ドナルド・トランプ大統領の就任一年目は、おなじみの台本に沿って進んだ。アルベルト・フジモリ、ウゴ・チャベス、レジェップ・タイイップ・エルドアンと同じように、アメリカの新大統領は就任早々、対立相手に辛辣なレトリック攻撃を仕かけた。彼はメディアを「アメリカ人の敵」と呼び、裁判官の正当性に疑いの眼を向け、連邦政府から大都市への補助金を減らすと脅した。予想どおり、これらの攻撃は政界全体に、戸惑い、衝撃、怒りを生み出した。矢面に立たされたジャーナリストたちは大統領の規範違反を暴いたが、それがさらなる違反を駆り立てた。ハーバード大学ケネディースクールのショーレンスタイン報道・政治・公共政策センターの調査によると、トランプ政権の就任から一〇〇日間の主要なメディアによる報道は「手厳しい」ものだったという[1]。明確な論調のニュースのうち八〇パーセントが否定的なもので、その割合はほかの大統領と比べてかなり高いものだった——クリントンは六〇、ジョージ・W・ブッシュは五七、オバマは四一パーセントだった。

すぐに、トランプ政権の高官たちはマスコミの包囲網に危機感を抱いた。[2] 何週間たっても、否定的な報道の割合が七割を切ることはなかった。[3] さらに、トランプの選挙運動とロシアとの関係についての疑惑が浮かび上がると、大物司法官僚のロバート・ミュラーが特別検察官に任命され、調査を監督するという事態に発展した。就任からわずか数カ月もたたないうちに、トランプ大統領への弾劾の話まで持ち上がった。ところが、盤石の支持基盤をもつトランプは、選挙で選ばれたほかの大衆扇動家と同じように、倍返しの構えで応戦した。沿岸警備隊士官学校の卒業生をまえにした演説のなかでトランプは、強力なエスタブリッシュメント勢力に政権運営が邪魔されていると主張した。「これまでの歴史のなかで、これほどひどい不公平な扱いを受けた政治家はいない。それははっきりと断言する」[4]。注目すべきは、トランプがそれにどのように対応するかということだった。不当な攻撃にさらされていると感じたアウトサイダーの大統領として、ペルーやトルコの場合と同じように、彼は暴力で反撃しようとするのか？

就任から一年のあいだに、トランプ大統領は典型的な独裁者と同じ特徴を示した。第4章で取り上げた、選挙で選ばれた独裁者が権力を強めるために使おうとする三つの戦略について思い出してほしい――①審判を抱き込む、②主要なプレーヤーを欠場に追い込む、③対戦相手に不利になるようにルールを書き換える。トランプはこれらの三つの戦略のすべてを試みた。

審判への敵意

トランプ大統領はとくに審判（法執行機関、諜報機関、倫理機関、裁判所）に対して激しい敵意をあらわにした。就任してまだ間もないころに彼は、FBI、CIA、国家安全保障局（NSA）を含む諜報機関のトップが自分に忠実かどうかを確かめようとした。おそらく、選挙期間中のロシア関与疑惑の捜査に対する盾として、これらの機関を使うことを望んでいたにちがいない。トランプ大統領は就任一週目にジェームズ・コミーFBI長官をホワイトハウスに呼び、一対一で夕食をともにした。このときの会話についてコミーは、大統領に忠誠を誓うことを求められたと語った。のちの報道によると、トランプはコミーに対して、辞任したばかりのマイケル・フリン国家安全保障担当補佐官への捜査を打ち切るように圧力をかけたという。また、ダニエル・コーツ国家情報長官とマイク・ポンペオCIA長官にも、コミーの捜査を邪魔するようトランプは迫った。さらに彼は、コーツとマイケル・ロジャースNSA局長に対し、ロシアとの共謀の証拠がいっさいなかったという声明を出すように個人的に訴えた（ふたりとも拒否した）[5]。

トランプ大統領はまた、政府とは異なる独自の判断で行動した機関を処罰・排除しようとした。その最たる例がコミーの解任だった。トランプが解任を決めたのは、コミーが政権の圧力に屈することなく、ロシア疑惑の捜査にさらに踏み込もうとしていることが明らかになったあとだった[6]。FBIの八二年の歴史のなかで、一〇年の任期が終わるまえに長官が大統領によって解任された例はこれまで一度しかなかった[7]。しかもそのときの解任は、長官による明らかな倫理違反に対してのものであり、両党が支持する動きだった。

味方になることを拒んだ審判に対するトランプ大統領の攻撃は、コミー解任の一件だけではなかった。マンハッタン連邦検事局のプリート・ブハララ検事によるマネー・ロンダリングの捜査が自身の身内にも及ぶ可能性があることを知ると、トランプは彼と個人的な関係を築こうとした[8]。しかし反腐敗の急先鋒であるブハララ検事が圧力に屈することなく捜査を続けると、大統領は彼を解任した[9]。

同じころ、ジェフ・セッションズ司法長官がロシア疑惑の捜査から手を引いた。捜査を引き継いだロッド・ローゼンスタイン副長官は、敏腕司法官僚のロバート・ミュラー元FBI長官を同捜査の監督者として特別検察官に任命。この一連の流れに対し、トランプはセッションズを公の場で批判し、彼を解任する姿勢をみせた[10]。一方のホワイトハウスの弁護士たちは、ミュラー元ＦＢＩ長官の過去を掘り起こし、彼の信用を傷つけて辞任へと追い込むための対立軸を見つけようとした[11]。二〇一七年末には、トランプ陣営の多くがミュラーの解任を公然と呼びかけるようになり、解任は秒読み段階に入ったという噂も広がった。

審判への攻撃

独立した捜査を妨げようとするトランプ大統領の動きは〝審判への攻撃〟につながったが、それは非民主的な国でよく起こることだった。たとえば、チャベス時代に任命されたベネズエラのルイーザ・オルテガ検事総長は、自分たちの機関の独立調査権を主張してマドゥロ政権の腐敗と職権乱用を調査しはじめたとたんに解任された。オルテガの任期は二〇二一年まで残っており、彼女を合法的に辞めさせることができるのは議会だけだった（議会の第一党は野党だった）。しかし、政府は制憲議会を発足させるという奥の手を使い、二〇一七年八月にオルテガ検事総長を解任した[12]。

トランプ大統領はさらに、自分に不利な判決を下した裁判官を攻撃した。連邦第九巡回区控訴裁判所のジェームズ・ロバート判事が、政府が発表した外国人入国禁止令を差し止めると、トランプはこう述べた。「いわゆる裁判官といわれる人間の意見が、この国の法の執行を大いに邪魔している[13]」。二カ月後には同じ裁判所が、不法移民に寛容な〝聖域都市《サンクチュアリー・シティー》〟への連邦交付金の打ち切り案を一時的に差し止めた。ホワイトハウスは、その判決を「選挙で選ばれていない裁判官[14]」による法の支配に対する攻撃だと非難。トランプ自身も、第九巡回区控訴裁判所を解体すると言って脅しをかけた[15]。

二〇一七年八月、大統領は司法機関を間接的に攻撃した――アリゾナ州の元保安官ジョー・アルパイオにトランプは恩赦を与えた。アルパイオは、人種差別的な取り締まりを禁止する連邦裁判所の命令に違反した罪で有罪判決を受け、物議を醸していた人物だった。彼は政権側の人間であり、トランプの反移民政策の支持者の多くにとっては英雄的存在だった。すでに説明したように、大統領による恩赦の権限について憲法上の制限はない。しかし、歴代の大統領たちは司法省から助言を得たうえで多大なる自制心をもってこの権限を行使し、自己防衛や政治的な利益のために恩赦を出すことはなかった。トランプ大統領は、こうした規範を大胆に破った。司法省への事前の相談がなかったどころか、アルパイオの恩赦は明らかに政治的なものだった（トランプ支持者には大好評だった）[16]。この動きによって、いずれ大統領が自身や側近たちを恩赦するようになるという懸念が強まった。事実、すでに彼の弁護士たちがそのような方策を練っているという噂もあった[17]。そんなことが実際に起きれば、司法の独立に対するかつてない攻撃となる。憲法学者のマーティン・レディッシュが指摘するように、「もし大統領がこうやって自由に仲間たちを免責するような事態になれば、裁判所は事実上、行政による侵害を抑え込むための憲法上の権利を護る権限をすべて失う[18]」ことになる。

当然の流れとして、トランプ政権は政府倫理局（OGE）も骨抜きにしようとした[19]。独立した監視機関である倫理局には法律上の権限こそないものの、これまでの政権はその決定を尊重してきた。OGEのウォルター・シャウブ局長は、会社の経営権を息子たちに移譲するだけでは利益相反を回避できないと主張し、就任前のトランプを繰り返し批判した。政府は対抗策として、OGEへの攻撃を始めた。トランプに忠実な下院監視・政府改革委員会のジェイソン・チャフェッツ委員長は、シャウブ局長の捜査に乗り出すことまでほのめかした[20]。五月、行政当局はOGEに圧力をかけ、ホワイトハウスによる元ロビイスト登用に対する調査を中止させようとした[21]。政府による嫌がらせと無視という連続攻撃を受けたシャウブはOGE局長を辞任。ジャーナリストのライアン・リザは、これらの政府の動きによってOGEは「崩壊した[22]」と指摘した。

裁判所、法執行機関、諜報機関、そのほかの独立機関に対するトランプ大統領の言動は、独裁者のための戦術本に書かれているようなことばかりだった。たとえば彼は、司法省とFBIを使ってヒラリー・クリントンをはじめとする民主党議員を追いつめると公然と語った。実際に二〇一七年末には、司法省はクリントンを捜査するための特別検察官を指名することを検討した。ところが、数々の追放や脅しを駆使したにもかかわらず、政府は審判を抱き込むことができなかった。トランプは結局、コミーの次のFBI長官に自身の信奉者を据えることに失敗した。その背景には、上院の有力な共和党議員たちによる拒否があった[23]。同じように上院共和党は、セッションズ司法長官を交代させようとするトランプの動きにも抵抗した[24]。しかし、大統領にはほかにも挑むべき闘いがあった。

メディアへの圧力

トランプ政権は、政治制度の主要なプレーヤーを脇へと追い込む作戦にも力を入れた。その一例が、メディアからの批判に対するトランプ大統領のレトリック攻撃だ。彼は『ニューヨーク・タイムズ』やCNNなどのメディアが〝フェイク・ニュース〟を拡散し、自分に対して陰謀を企てていると繰り返し批判した。それは、独裁者の誰もが使う常套手段だった。たとえば二〇一七年二月のツイートでトランプはメディアを「アメリカ国民の敵[25]」と呼んだが、専門家たちはこれをスターリンや毛沢東の発言を真似したものだと指摘した。彼のレトリックのなかには脅迫的なものも多かった。さきほどのツイートを投稿してから数日後、トランプは保守政治活動協議会（CPAC）のメンバーたちに次のように語った。

私は憲法修正第一条を愛している。私よりも愛している人間はいない。誰ひとりいない……しかし選挙期間を通してわかったように、フェイク・ニュースは真実を伝えていないし、その事態はいまも変わっていない……私としては、それらのニュースが国民を代表するものではないと言いたいね。今後も代表することは決してないだろう。つまり、われわれは何か対策を講じなければいけないということだ。(26)

実際に彼はどんな対策を講じたのか？　翌月、トランプ大統領は「名誉毀損法を見直す」という自らの選挙公約に立ち返り、次のようにツイートした。『ニューヨーク・タイムズ』はマスコミの品位を貶《おとし》め、二年以上も私についてまちがった報道を続けている。そろそろ名誉毀損法の変え時かな？(27)」。そのような法改正を実際に考えているのかどうか記者に訊かれたラインス・プリーバス大統領首席補佐官は、「検討してきたことのひとつだと思う(28)」と認めた。エクアドルのラファエル・コレア大統領はこの手法を多用した。コレア陣営による数百万ドルの損害賠償を求める名誉毀損訴訟と、名誉毀損の罪でのジャーナリストたちの逮捕は、メディアに対して大きな萎縮効果があった。(29)結局、トランプは名誉毀損法の改正こそあきらめたものの、マスコミへの脅しをやめることはなかった。たとえば二〇一七年七月に彼は、古いＷＷＥの映像を加工して作られた動画付きの投稿をリツイートした。その動画は、顔にＣＮＮのロゴが重ねられた対戦相手を、トランプ大統領がタックルやパンチでボコボコにするという内容だった。

トランプ大統領はさらに、非友好的なメディア企業への対策に政府規制機関を使うことも検討した。二〇一六年の選挙期間中、アマゾンと『ワシントン・ポスト』紙のオーナーであるジェフ・ベゾスに対して、トランプは独占禁止法の適用をちらつかせてツイッターで脅した。「私が大統領になったら、彼らは大きな問題を抱えることになるだろうな」[30]。彼はまた、タイム・ワーナー（CNNの親会社）とAT&Tの合併計画を阻止する可能性があると発言したこともあった。一部報道によれば、大統領就任から数カ月のあいだにホワイトハウスの補佐官たちは、独占禁止法関連の政府の権限を使ってCNNに影響力を及ぼすことを考えたという[31]。そして二〇一七年一〇月には、トランプはNBCなどのネットワーク数社に対して「ライセンス剝奪を検討する」という強迫的な言葉で脅しをかけた。

あるひとつの領域では、トランプ政権はたんに脅すだけにとどまらず、政府機関を利用して批判者を実際に罰しようとした。さきほど指摘したとおり、就任早々にトランプは大統領令を出し、不法滞在移民の政府の取り締まりへの協力を拒否した「聖域都市」に対して、補助金交付を一時的に停止するよう連邦政府機関に命じた[32]。「必要とあらば、補助金の交付を打ち切る[33]」と彼は二〇一七年二月に宣した。このトランプ大統領の計画は、チャベス政権がたびたび使った手法を彷彿とさせるものだった。野党が掌握する地方自治体の病院、警察、港湾などのインフラへの影響力を取り戻すために、チャベスは繰り返し強硬手段を使った[34]。しかしベネズエラの大統領とは異なり、トランプ大統領の計画は裁判所によって阻止された[35]。

投票者ID法

トランプ大統領はメディアや批判者に対して言葉の戦争を繰り広げたが、その言葉は（まだ）実際の行動に移されてはいない。ジャーナリストが逮捕されたことも、政府の圧力によってメディア機関が報道内容を変更した例もない。より不穏だったのは、有利な立場を築こうとするトランプの動きだった。二〇一七年五月、彼は上院の〝古くさい〟ルールの一部を変えることを要求した。フィリバスターの廃止を含むそれらのルール改正は、少数派の民主党をより不利に、多数派の共和党をより有利にしようとするものだった。[36] 実際に上院共和党は、最高裁判事指名に対してフィリバスターを使うことを禁止し、ニール・ゴーサッチの就任への障害物を取りのぞいた。それでも、彼らはフィリバスターをすべて撤廃するという案には待ったをかけた。[37]

トランプ政権によるもっとも反民主主義的な動きはおそらく、「選挙の公正さに関する大統領諮問委員会」（以下、選挙公正委員会）を設立したことだろう。委員長にはマイク・ペンス副大統領が選ばれたが、実際の運営を任されたのは副委員長のクリス・コバックだった。選挙制度の改革にどれほどの潜在的な影響力があるのかを理解するために、公民権法と投票権法によって各党の性格が大きく変わったことを思い出してほしい。これらの改革によって、民主党はおもに少数民族と第一・第二世代移民を代表するようになった。一方の共和党の支持者は、圧倒的に白人が占めるようになった。有権者には少数民族の割合が増えているため、結果としてこうした変化は民主党に有利に働いた。このような認識は、二〇〇八年の大統領選でのバラク・オバマの勝利によってさらに強まった。なぜなら、少数民族の投票率は驚くほど高かったからだ。

この流れに脅威を感じた共和党の指導者たちは、かつて人種差別を助長したジム・クロウ法の記憶を蘇らせるような対応策を思いついた——所得の低い少数民族の市民が投票することをよりむずかしくする。[38] 貧しい少数民族のほとんどは民主党を支持しているため、有権者の投票率を下げることを狙った措置は共和党に有利に働くものだった。そのために有効なのが、より厳しい投票者ＩＤ法だった。たとえば、有効な運転免許証や政府発行の写真付き身分証明書の提示を投票所で求めるというルールを定めれば、少数民族の有権者の投票率は下がると考えられた。[39]

このような投票者ＩＤ法の制定は、アメリカで不正投票が広まっているという偽りの主張にもとづいて推し進められた。[40] 信頼できる研究のすべてにおいて、アメリカにおける不正投票のレベルは低いという結果が出ている[41]。にもかかわらず共和党は、この存在しない問題に対処するための措置を講じはじめた。二〇〇五年、ジョージア州とインディアナ州で最初に投票者ID法が採用された。長年にわたって公民権運動を率いてきたジョージア州選出下院議員のジョン・ルイスは、その州法を「現代版の投票税[42]」だと批判した。必要とされるIDを所持していないと考えられるジョージア州の有権者はおよそ三〇万人に上り、その割合はアフリカ系アメリカ人のほうが白人よりも五倍も高かった[43]。インディアナ州の投票者ID法について、第七巡回区控訴裁判所のテレンス・エバンズ判事は「民主党を貶めようとする特定の人々によって行なわれた、選挙当日の投票率を抑えるためのあからさますぎる試み[44]」と揶揄した。インディアナ州のこの法律の是非についての議論は最高裁判所までもつれたものの、最終的に二〇〇八年に合法だと認められた。その後、投票者ID法の波は全国に広がっていった。二〇一〇年から二〇一二年のあいだに三七州の議会で同じような法案が提出され[45]、一六年までに一五の州で採択された[46]（大統領選時に法律が有効だったのは一〇州のみ）。

これらの法律が制定されたのは、共和党が州議会の上下院の両方で主導権を握る州のみで、アーカンソー州をのぞいて州知事も共和党所属だった。その主たるターゲットが少数民族の有権者だったことはもはや疑いようがない。投票者ID法はほぼ確実に、所得の低い少数民族の有権者に対してより大きな影響を与える[47]。ある研究によると、有効な運転免許証を所持していない人の割合はアフリカ系アメリカ人で三七パーセント、ラテン系アメリカ人で二七パーセントに上ったが、白人ではその割合が一六パーセントに下がった[48]。ニューヨーク大学ブレナン司法センターの調査では、アメリカ国民の一一パーセント（二一〇〇万人の有権者）が政府発行の写真付きIDを持っていないことがわかったが、アフリカ系アメリカ人に限定するとその割合は二五パーセントに増えた[49]。

投票抑制

二〇〇八年の大統領選挙で黒人の投票率がもっとも高かった一一州のうち、七州がより厳しい投票者ＩＤ法を採用した。二〇〇〇年から二〇一〇年のあいだにヒスパニック系人口がもっとも増えた一二州のうち九州がＩＤ法を制定し、投票までの過程がより複雑になった。(50) 投票者ＩＤ法の影響についての調査はまだ始まったばかりだが、そのほとんどにおいて投票率に対する影響は比較的小さいという結果が出ている。(51) しかし接戦の選挙では〝比較的小さな影響〟が勝敗を分けることも多い。とくに、将来的にこの法律がより多くの州で採用された場合、その影響はさらに大きなものになるだろう。

それはまさに、選挙公正委員会が目指したことだった。委員会の事実上のトップであるクリス・コバックは、アメリカの「投票抑制推進の先駆者(52)」と評されてきた。カンザス州務長官のコバックは、アメリカでもっとも厳しい投票者ＩＤ法のひとつの制定の後押しをした。(53) 彼にとって、ドナルド・トランプはじつに力強い味方だった。二〇一六年の大統領選のあいだにトランプは選挙が「不正に操作された」と訴え、のちにこんな驚くべき主張を繰り広げた――「違法に投票した数百万の人々の票をのぞけば、一般投票〔総得票数ではクリントンが二九〇万票近く上まわっていた〕でも私が勝っていたはずだ(54)」。彼は議会の有力者との会合でもこの議論を繰り返し、三〇〇万〜五〇〇万の不正票があったと述べた。(55) その主張にはなんの根拠もなかった。たとえば、非営利報道機関のプロパブリカによる全国的な投票監視プロジェクトでは、不正投票の証拠はひとつも見つからなかった。(56)『ワシントン・ポスト』紙のフィリップ・バンプ記者が二〇一六年の選挙で行なわれた不正行為について総合データベースＮｅｘｉｓをくまなく調べたところ、見つかった事例は四件だけだった。(57)

しかし、トランプ大統領の「一般投票での勝利」への強い執着は、コバックが目指す投票抑制につながるものだった。コバックは、不正票の数がクリントンとの得票差を上まわったという説は「絶対に正しい(58)」と言い切り、トランプの主張を支持した（彼はのちに態度を変え、「誰が一般投票で勝ったのかはおそらく永遠にわからない(59)」と述べた）。このような言動によってトランプに一目置かれるようになったコバックは、選挙公正委員会を作るよう大統領を説得することに成功し、最終的にその運営を任されることになった。

活動を始めた選挙公正委員会の動きを見るかぎり、その目的が投票抑制であることは明らかだった。第一に、委員会は全国のさまざまな不正投票の事例を集めたが、これは州レベルで有権者の制限を推し進めるための政治的な武器として使われる恐れがあった。もしくは、全国的に投票者登録を簡素化した一九九三年の「モーターボーター法」を廃止することを見据えた動きであるとも考えられた。委員会は事実上の国家レベルのスポークスマンとして、より厳しい投票者ＩＤ法の成立を目指す共和党の動きを後押ししようとした。

第二に、選挙公正委員会は州レベルでの有権者登録名簿の更新をうながし、そのプロセスを容易化することを狙った。ある研究結果が示すとおり、名簿の更新によって多くの正当な有権者も誤ってリストから取りのぞかれることはほぼまちがいない。委員会はすでに、複数の州で重複登録されている事例を見つけ出すために、各地の有権者の記録を照合してきた(60)。くわえて、国土安全保障省がもつグリーンカードとビザ保有者のデータベースを使って、〝外国人〟を有権者名簿から外す計画も立てていたという一部報道もある。別の研究結果によると、このような取り組みには大きな危険が潜んでいるという――同姓同名で生年月日も同じ人が多く存在するため、見つかる違法登録の数よりも手ちがいの数のほうが大幅に上まわる確率が高いのだ(61)。

投票を抑止しようとする動きは本質的に非民主主義的であり、本書でもこれまで見てきたとおり、アメリカにはこれに関するとくに痛ましい過去があった。近年の有権者制限の流れは、南部の民主党による一九世紀後半の政策ほど広範囲に及ぶものではないとしても、大きな影響力があることに変わりはない。厳しい投票者ＩＤ法は、所得の低い少数民族の有権者により甚大な影響を与える。彼らの圧倒的大多数は民主党を支持しているため、このような法律は必然的に共和党に有利に働くことになる。

二〇一七年のあいだ、トランプが設立した選挙公正委員会は具体的な改革を進めることができず、投票者の情報を求める乱暴な要請は多くの州に拒否された(62)。しかし、委員会が外部からの監視を受けないまま計画を進めたとしたら、アメリカの選挙プロセスが大きなダメージを受けることはまちがいない〔結局、委員会は大きな実績を上げることができないまま二〇一八年一月に解体され、プロジェクトは国土安全保障省に引き継がれた〕。

後退は少しずつ進む

多くの点において、就任一年目のトランプ大統領は、選挙で選ばれた独裁者のシナリオどおりに動いた。彼は審判を抱き込み、邪魔になりそうな主要プレーヤーを欠場に追い込み、自らに有利な立場を築こうとした。しかし、自分の言葉を実際に行動に移した例は少なく、もっとも恐ろしい脅威はまだ現実化していない。ＦＢＩに支持者を送り込んで抱き込み、ロバート・ミュラー特別検察官の捜査を妨害するといった反民主主義的で厄介な方針は、共和党の反対と彼自身の無能さによって回避されてきた。全体として、トランプ大統領は無謀な運転を繰り返して車をガードレールにバンバンぶつけたが、それを壊して向こう側に行くことはなかった。明らかな心配の種は尽きなかったものの、二〇一七年のあいだ、民主主義が実際に衰退するほどの動きはほとんどみられなかった。結果として、アメリカが独裁政治への一線を越えることはなかった。

しかしながら、結論を出すのはまだ早い。多くの場合、民主主義の後退は少しずつ進み、その影響は時間をかけてゆっくりと広がっていく。トランプの就任一年目の動きをほかの国の〝将来の独裁者〟の一年目の動きと比較してみると、その結果はじつに複雑であることがわかる。表3は、潜在的な独裁者が選挙を通して権力を得た九カ国の政治の流れについて、わかりやすく並べたリストである。エクアドルやロシアを含むいくつかの国では、一年目から民主主義の後退が明らかになった。対照的に、フジモリ政権下のペルーやエルドアン政権下のトルコでは、はじめから後退が起きたわけではなかった。フジモリは大統領に就任した一年目から過激な言葉による闘いを繰り広げたものの、民主主義制度への攻撃が始まったのは二年近くたってからのことだった。トルコでは、崩壊が始まるまでさらに長い時間がかかった。

トランプ大統領の残りの就任期間における民主主義の運命は、いくつかの要因によって左右されることになる。ひとつ目は、共和党執行部の言動だ。民主主義の制度が保たれるかどうかは——たとえ自党の指導者に楯突くことになったとしても——与党がそれを必死で護ろうとするかどうかに大きくかかっている。ルーズベルトの裁判所抱き込み計画が失敗し、ニクソンが辞任に追い込まれた背景には、大統領が所属する政党（ルーズベルトは民主党、ニクソンは共和党）の主要幹部たちが立ち上がって反対することを決めたという経緯があった。より最近の例としては、法と正義党が率いるポーランド政府が、民主主義の抑制と均衡のシステムを壊そうと動き出したことがあった。すると法と正義党の一員でもあるアンジェイ・ドゥダ大統領がふたつの法案に対して拒否権を発動し、政府による最高裁の刷新と抱き込みを阻止した[63]。対照的にハンガリーでは、オルバーン・ビクトル首相が独裁的な政策を進めようとしても、与党フィデス党からの抵抗はほとんどなかった。

表3　就任一年後の独裁者の成績表

国	指導者	就任時期	審判の抱き込み	プレーヤー追放	ルール変更	政権の最終的な運命
アルゼンチン	フアン・ペロン	1946年6月	○	×	×	独裁
エクアドル	ラファエル・コレア	2007年1月	○	○	○	穏やかな独裁
ハンガリー	オルバーン・ビクトル	2010年5月	限定的	×	×	穏やかな独裁
イタリア	シルビオ・ベルルスコーニ	2001年6月	×	×	×	民主主義
ペルー	アルベルト・フジモリ	1990年7月	×	×	×	独裁
ペルー	オジャンタ・ウマラ	2011年7月	×	×	×	民主主義
ポーランド	ヤロスワフ・カチンスキ※	2015年11月	○	×	×	穏やかな独裁
ロシア	ウラジーミル・プーチン	2000年5月	×	○	×	極端な独裁
トルコ	レジェップ・エルドアン	2003年3月	×	×	×	独裁
ベネズエラ	ウゴ・チャベス	1999年2月	○	○	○	独裁

※元首相。現在は与党「法と正義」党首

三つのアプローチ

同じように、ドナルド・トランプと党の関係も大きな意味をもつことになる。とくに共和党が連邦議会の上下院の両方で主導権を握っているという現状を踏まえると、その重要性はさらに増してくる。共和党の有力者たちは、大統領に対する姿勢として三つのアプローチからどれかを選ぶことができる。

まずひとつ目は、このまま大統領に「忠実」でありつづけるというもの。この場合、積極的な支持者はたんに大統領を後押しするだけでなく、大きな物議を醸すような行動についても進んで擁護しようとするにちがいない(64)。より控え目な支持者は、スキャンダルが起きると表舞台から姿を消すものの、それでも大統領の意思に沿って投票する。批判的《クリティカル》な支持者は、その両方のやり方を試そうとする。大統領が最悪の行動に出たとき、彼らは表では政権から距離を置くが、大統領を弱体化させたり、ましてや辞任に追い込んだりするような行動には出ない（たとえば、議会で大統領の方針に反するような投票行動はとらない）。大統領が職権を乱用したとき、このような態度で独裁主義を抑え込むことはできない。

ふたつ目のアプローチは「封じ込め」だ。この戦略をとる共和党員は、判事の指名から税制・医療改革に至るまで、多くの問題において大統領を支援する一方で、自らが危険だと考える行動については一線を引く。ときに、このスタンスを保つことは容易ではない。同じ政党のメンバーとして、大統領の政策がうまく進んでいるあいだは有利な立場を築けるにちがいない。しかし彼らは、長い目で見たときに大統領がこの国の制度に大きな打撃を与える可能性があることを認識している。彼らはできるかぎり大統領に協力しようとするが、同時に職権乱用を防ぐための措置をとることも忘れてはいない。つまり、大統領が職務を続けることを赦しつつ、政治家の力でその行動を抑制することを望んでいるのだ。

最後のアプローチとして、理論上、議会の有力者たちは大統領の辞任を求めることができる。彼らにとって、これは政治的に非常にリスクの高い行動だ。自分たちの党の大統領を辞めさせようと動けば、仲間の党員たちから裏切り者だと非難を受けることは免れない（たとえば、ショーン・ハニティーとラッシュ・リンボーがテレビでどんなコメントをするか想像してみてほしい）。くわえて、党としての政策を議会で進めることもむずかしくなるだろう。ニクソン辞任後のように、短期的には選挙にも負の影響が及ぶにちがいない。しかし、大統領による脅威が深刻な場合（あるいは、大統領の行動によって党の支持率が下がりはじめた場合）、幹部たちは、自党に所属する大統領を辞めさせる必要があると考えるようになるかもしれない。

トランプが就任してから一年のあいだ、共和党議員たちは大統領の職権乱用に対して「忠実」と「封じ込め」の両方を織り交ぜて対応した。当初は「忠実」のアプローチが圧倒的だった。しかし、大統領が二〇一七年五月にジェームズ・コミーFBI長官を解任したあと、一部の共和党上院議員は「封じ込め」に向かって動き出し、トランプの息のかかった人間が後継の長官になることを認めないという態度をはっきりと示した。共和党の上院議員たちはさらに、二〇一六年の選挙におけるロシア疑惑に対する独立した調査が滞りなく進むように協力し合った。なかには、特別検察官を任命するよう司法省にひそかに要請した議員もいた。そこまでしないとしても、多くの議員はロバート・ミュラーの特別検察官への指名を受け容れた[65]。ホワイトハウスがミュラーを辞めさせる方法を模索しているとの噂が広がり、トランプ支持者たちが彼の解任を求めたときにも、スーザン・コリンズ、ボブ・コーカー、リンゼイ・グラハム、ジョン・マケインといった共和党の重鎮の上院議員たちは反対の立場を明らかにした[66]。さらに、ミュラーの任命を阻止できなかったジェフ・セッションズ司法長官の解任をトランプ大統領がちらつかせたときにも、共和党の上院議員たちはすぐさまセッションズの擁護にまわった。上院司法委員会のチャック・グラスリー委員長は「セッションズが解任されたとしても、その後任を決めるための公聴会が開かれることはないだろう」と警告した。(67)

グラハム、マケイン、コーカーらは野党に協力するようなことはなかったが（少なくとも八五パーセントの割合でトランプの政策に賛成した）、大統領を封じ込めるための大切な対策を講じた。(68)二〇一七年のあいだに大統領の辞任を求めた共和党の有力者はいなかったものの、ジャーナリストのアビゲイル・トレイシーが指摘したように、「越えてはならない一線がどこにあるかを決めた議員(69)」も少なくなかった。

支持率が武器になる

アメリカの民主主義の運命に影響を及ぼすもうひとつの要因は世論だ。将来の独裁者が軍隊の協力を得られないとき、あるいは大規模な暴力行為を組織することができないとき、彼らはほかの方法で支持者を導き、批判者を抑え込まなければいけなくなる。この点において、有権者からの支持は有益なツールになる。選挙で選ばれた指導者が七〇パーセントほどの支持率を誇るとき、批評家たちは世論に合わせて攻撃の手を緩め、メディアは批判的な態度を和らげ、裁判官は政府に反対する判決を控えるようになる。さらに野党の政治家までもが、かまびすしい抗議の声を上げて自分が孤立することを怖れ、なるべく目立たないようにしようとする。対照的に政権への支持率が低いとき、メディアと野党はより攻撃的になり、裁判官は意気揚々と大統領に立ち向かい、協力者も異議を唱えはじめる。フジモリ、チャベス、エルドアンらはみな非常に高い支持率を武器に、民主主義制度への攻撃を始めた。

有権者の支持がトランプ政権にどのような影響を与えるのかを理解するために、「アメリカ全土がウェストバージニア州のようになったらどうなる？」という問いについて考えてみてほしい。アメリカ東部のウェストバージニア州は、全米でもっともトランプ寄りの州である。ギャラップ社の世論調査によると、二〇一七年上半期のトランプの支持率が全国平均で四〇パーセントほどだったのに対し、ウェストバージニアでの支持率は六〇パーセントに上った[70]。その圧倒的な人気によって、ウェストバージニア州では大統領への反対の声がみるみる弱まっていった。その傾向は、民主党議員のあいだでも同じだった。ウェストバージニア州選出の民主党上院議員ジョー・マンチンは二〇一七年八月まで、トランプ大統領の政策に五四パーセントの割合で賛成票を投じた（民主党議員の誰よりも多い割合だった[71]）。政治専門誌『ザ・ヒル』は、トランプの「連邦議会における最大の信奉者一〇人」のリストのなかにマンチンを挙げた[72]。民主党所属のウェストバージニア州知事ジム・ジャスティスはさらに大胆な行動に出た——彼は党を切り替えた。集会で大統領を抱きしめたジャスティスは、トランプを「真の考えをもったすばらしい男」と持ち上げ、「ロシア人の話はもう充分では？[73]」と言ってロシア疑惑への捜査に苦言を呈した。全米の民主党員がウェストバージニア州選出の議員たちのように行動したら、トランプ大統領への抵抗はほとんどなくなる。選挙における外国の干渉という問題さえ、追及されないまま闇に葬り去られてしまうにちがいない。

「安全保障上の危機」が生みだす権力

トランプ大統領の支持率が高ければ高いほど、危険はより大きくなる。彼の人気は、経済状況や偶発的な出来事にも大きく左右されることになる。たとえば二〇〇五年のハリケーン・カトリーナへのブッシュ政権の不適切な対応など、政府の無能さをあらわにする出来事が起きれば、国民の支持が一気に落ち込むこともあるだろう。一方で、安全保障を脅かすような出来事が起きれば、それが支持率の上昇につながることもある。

これこそ、トランプ大統領がアメリカの民主主義に危害を加えるリスクを形作る最後の要因である——危機だ。戦争、大規模なテロ攻撃といった安全保障上の大きな危機は、ときに政治世界の形勢を一変させる。そのような危機下では、政府への支持率はほぼまちがいなく上がる。[74]合衆国が最後に大きな安全保障上の危機にさらされたのは、二〇〇一年の9・11同時多発テロのときだった。その直後、ブッシュ大統領の支持率は九〇パーセントに跳ね上がった。[75]そして人気が高ければ高いほど、大統領の権限への制約は緩くなる。市民が自分たちの安全保障について恐れを抱くとき、独裁的な措置はより容認・支持されやすくなる。[76]このように反応するのは一般市民だけではない。裁判官もまた、国家安全保障がリスクにさらされた危機的状況のなかでは、大統領の権力奪取を阻むことに消極的になる傾向がある。[77]政治学者のウィリアム・ハウエルは、9・11同時多発テロのあとに大統領に対する制度上の制約が消え去り、ブッシュが「好き勝手に危機を定義し、なんでも自由に対応できるようになった」と主張した。[78]

すなわち、安全保障の危機は民主主義にとっても危険な瞬間であるということだ。「好き勝手に振る舞うことのできる」指導者は、民主主義の制度を著しく傷つけることがある。これまで見てきたように、それこそフジモリ、プーチン、エルドアンなどの指導者が実行したことだった。対立相手に不当に苦しめられ、民主主義の制度という足かせを邪魔に感じる未来の独裁者にとって、危機は絶好のチャンスでもあるのだ。

アメリカ合衆国にも、安全保障の危機を利用した権力の集中が見過ごされてきた歴史がある。リンカーンの人身保護令状《ヘイビアス・コーパス》の停止、ルーズベルトによる日系アメリカ人の強制収容、ブッシュの米国愛国者法……。しかし、そこには大きなちがいがあった。リンカーン、ルーズベルト、ブッシュは熱心な民主主義者だった。結局のところ、彼らは相当な自制心を働かせながら、危機によって生み出された膨大な権力を行使した。

対照的にドナルド・トランプは、いかなる状況においても自制心を示すことはほとんどない。くわえて、彼の政権下でなんらかの〝争い〟が起きる可能性はきわめて高い。誰が大統領であるかにかかわらず、争いがいつ起きるかなどわからない。実際にアメリカでは、直近一二人の大統領のうち六人の任期中に地上戦や大規模なテロ攻撃などが起きた。しかし、トランプ大統領の外交政策の愚かさを考えると、そのリスクはさらに高くなる。(79) 私たちが怖れるのは、戦争やテロ攻撃に直面したトランプがその危機をこれ幸いと利用するのではないかということだ。政敵を攻撃し、アメリカ人が当たりまえのように享受する自由を制限するためのいい機会だと考えるのではないか？　私たち著者が思うところ、このシナリオこそが今日のアメリカ民主主義にとって最大の危険である。

規範違反の常態化

たとえトランプ大統領が制度を表立って壊そうとしなかったとしても、彼の規範違反によって民主主義が蝕まれることはほぼまちがいない。ジャーナリストのデイビッド・ブルックスが指摘するように、トランプ大統領は「かつて公人の生活を制御していた行動基準をぶち破った」(80)。共和党は彼を大統領に指名したことによって、そのような行為にお墨付きを与えた。就任後もトランプは規範を破りつづけたため、大統領として許容される行動の範囲はさらに広がっていった。嘘や弱い者いじめなど、かつては常軌を逸した赦しがたい戦術だと考えられていたものが、いまでは政治家のツールキットのなかに主要な武器として組み込まれるようになった。

大統領による規範違反はすべてが悪いものばかりではなく、たいした害のない違反も多い。たとえば一九七七年一月の大統領就任式のなかで、ジミー・カーターと彼の妻が連邦議会議事堂からホワイトハウスまで二・五キロほどの道のりを歩いたとき、警察や報道陣だけでなく、式を見るために集まった二五万人のアメリカ人も一様に驚いた。『ニューヨーク・デイリー・ニュース』紙は、「閉ざされた武装リムジン」から外に出るというカーター夫妻の行動を「前例のない慣習からの決別[81]」と評した。それ以来、就任パレードの最中に次期大統領は武装リムジンから外に歩み出て、「国民の大統領」であることを示すようになった。『ニューヨーク・タイムズ』は、それが現在では「非公式の慣習[82]」になったと論じた。

それどころか、規範の違反が民主化へとつながることもある。一八四〇年の大統領選挙のあいだ、ウィリアム・ヘンリー・ハリソン（第九代大統領）は伝統を破り、有権者のもとに自ら出向いて選挙運動を行なった[83]。それまでの規範では、候補者は選挙活動をすることをあえて避け、権力に対して個人的な野心をもつべきではないと謳うキンキナトゥス〔紀元前五世紀ごろの農民。独裁官としてローマを敵の襲撃から救ったが、その後すぐに政治権力を返上した〕のような高潔な態度を保つことが大切だとされてきた。しかしこのやり方では、有権者は候補者について詳しく知ることができなかった。

別の例についても考えてみよう。一九〇一年、セオドア・ルーズベルト新大統領に代わって、ホワイトハウスが定例のプレスリリースを発表した。その見出しにはこう書かれていた——「昨晩、アラバマ州タスキーギのブッカー・T・ワシントンが大統領と会食[84]」。以前にも、著名な黒人政治指導者がホワイトハウスを訪れたことはあった。しかしアフリカ系アメリカ人の代表的な政治家と大統領が夕食をともにすることは、ある歴史家の言葉を借りれば「白人支配による現行の社会的礼儀への侵害[85]」とみなされるものだった。すぐに巻き起こった反応は、悪意に満ち満ちていた。ある新聞は、

「合衆国の市民によって犯されたもっとも憎むべき暴挙」と批判した。民主党のウィリアム・ジェニングス・ブライアン上院議員は「ルーズベルトとワシントンの両者が慎重に振り返り、人種の垣根を取りのぞこうとする目的をあきらめるという賢明な考えに至ることが期待される」とコメントした。騒ぎの収拾を図ろうとしたホワイトハウスの報道官たちは、そんな出来事はなかったと最初は否定したものの、のちに「昼食だけ」だったと発表内容を変え、最後には「少なくとも女性はいなかった」と言って大統領の行動を擁護しようとした。

「公私を分ける」という規範

社会的な価値観は時とともに変わるため、大統領によるある程度の規範違反は避けられないし、場合によってはそれが望ましいケースもある。しかし、ドナルド・トランプの就任一年目の規範破りは、前任者たちのものとは根本的に異なっていた。第一に、彼は連続規範違反者だった。これほど多くの不文律をこれほど早く無視した大統領はほかにはいない。多くの違反はささいなものだった。その一例として、トランプ大統領は「ペットを飼う」という一五〇年続いてきたホワイトハウスの伝統を破った[86]。しかし、もっと不穏な違反もあった。たとえば、トランプの就任演説は通例よりもずっと暗い内容で、「アメリカの殺戮」(American carnage) といった言葉まで使われていた。それを聞いたジョージ・W・ブッシュ元大統領は「ずいぶんと変ちくりんな演説だったな[87]」とコメントしたという。

しかしトランプ大統領が前任者たちと大きく異なるのは、重大な影響をともなう不文律を進んで破ろうという姿勢があることだ。たとえば、民主主義の健全性を保つために必要不可欠な規範を破ることに対しても、トランプはまったく抵抗を示さない。そのなかのひとつが、縁故者びいきなどを抑制するための「公私を分ける」という長い伝統をもつ規範だ。現行の法律では、大統領が政府閣僚や行政機関の役職に家族を任命することは禁じられているものの、ホワイトハウス職員の人事にはこの法律は適用されない。よって、トランプによる娘イバンカと娘婿ジャレッド・クシュナーの上級顧問への抜擢は、理論的には合法だった。とはいえ、それが法律の精神を無視する行為であることは言うに及ばない。[88]

大切な規範のなかには、大統領による利益相反を律するものもあった。当然ながら、大統領が私的な利益のために公の立場を利用することは赦されない。そのため、なんらかの民間事業に携わっている者は、就任前にそれらの企業から身を引くことが当然のルールとされている。しかし、そのような公私の分離を定めた法律の規定は驚くほど緩い。厳密にいえば、自分の利益に影響を与える決定にかかわらないかぎり、政府官僚は自らの持ち株を保有しつづけることができる。とはいえ、不正と疑われるようなあらゆる行為を避けるために、政府官僚はすべての株をいったん売り払うことが一般的な慣行となってきた。かつてないほどの利益相反があるにもかかわらず、トランプ大統領はそのような自制心を働かせることはなかった。[89] 彼は自分の持ち株会社の経営権を息子たちに譲ったが、政府の倫理当局はそれを「まったく不充分」だと判断した。政府倫理局の発表によると、二〇一六年一〇月一日から一七年三月三一日までのあいだに、トランプ政権の利益相反について一般市民から三万九一〇五件の苦情が寄せられたという。[90] オバマ大統領が就任した二〇〇八年から〇九年の同じ期間の苦情件数はわずか七三三件で、そこに大きな差があることがわかる。

選挙の正当性への疑義

トランプ大統領はさらに、民主主義の根幹をなす規範を破り、選挙の正当性に対してあからさまに疑問を呈した。[91]「何百万もの不正投票」があったという彼の説は、ファクトチェックによって退けられ、両党の政治家によって否定され、社会科学者によって根拠がないと却下された。にもかかわらず、トランプ大統領は公私の場でその主張を繰り返した[92]。これまで一世紀以上にわたって、アメリカの選挙プロセスの正当性を疑った有力政治家はひとりもいなかった。史上まれにみる大接戦の末、最高裁の判断によって敗北が決まったアル・ゴアでさえ、その正当性に疑問の眼を向けるようなことはなかった。

不正投票の告発によって、国民の選挙に対する信頼が弱まることがある。そして、選挙プロセスを信用しなくなった市民の多くは、民主主義そのものへの信頼を失っていく。たとえばメキシコでは、二〇〇六年の大統領選に敗れたアンドレス・マヌエル・ロペス・オブラドール候補が、選挙はいかさまだったと主張した。案の定、メキシコの有権者の選挙制度への信頼度は下がった。二〇一二年の大統領選前に行なわれた世論調査では、メキシコ人有権者の七一パーセントが選挙においてなんらかの不正があると信じていることがわかった[93]。

アメリカでの数字はさらに驚くべきものだった。二〇一六年の選挙前に行なわれた調査では、共和党支持者の八四パーセントが「アメリカの選挙で〝相当量〟の不正が行なわれていると思う」と答え、六〇パーセント近くが「〝相当量〟の不法移民が一一月に投票すると思う」と回答した[94]。このような疑問の声は選挙が終わったあとも消えなかった。ポリティコとモーニングコンサルトが二〇一七年七月に行なった世論調査によると、共和党支持者のうち四二パーセントが「一般投票ではヒラリー・クリントンが勝った」と事実を認めたのに対し、四七パーセントは「一般投票でもトランプが勝った」と信じていた[95]。言い換えれば、共和党支持を自称する有権者のおよそ半数が「アメリカの選挙では大々的な不正が横行していると思う」と答えたことになる。そのような考え方は、深刻な結果へとつながることがある。二〇一七年六月に行なわれたある調査では、こんな質問が有権者に投げかけられた――「ドナルド・トランプが『明確な資格をもつアメリカ市民だけが投票できる制度ができあがるまで、二〇二〇年の大統領選挙は延期すべき』だと主張したとき、あなたは延期を支持しますか、それとも反対しますか?」。この問いに対し、共和党支持者の五二パーセントが延期を支持すると答えた。[96]

トランプ大統領はさらに、政治的礼節の基本的なルールも破った。彼は〝選挙後の和解〟という規範を無視し、ヒラリー・クリントンを攻撃しつづけた。それどころか、現職大統領が前任者を攻撃してはいけないという不文律も破った。二〇一七年三月四日の朝六時三五分、トランプ大統領はこんなツイートを投稿した。「ひどい! 大統領選の勝利直前、オバマがトランプ・タワーの私の会話を〝盗聴〟していたことがわかった。まだ証拠は何も見つかっていないが、これはマッカーシズムだ!」[97]。三〇分後、彼はさらにツイートを続けた。「きわめて神聖な選挙期間中に私の電話を盗聴するなんて、オバマ大統領はどれほど落ちぶれてしまったんだ? これはニクソンのウォーターゲートと同じだ。悪い(あるいは気味の悪い)男め!」

嘘をつく大統領

おそらく、トランプ大統領のもっとも悪名高い規範破りは〝嘘〟だろう。大統領が公の場で真実を伝えなければいけないという考えは、アメリカ政治においていっさいの議論の余地がないものだ。共和党の相談役を務めるウィット・エアーズがよく相手に助言するように、候補者が有権者の信頼を勝ち取るためには、「厳然たる事実を否定しない」「嘘をつかない」[98]ことがなにより大切になる。この規範にしたがって嘘を避けるために、多くの政治家たちは議論の話題を変えたり、答えづらい質問を言い換えたり、あえて部分的に答えたりする。トランプ大統領による日常的かつあからさまな作り話は、前例のないレベルのものであり、その傾向は二〇一六年の選挙期間中から明らかだった。政治評価サイトのポリティファクトは、トランプの公の声明の六九パーセントを誤りまたは嘘だと分類した——「ほぼ誤り」（二一％）、「誤り」（三三％）、「真っ赤な嘘」（一五％）。「真実」または「ほぼ真実」と認定されたのは一七パーセントだけだった。[99]

トランプは大統領になってからも嘘をつきつづけた。就任以来すべての公式発言を追ってきた『ニューヨーク・タイムズ』は、控えめな基準に則ったとしても——たんに怪しいだけのものは省き、明らかに誤りとわかる発言だけを数えたとしても——トランプ大統領は「驚くべきことを成し遂げた」[100]と指摘する。彼は就任から四〇日のあいだ、少なくとも一日に一度は誤った情報、あるいは誤解を招くような情報を発信した。どれも、あまりに見え透いた嘘ばかりだった。たとえばトランプ大統領は、選挙人団の投票においてロナルド・レーガン以来最大の勝利を収めたと主張した（実際には、ジョージ・H・W・ブッシュ、クリントン、オバマのほうがより大きな差をつけていた）。彼は、就任から半年のあいだにほかのいかなる大統領より多くの法案に署名したと主張した（ジョージ・H・W・ブッシュやクリントンを含めた数人の大統領のほうがもっと多くの法案に署名した）。[101]二〇一七年七月にトランプ大統領は、ボーイスカウトの幹部に「過去最高のスピーチだった」[102]と言われたと自慢したが、ボーイスカウト連盟はすぐにそんな事実はないと否定した。

トランプ大統領は、自身の嘘に対して大きな報いを受けることはなかった。政界やメディアの世界では、〝党のレンズ〟を通して出来事を見る傾向がますます強くなった。そのためトランプ支持者たちは、大統領の一年目のさまざまな言動を不誠実だとみなすことはなかった。[103]しかし私たちの政治体制にとって、彼の不誠実さは計り知れない深刻な影響をもたらすものだ。民主主義社会に生きる市民には、情報を知るための基本的権利がある。[104]選挙で選ばれた指導者たちの行動について信頼できる情報がなければ、私たち一般市民は効果的に投票権を行使することができなくなる。アメリカの大統領が国民に嘘をつくとき、信用できる情報への市民のアクセスを保つことはむずかしくなり、当然の結果として国民の政府への信頼は損なわれていく。選挙で選ばれた指導者を市民が信用できないとき、議会制民主主義の基盤は弱まっていく。そして、市民が自ら選んだ指導者の言葉を信頼できないとき、選挙の価値は下がっていく。

メディアへの侮辱

トランプ大統領は「メディアの尊重」という基本的な規範さえ護ろうとしないため、信頼が損なわれたこの状況はさらに性質《たち》の悪いものになる。独立した報道機関は民主主義制度の砦であり、それなしで民主主義が生き延びることはできない。初代大統領のワシントンの時代から、すべてのアメリカ大統領はメディアと闘ってきた。彼らの多くは、陰でメディアを蔑《さげす》んでいた。しかし数少ない例外をのぞいて、米国の大統領は民主主義制度の中心にメディアがあることを認め、政治体制のなかのその地位を尊重してきた。陰でメディアをバカにしていた大統領でさえ、公の場では最低限の敬意と礼節をもってマスコミに対応した。この基本的な規範によって、大統領と報道機関の関係を定める一連の不文律が生み出されてきた。たとえば、「大統領専用機に搭乗するまえに報道陣に手を振る」といったような表面的な規範もあった。一方で、「ホワイトハウスの記者団のメンバー全員が参加できる記者会見を開く」などのより重要な規範も生まれた。

トランプ大統領は公然とメディアを侮辱するだけでなく、個々のジャーナリストにも刃《やいば》を向けた。それは現代アメリカ史上、前例のない出来事だった。彼はメディアを「地球上でもっとも不誠実な人間たちの一部[105]」と呼び、『ニューヨーク・タイムズ』や『ワシントン・ポスト』、CNNといった政府に批判的な報道機関が嘘をついている、あるいはフェイク・ニュースをばらまいていると繰り返し批判した。必要とあらば、トランプは個人攻撃することもためらわなかった。二〇一七年六月、彼は悪意に満ちたツイートの嵐によって、ＭＳＮＢＣの朝の情報番組『モーニング・ジョー』の司会者であるミカ・ブルゼジンスキーとジョー・スカーボロを痛烈に批判した。

視聴率が低迷中の@Morning_Joeで私の悪口を言っていると聞いた（私はもう見ていない）。ではなぜ、ＩＱの低いクレイジーなミカとサイコ野郎のジョーは一緒に……

……私の別荘のあるマー・ア・ラゴに大みそか前後に三夜連続でやってきて、私を誘い出そうとしたのか。彼女はフェイスリフトのせいでひどく出血していた。私はノーと言ってやったよ！[106]

陰ではメディアを「敵」とみなしていたリチャード・ニクソンも、これほどあからさまな攻撃をしたことはなかった。こんな行動に出たのは、ベネズエラのウゴ・チャベスとニコラス・マドゥロ、エクアドルのラファエル・コレアといった独裁者たちだけだった。

さらに、トランプ政権は確立された規範を破り、記者会見から選択的に記者を排除するようになった。二〇一七年二月二四日、ホワイトハウス報道官のショーン・スパイサーは、『ニューヨーク・タイムズ』、ＣＮＮ、ポリティコ、バズフィード、『ロサンゼルス・タイムズ』の記者を非公式の記者会見から締め出し、『ワシントン・タイムズ』やワン・アメリカ・ニュース・ネットワークなどの政府に友好的な小規模メディアだけを都合よく指名して質問を受けつけた。[107] 現代においてこのような動きをみせたのは、ウォーターゲート事件の真相を暴いた『ワシントン・ポスト』をホワイトハウスから追い出したニクソンだけだった。[108]

異常が正常に

一九九三年、ニューヨーク選出の民主党上院議員で社会学者のダニエル・パトリック・モイニハンはこう鋭く指摘した——共通の基準から逸脱して行動する人に対処する人間の能力は限られている。[109]モイニハンによると、不文律がたびたび破られるとき、社会は「〝逸脱〟の定義の基準を下げる」傾向があるという。そのとき、かつて異常とみなされたものは正常に変わる。

モイニハンは「逸脱の定義」にまつわるこの洞察を、アメリカ社会で「ひとり親家庭」「高い殺人率」「精神疾患」への寛容さが増していることに当てはめて論じた(この議論は賛否両論を呼んだ)。今日では、それをアメリカの民主主義に当てはめて考えることができるはずだ。政治的な逸脱——「礼節」「メディアへの敬意」「嘘をつかない」といった不文律を破ること——はドナルド・トランプから始まったものではないとしても、彼がそれを加速させているのはまちがいない。トランプ大統領のもと、アメリカ社会は政治的逸脱の定義の基準を下げつづけてきた。大統領が日常的に個人攻撃、いじめ、嘘を利用することによって、当然のごとくそれらの行為がだんだん正常なものに近づいていく。トランプのツイートに対して、メディア、民主党支持者、一部の共和党員は怒りをあらわにするが、彼らの反応の影響力は違反の〝量〟に抑え込まれてしまう。モイニハンが指摘したように、あまりの量の逸脱に私たちは圧倒され、それに鈍感になっていく。以前は恥ずべき行為だと思っていたことに、人々はどんどん慣れてしまうのだ。

さらに、トランプによる規範の逸脱は党に黙認されており、それが共和党支持者のあいだで彼の言動が受け容れられる要因になっている。たしかに、たくさんの共和党議員がトランプのもっとも悪名高い言動の数々を非難してきた。しかし、その場限りの非難の言葉に大きな懲罰的効果はない。ひとりをのぞいた共和党上院議員の全員が、トランプ就任から七カ月のあいだに少なくとも八五パーセントの割合で大統領側の政策に賛成票を投じた[110]。大統領の規範違反をしばしば強く非難してきたネブラスカ州選出のベン・サスやアリゾナ州選出のジェフ・フレイク上院議員でさえも、九四パーセントの割合でトランプに賛成した[111]。とめどない侮辱的なツイートに対して、「封じ込め」戦略が使われることはなかった。共和党議員たちは、自党の大統領の規範違反への政治的な代償を払うことを嫌がった。そんな彼らに残されたのは、何が赦されて何が赦されないのかをつねに再定義するという道だけだった。

これは、アメリカの民主主義に恐ろしい影響を及ぼすものだ。トランプ大統領による基本的な規範への攻撃は、許容されるべき政治的行動の範囲を押し広げてきた。その影響の一部はすでに現われはじめている。たとえば二〇一七年五月、下院補欠選挙の共和党候補だったグレッグ・ギアンフォートは、医療保険改革について質問した英『ガーディアン』紙の記者を床に投げ飛ばした[112]。ギアンフォートには軽暴行罪の容疑がかけられたものの、選挙では勝利を収めた。くわえて、影響は一般市民にも及んでいる。二〇一七年なかばに『エコノミスト』誌と英調査会社ユーガブが行なった世論調査によると、とりわけ共和党支持者のあいだでメディアに対する不寛容な姿勢が広がっていることが明らかになった。「偏りのある情報や不正確な情報を示したメディアに、裁判所が閉鎖命令を出すことを認めるべきか？」という問いに対して、共和党支持者の四五パーセントが賛成し、反対はわずか二〇パーセントにとどまった[113]。また、共和党支持者の五〇パーセント以上が「偏った報道や不正確な報道に罰金を科す」という考えを支持した。言い換えれば、共和党支持者の過半数は、近年エクアドル、トルコ、ベネズエラで起きたようなメディア弾圧を支持すると答えたことになる。

全米ライフル協会による威嚇射撃

二〇一七年夏、全米ライフル協会（ＮＲＡ）は二本の会員募集動画をネット上に投稿した。ひとつ目の映像のなかで、ＮＲＡの広報担当者ダナ・ローシュは民主党と武器の使用について次のように語った。

> あいつらは学校を使い、この国の大統領が新たなヒトラーであるかのように子どもたちに教え込む。映画スターや歌手、お笑い番組や授賞式を使い、自分たちの主張を何度も何度も繰り返す。あいつらは元大統領を使って「抵抗」を訴える。そうやって支持者を煽り、人種差別反対、外国人差別反対、同性愛差別反対を訴えるデモへと駆り立てる。やつらは窓を割り、車を燃やし、高速道路や空港を閉鎖し、法律を護る一般市民をいじめ、威嚇する。残された唯一の選択肢は、警察が出動して狂気を止めることだけ。でも実際に警察が来ると、あいつらはそれを理由にまた暴力を正当化する。私たちがそれを阻止し、この国と自由を護るためにできる唯一のことは、真実という握り拳で嘘の暴力と闘うことだけ。[114]

二本目の動画でローシュは、『ニューヨーク・タイムズ』に対して微妙とはいえない暴力的な警告を発した。

> あなたたちの報道が真実や事実にもとづいたジャーナリズムですって？　そんな嘘の主張にはもううんざり。これを言葉の威嚇射撃だと考えてちょうだい……つまり、私たちはあなた方をぶっつ

ぶすってこと。[115]

ＮＲＡは小さな末端組織などではない。公称五〇〇万人の会員を擁し、共和党と密接に結びついた団体だ（ドナルド・トランプとサラ・ペイリンは終身会員）。にもかかわらず、以前であれば恐ろしいほど政治的に逸脱しているとみなされた言葉を使い、対立相手を攻撃しているのだ。

規範は、民主主義にとって柔らかいガードレールの役割を果たしている。そのガードレールが壊れるにつれ、受け容れられる政治行動の領域が広がり、民主主義を揺るがすような言動が日常茶飯の出来事に変わる。かつてアメリカの政治において考えられなかったことが、いまでは考えられることになってきた。ドナルド・トランプ自身がアメリカの立憲民主主義という〝硬いガードレール〟を壊さなかったとしても、将来の大統領が壊す可能性が高まっていることはまちがいない。

第9章 民主主義を護る

私たちはときに、アメリカの民主主義は特別なものだと考えがちだ。しかしこの本を執筆するプロセスのなかで私たち著者は、アメリカの民主主義がそれほど例外的ではないことに改めて気づかされた。アメリカの憲法や文化のなかに、民主主義の崩壊から国民を護ってくれる特別なものなど何もない。かつて、アメリカの政治は破滅的な状況に陥ったことがあった。地方と党同士の憎しみが国を二分し、アメリカはそのまま内戦に突入した。その後に立憲制度が復活すると、共和党と民主党の指導者たちは新たな規範と慣習を築き上げた。それらの規範こそが、一世紀以上にわたる政治的安定を支えることになった。しかしその安定は、人種排除と南部における独裁的な一党支配という代償の上に成り立つものだった。アメリカ合衆国が完全に民主化したのは、一九六五年以降のことだった。[1] そして皮肉にも、民主化のプロセスそのものによってアメリカの有権者の抜本的な再編成が始まり、ふたつの党は再びはっきりと二極化することになった。[2] それはレコンストラクション以来、どの時期に起きたものよりも深刻な二極化だった。それが、今日のアメリカの民主主義を揺るがす規範破りの連鎖を惹き起こすようになった。

民主主義は後退しているか

現在、世界じゅうで民主主義が衰退しているという認識が広まりつつある。[3] ベネズエラ、タイ、トルコ、ハンガリー、ポーランド……。民主主義研究の第一人者である政治学者ラリー・ダイヤモンドは、世界が民主主義の後退期に入ったと論じている。[4] 冷戦が終結したあとの数年に比べると、民主主義を取り巻く国際的な状況が悪化しているのは一目瞭然だ。一九九〇年代、欧米の自由民主主義は他の追随を許さないほど圧倒的な軍事的、経済的、イデオロギー的な力を誇り、欧米式の民主主義は「唯一無二のもの」だと広く認められてきた。しかしそれから二〇年がたち、世界の力のバランスは変わった。EUと米国の世界的な影響力は衰え、中国とロシアはますます力を増してきた。ロシア、トルコ、ベネズエラといった国で新しい独裁主義モデルが生まれたことによって、現在の民主主義はかつての勢いを失ったようにも見える。だとすれば、アメリカがいま直面している危機は、世界的な後退の流れの一部なのだろうか？

私たち著者はそのような考えには懐疑的だ。ドナルド・トランプが大統領に当選するまで、世界的に民主主義が後退しつつあるという考えは実際よりも誇張されて伝えられていた。[5] 二一世紀はじめ、国際的な民主主義はより不利な状況へと追い込まれていった。しかしそれらの難題をまえにしても、既存の民主主義はきわめて堅牢であることが証明されてきた。実際、世界の民主主義国家の数は減っていない。むしろ二〇〇五年ごろにピークを迎え、その数は現在までずっと安定してきた。ハンガリー、トルコ、ベネズエラのように民主主義が後退した国は、新聞の見出しを飾って大きな注目を集める。その陰で、コロンビア、スリランカ、チュニジアなどこ一〇年のあいだにより民主的に成長した国があるのも事実だ。さらに重要なことに、アルゼンチン、ブラジル、チリ、ペルー、ギリシャ、スペイン、チェコ共和国、ルーマニア、ガーナ、インド、韓国、南アフリカ、台湾など、世界の民主主義国家の圧倒的大多数は二〇一七年までその体制を維持してきた。

西側の民主主義の多くは近年、国内で信頼の危機にさらされてきた。弱い経済、EU懐疑論の高まり、移民排斥を訴える政党の台頭など、西ヨーロッパの状況には心配の種ばかりが目立つようになった。たとえば、最近のフランス、オランダ、ドイツ、オーストリアの選挙での極右政党の躍進によって、ヨーロッパの民主主義の安定性についての不安感が広がった。イギリスでは、ブレグジット（EU離脱）の議論が政治を大きく二極化した。二〇一六年一一月、ブレグジットを進めるためには議会の承認を必要とするという決定が裁判所で出されると、『デイリー・メール』紙はドナルド・トランプの過激な言葉を模倣し、裁判官たちを「国民の敵」と呼んだ。さらに、保守党政権がいわゆる「ヘンリー八世条項」を引き合いに出し、議会の許可なしでブレグジットを推し進める可能性を模索しはじめると、保守党の新人議員を含めた多くの専門家が大きな懸念をあらわにした。しかしこれまでのところ、西ヨーロッパにおける基本的な民主主義の規範はほとんど失われていない。

その一方で、トランプの台頭は、世界規模の民主主義にさらなる危機をもたらすものかもしれない。ベルリンの壁崩壊からオバマ政権が終わるまでのあいだ、米国政府は大々的に民主主義を促進する外交政策を保ってきた。もちろん、数多くの例外があった——中国、ロシア、中東のようにアメリカの戦略的利益が危うい状況にある場所では、民主主義は議題から外された。しかし、冷戦後のアフリカ、アジア、東欧、中南米のほとんどの場所において、米政府は外交圧力、経済支援、そのほかの外交政策を用いて独裁主義を抑え込み、民主化を推し進めてきた。(6) 一九九〇年から二〇一五年のあいだの期間が、世界の歴史のなかでもっとも民主的な四半世紀であったことはまちがいない。その要因のひとつは、欧米の大国が広く民主主義を支持したことにあった。いまでは、それが変わろうとしている。ドナルド・トランプ政権下のアメリカは、冷戦後はじめて民主主義の促進者としての役割を捨てようとしているかに見える。トランプ大統領は、ニクソン以来のアメリカ大統領のなかでもっとも親民主主義ではない人物である。くわえて、アメリカはもはや民主主義のお手本ではなくなった。メディアを攻撃し、対立相手を逮捕すると脅し、選挙の結果を受け容れないとまで言い出す人物が大統領を務める国が、民主主義をしっかり護ることなどできるはずがない。既存の独裁者も将来の独裁者たちも、ホワイトハウスのトランプとともにさらに勢いを増していくはずだ。世界規模で民主主義が後退しているという考えは、二〇一六年以前にはほぼ神話でしかなかった。しかし近年のＥＵの危機、中国の台頭、そしてロシアのより好戦的な態度と相まって、トランプ政権はその神話を現実のものに変えてしまうかもしれない。

トランプ後の三つの未来

トランプが去ったあとのアメリカに眼を向けてみると、そこには三つの未来があると考えられる。もっとも楽観的なひとつ目の未来は、すぐさま民主主義が回復するというもの。このシナリオでは、トランプ大統領は政治的に失脚することになる。まず考えられるのが、国民からの支持を失って再選を逃すというパターン。あるいは、弾劾や辞任というもっと劇的なケースもあるだろう。トランプ政権の崩壊と反トランプ派の勝利によって力を取り戻した民主党は政権に復帰し、トランプの愚かな政策の数々を転換していく。トランプ大統領がある程度大きな問題を起こして失脚した場合には、一九七四年のリチャード・ニクソンの辞任後と同じように国民の反感が増し、アメリカの民主主義の質を高めるための改革を求める声が上がるにちがいない。トランプと協力したことへの高い代償を払った共和党の指導者たちは、過激主義的な政治へのかかわりを絶とうとするかもしれない。この未来予想図のなかでは、世界でのアメリカの評判も素早く回復するはずだ。トランプの狂騒劇は、悲劇的な過ちの時代として――ぎりぎりで大惨事が回避され、アメリカの民主主義が護られた物語として――学校の教科書に載り、映画化され、歴史書のなかに記されることになる。

当然ながら、これは私たちの多くが望む未来だ。しかし、そうなる見込みは薄い。思い出してほしい――長年にわたる民主主義の規範への攻撃、それを推し進める根本的な原因となった二極化は、ドナルド・トランプがホワイトハウスにたどり着くずっとまえから始まっていた。アメリカ民主主義の柔らかいガードレールは、何十年ものあいだ弱りつづけていた。たんにトランプ大統領を取りのぞくだけで、それが奇跡的に復活するはずがない。トランプによる政権運営は、最終的には一時的な脱線とみなされ、私たちの制度にそれほど大きな足跡を残さないかもしれない。だとしても、トランプ政権を終わらせることだけで、健全な民主主義がすぐに回復するとは考えにくい。

より暗いふたつ目の未来は、トランプ大統領と共和党が白人至上主義の旗印のもとに勝ちつづけるというものだ。このシナリオでは、親トランプ路線の共和党がホワイトハウス、連邦議会上下院、州議会において圧倒的な力を保ちつづけ、最後には最高裁判所で安定過半数を得るようになる[7]。それから憲法違反ぎりぎりの強硬手段のテクニックが使われ、白人有権者の過半数独占を長きにわたって護るための施策が生み出される。大がかりな強制送還、移民の制限、有権者登録名簿の更新、厳しい投票者ＩＤ法の採用などがいくつか組み合わせて実施されるはずだ。選挙区の見直しも進められ、上院の少数政党を保護するために設けられたフィリバスターなどのルールが廃止されるにちがいない。そのような策を講じておけば、共和党はぎりぎりの過半数でも政策を押し通すことができるようになる。

一見、こういった措置はどれも極端なものに思える。が、実際にはすべてトランプ政権によって検討されたことがあるものばかりだ。

新たな〝白人の過半数〟を作り上げて共和党の力を保とうとする動きは、当然ながらどこまでも反民主主義的なものだ。そのような措置が実際に行なわれれば、進歩主義者、少数民族、民間部門など幅広い社会勢力から抵抗が起こることは避けられない。この抵抗によって対立が激しくなり、暴力的な衝突につながると、結果として「法と秩序」という名目での警察による弾圧と民間の自警主義が強まることになる。こういった抵抗に対する警察の取り締まりが人の眼にどのように映るかを知りたければ、さきほど例として挙げた全米ライフル協会の最近の会員募集動画を見てほしい。あるいは、ブラック・ライブズ・マター〔黒人に対する暴力や人種差別の撤廃を訴える国際的な社会運動〕について語る共和党の政治家の話に注目してみてほしい。

このような悪夢のシナリオになる可能性は低いものの、まったくありえないとも言い切れない。ある社会のなかで規模を減らしつつある多数民族が、闘いを経ることなく支配的な地位をほかのグループに明け渡した実例はほとんどない。たとえばレバノンでは、多数派だったキリスト教グループの人口減少が、一五年間にわたる内戦の引き金になった。イスラエルでは、事実上のヨルダン川西岸併合によって生まれた人口構造の脅威が、極端な政治体制へと国を導いている（元首相のうちのふたりが、この体制をアパルトヘイトと比較して論じたほどだった）。より身近な例として、レコンストラクション後に黒人の政治参加という脅威に向き合うことになった南部民主党は、彼らの参政権をおよそ一世紀にわたって奪い取った。共和党内の白人至上主義者はいまだ少数派にとどまってはいるものの、厳しい投票者ＩＤ法の制定と有権者登録名簿の更新を求める声は高まっており、大きな影響力をもつ共和党系のジェフ・セッションズ司法長官や選挙公正委員会のクリス・コバック副委員長もそれらの政策を支持している。だとすれば、共和党が選挙区の大々的な区割り変更に乗り出すのも時間の問題かもしれない。

三番目の、そして私たち著者がもっともありえそうだと考えるトランプ後の未来は、二極化、政治の不文律からのさらなる逸脱、頻発する制度上の闘いによって特徴づけられた世界――つまり、強固なガードレールのない民主主義だ。このシナリオでは、トランプ政権やトランプ主義は最終的に失速するかもしれない。しかしその失敗が、政党同士の隔たりを狭めたり、相互的寛容や自制心の衰えを逆転させたりすることはほとんどない。

ノースカロライナ州で何が起きているか

ガードレールのないアメリカ政治がいったいどのようなものになるのか、現在のノースカロライナ州を例に考えてみたい。ノースカロライナ州は、共和党と民主党の支持が拮抗する典型的な〝パープル・ステート〟である。多様化した経済と国際的に評価の高い大学制度を誇るこの州は、南部のほかの多くの州よりも豊かで都市化が進んでおり、教育水準も高い。人口構成も多様で、アフリカ系、アジア系、ラテン系が全人口のおよそ三分の一を占めている。[8] こういったさまざまな要因が絡み合い、南部の保守的な〝ディープサウス〟の州に比べて、ノースカロライナの住人は民主党により好意的だ。この州の有権者の構成や投票行動は、全国的な平均にきわめて近い。住民の支持は民主党と共和党でほぼ半々に分かれており、シャーロット、ローリー、ダーラムといった都市圏では民主党が圧倒的に強く、地方では共和党が盤石の強さを誇っている。

デューク大学法学部のジェデディア・パーディが指摘するように、ノースカロライナ州は「アメリカの極端に二極化した政治と深まる相互不信の縮図」[9] となった。ここ一〇年のあいだ、州議会の両党はあらゆる問題について激しい争いを繰り広げてきた。[10] たとえば、共和党が無理やり成立させた人工妊娠中絶の規制、医療費負担適正化法《オバマケア》にともなうメディケイド〔低所得者向けの医療費支援制度〕拡大に対する共和党知事の拒否、同性婚を禁止する州憲法改正案……。なかでももっとも話題となったのは、トランスジェンダーが自認する性のトイレを使うことを禁じる二〇一六年の「公共施設のプライバシーと安全法」(通称、トイレ法)だった。このような政策のすべてに、大きな反対が巻き起こった。この状況について、あるベテラン共和党議員は次のように語った。「私の経験上、州の政治がこれほど二極化し、険悪なムードになったことはない……私は(強硬派として有名な)ジェシー・ヘルムズのもとで働いたこともあるというのに」[11]

　大方の見方によれば、ノースカロライナ州で全面的な政治闘争が始まったのは、二〇一〇年の選挙で共和党が州議会の第一党になったあとだったという。翌年、議会は選挙区割りの再編案を可決したが、それは人種構成を利用したゲリマンダリングが強く疑われるものだった。新しい区割り案では、アフリカ系アメリカ人の有権者がいくつかの地区に集中するように区分けされたため、そのほかの選挙区で黒人票の割合が低くなり、共和党の議席が最大限に増えるようになっていた。ノースカロライナ州の非暴力抵抗運動モラル・マンデーズの指導者である進歩主義者のウィリアム・バーバー牧師は、新たな区割りを「アパルトヘイト的選挙区」だと非難した。この区割り変更は、二〇一二年の連邦下院選挙の結果に大きな影響を与えた。州全体の投票数では民主党が上まわっていたにもかかわらず、共和党が一三議席のうち九議席を獲得した。[12]

　パット・マクローリーが二〇一二年の知事選に勝ち、共和党が州政府の三権すべてを掌握するようになると、ノースカロライナ州共和党は長期的にその支配力を保つことに狙いを定めた。知事職、州議会上下院での優位、州最高裁判事の過半数という武器を手にした共和党幹部たちは、政治というゲームのルールを歪める一連の野心的な改革を始めた。

まず彼らは、州全土の有権者についての個人データへのアクセス権を求めた。[13] いったんその情報を手に入れると、議会はさまざまな選挙改革案を可決させ、有権者が投票するプロセスをより複雑にした。厳しい投票者ID法が設けられ、期日前投票のハードルが上がり、一六歳と一七歳の有権者の事前登録制度がなくなり、即日選挙人登録制度が廃止され、いくつかの主要な郡では投票所の数が減らされた。[14] 新しいデータを手にした共和党は、アフリカ系アメリカ人の有権者にぴったり照準を定めた改革を計画することができた。連邦控訴裁判所はそのターゲットの定め方を「外科手術並みの精度」[15]と揶揄し、この新しい法律の執行を停止した。しかし共和党は州選挙委員会への支配力を巧みに使い、政策のいくつかを無理やり実行に移した。[16]

二〇一六年の知事選で民主党のロイ・クーパーが現職のマクローリーに僅差で勝ったあとも、党同士の争いは続いた。共和党は不正投票があったと根拠のない言いがかりをつけ、マクローリー自身もほぼ一カ月にわたって敗北を宣言することを拒んだ。[17] が、それははじまりにすぎなかった。マクローリーが二〇一六年一二月にやっと負けを認めたあと、共和党は「サプライズ特別州議会」[18]を招集することを決めた。時を同じくして、「議会によるクーデター」[19]が差し迫っているという噂が広がった――知事選の結果に疑義がある場合に議会が介入できるという法律を利用して、共和党が選挙結果をマクローリー勝利に変える。このような噂が流れたこと自体、政治がどれほど堕落したかを証明するものだった。

実際にそのようなクーデターは起きなかったものの、『ニューヨーク・タイムズ』が「恥知らずの権力の横取り[20]」と名づけた行動に出た共和党は特別州議会のなかで、民主党の次の知事の権限を減らすいくつかの施策を可決させた。たとえば、知事による閣僚指名を最終承認する権限が州上院に与えられた。さらに、現職の共和党知事の判断で臨時職員を常勤に変えることができる仕組みができあがった。[21] 退任間近のマクローリー知事はすぐさま一〇〇〇人近い州職員の雇用契約の内容を変え、州政府の〝抱き込み作戦〟を進めた。[22] くわえて、共和党員は州選挙委員会のメンバー構成も変えた。[23] この選挙委員会は、ゲリマンダリング、選挙人登録、投票者IDチェックの要件、投票時間、投票所の配置などといった州のルールを独自に決める大きな権限をもっていた。[24] 現行の制度では、選挙委員会のトップである現職知事が半数以上の委員を自らの党から選ぶことになっていた。しかし共和党はその規則を変え、議席数に合わせて各党から平等に委員が選ばれるシステムを作った。[25] また、選挙委員会の委員長は一年ごとに両党の議員が交代で務め、二番目に委員の多い政党（共和党）が選挙のある偶数年に委員長を出すという新たなルールが定められた。[26] その数カ月後、議会は州控訴裁判所の判事の席数を減らす法案を通し、民主党のクーパー知事から三名分の判事指名権を奪い取った。[27]

人種構成にもとづくゲリマンダリング、二〇一三年の投票者ID法、選挙委員会の改革法案はのちに裁判所に却下されたものの、そのプロセス自体が「全力で政敵に襲いかかる」という共和党の強い意志を明らかにするものだった。チャペル・ヒル市選出の民主党下院議員デイビッド・プライスは、これらの議会の危機によって「アメリカの民主主義はわれわれが思っている以上に脆弱かもしれない」と学んだと語った。[28]

ガードレールのない政治はどのようなものなのか？　そのさきのアメリカにどんな未来が待っているのか？　ノースカロライナ州はその答えのヒントを与えてくれる。党の〝ライバル〟が〝敵〟になったとき、政治の競争は戦争に成り代わり、制度は武器に変わる。その結果として、絶えず危機にさらされた不安定な政治システムが生まれることになる。

規範の重要性

この暗いシナリオは、本書のもっとも大切な教訓を浮き彫りにしてくれる――アメリカの民主主義がうまく機能していたときには、相互的寛容と組織的自制心というふたつの規範が当たりまえのように存在し、それが陰で制度を支えていた。合衆国憲法には、「ライバルを正当な競争相手として扱い、フェアプレーの精神を働かせて制度上の特権を控え目に使いなさい」などとは書かれていない。しかしそのような規範がなければ、憲法の抑制と均衡のシステムは理想どおりには機能してくれない。フランスの思想家モンテスキューは、一七四八年の著作『法の精神』で三権分立の概念をはじめて説いたとき、今日の社会で「規範」と呼ばれるものについてほとんど気に留めていなかった[29]。彼は、政治制度がしっかりした構造で支えられていれば、権力の乱用を抑え込むことができると信じていた。モンテスキューにとって憲法の設計は、工学的な問題と大差ないものだった。つまり、政治指導者に欠点があったとしても、「野心には野心で対抗できる」制度を作り上げておけば問題ないと考えていた。アメリカの建国の父たちの多くも同じ意見だった。

歴史は、建国者たちがまちがっていたことをすぐに証明した。政党やそれに付随する規範といった革新がなければ、フィラデルフィアで慎重に組み立てられた憲法が生き残ることはできなかった。制度というものは、たんなる正式ルールではない。それを機能させるために必要な行動とは何か、という共通の理解も制度の一部に含まれるものなのである。建国当初のアメリカの政治指導者たちが優れていたのは、隙のない確実な制度を作り上げたからではなかった。彼らが質の高い制度を設計したうえで、その制度が機能するために役立つ共通の信念と慣習を苦労しながらも少しずつ作り上げていったからだ。

古くから、アメリカの政治システムの強さを支えるのは個人の自由と平等主義の原則だといわれてきた。ノーベル賞を受賞したスウェーデン人経済学者グンナー・ミュルダールは、その原則を「アメリカ的信条」と呼んだ[30]。建国の文書に記され、学校の教室、演説、社説で繰り返し謳われてきた「自由と平等」とは、自ら正当性を示すべき価値観であって、勝手に効果が発揮されるものではない。相互的寛容と組織的自制心は〝手続きのための原則〟であり、制度を機能させるために政治家がどのように法の範疇を越えて行動するべきかを教えてくれるものだ。この手続きにまつわる価値観もまた、アメリカ的信条の中心にあるものだと考えるべきだろう。なぜなら、このような規範がなければ、私たちの民主主義は機能しないからだ。

民主党はどう対抗すべきか

この点は、市民がどのようにトランプ政権に反対するべきかという問題にも大きくかかわってくる。二〇一六年の大統領選挙のあと、多くの進歩的な言論機関は「民主党は共和党のように闘うべき」だと結論づけた。共和党がルールを破りつづけるなら、民主党も同じやり方で応じるしか選択肢は残されていない、というのが彼らの議論だった。寛容の心を放棄した相手に自制心と礼儀正しさをもって行動することは、後ろ手に縛られたままリングに上がるボクサーと同じではないか？　いかなる手段を使ってでも勝とうとするいじめっ子と向き合っているにもかかわらず、ルールにしたがおうとするプレーヤーはまんまと利用されて終わるだけではないか？　退任直前のオバマ大統領による最高裁判事の指名を共和党が拒んだとき、民主党は不意打ちのパンチを食らったような感覚に襲われた。トランプの大統領選勝利によって共和党の逃げ切りが確実になると、とりわけ負の感情は強くなった。政治学者で作家のデイビッド・ファリスは、「醜い争い」を求める専門家の典型だった。

すべての問題の交渉における民主党の立場は、きわめて単純なものであるべきだ――共和党はメリック・ガーランドの指名を認めるか、それとも業火に焼かれて死ぬかのどちらかだけ……さらに民主党は、アントニン・スカリアが死んだ日にやるべきだったことを実行しなくてはいけない。つまり、はっきりと相手に伝えるべきだ――次に民主党が上院の主導権を握り、共和党がホワイトハウスを牛耳るとき、これまで起きたことに対して共和党は恐ろしいほどの高い代償を払うことになる。分割政府下の次の共和党の大統領は、何ひとつ実現することはできないだろう……承認はゼロ。この国のもっとも末端にある下級裁判所も含めて、判事の指名への承認はゼロ。官僚の指名も、法律案も、何ひとつ承認されることはないだろう。(31)

トランプ大統領の当選直後には、就任を阻止するためになんらかの措置を講じるべきだと唱える進歩主義者もいた。トランプ就任の一カ月前に発表された「民主党よ立ち上がれ、共和党のように闘え」という論説のなかで、ジャーナリストのダリア・リスウィックと弁護士のデイビッド・S・コーエンはこう嘆いた。「民主党は彼の動きをほとんど止めようともしていない。トランプ氏の就任を阻止するための多種多様な法理論があるにもかかわらず、民主党はそれを追求しようとしていない」(32)。リスウィックとコーエンは、ドナルド・トランプの就任を妨げるために「民主党はあらゆる手を尽くして闘うべきだ」と主張した。ミシガン州、ペンシルバニア州、ウィスコンシン州での票の再集計と不正投票の捜査を求め、選挙人団に働きかけ、必要とあらば法廷でトランプ大統領の勝利をくつがえすことを試みるべきだ、とふたりは訴えた。

大統領就任式の当日、一部の民主党議員はドナルド・トランプの大統領としての正当性に疑問を投げかけた。カリフォルニア州選出のジェリー・マクナーニー下院議員はロシア疑惑を理由に挙げ、今回の選挙は「正当性に欠けている[33]」と主張して就任式をボイコットした。同じように、ジョージア州選出のジョン・ルイス下院議員は、トランプ大統領を「正当な大統領とは考えられない[34]」と批判した。結局、合わせて七〇人近くの民主党議員が就任式への参加をボイコットした[35]。

トランプ政権が始動しはじめると、一部の進歩主義者から「民主党は共和党の戦術を真似して、すべてを妨害するべき[36]」という声が上がった。たとえば、リベラル系政治ブログ「デイリー・コス」の創設者であるマルコス・モーリツァスは次のように訴えた。「上院の民主党は、どんな些細なことでもいいから共和党に闘いを強いるべきだ。朝の祈りだってなんだっていい。とにかく、すべてが闘いでなくちゃいけない[37]」

なかには、早い段階での弾劾の話を持ち出す民主党議員もいた。トランプ就任から二週間もたたないうちに、マクシーン・ウォーターズ下院議員は「私の最大の望みは@realDonaldTrumpを弾劾に導くことだ[38]」とツイートした。弾劾の話題は、FBIのジェームズ・コミー長官が解任されたあとに盛り上がりをみせ、トランプ人気の下落によってより現実味を増していった。そのころの民主党内では、弾劾を発議するために必要な下院での過半数の票を確保できるのではないかという期待も高まっていった[39]。ウォーターズは二〇一七年五月のインタビューでこう語った。「その言葉を口に出すことさえ嫌がる人もいます。あまりに突拍子もない考えだ、と彼らは言います。ひどく厄介だし、考慮するべきことが多すぎると。でも、私はそう思いません[40]」

報復合戦を避ける

しかし私たち著者としては、民主党が「共和党のように闘うべきである」というのは誤った考え方だと主張したい。まず、世界のほかの国々の出来事を見るかぎり、そのような戦略は往々にして、独裁者にいいように利用されて終わるのがオチだ。穏健派の有権者は過激な焦土作戦を嫌う傾向があるため、野党への支持が逆に減ってしまう可能性もある。さらに、野党が強硬姿勢をとればとるほど政府陣営はより一致団結し、与党内の反対勢力までもが結束を固めるようになる。野党が汚い闘い方に走れば、それ自体が政府に取り締まりを強めるための正当な理由を与えることにもなりかねない。[41]

これはまさに、ウゴ・チャベス政権下のベネズエラで起きたことだった。就任から数年のあいだ、チャベス大統領は民主的に政権運営を進めていたものの、反対勢力は彼のポピュリスト的な演説をひどく怖れていた。チャベスがキューバ式の社会主義に舵を切ることを危惧し、反対派はあらゆる手を尽くして先制的に彼を失脚させようとした。

二〇〇二年四月、野党の指導者たちは軍事クーデターを支援した。しかしあえなく失敗すると、野党の民主派としてのイメージまで損なわれることになった。それでもひるまなかった野党は、二〇〇二年一二月に無期限のゼネストを率い、チャベスが身を引くまで国のあらゆる活動を止めようとした。ストライキは二カ月にわたって続き、国にもたらされた損害は推定四五億ドルに上った。が、最後には失敗に終わった。[42] その後、反対勢力は二〇〇五年の議会選挙をボイコットしたが、その動きはチャベス派による議会の支配を加速させるものでしかなかった。これら三つの戦略はどれも裏目に出てしまった。[43]

反対派はチャベス政権を倒すことに失敗したどころか、国民の支持まで失った。これによって勢いづいたチャベス大統領は反体制派を「反民主主義的」だと批判し、政府のさまざまな行動を正当化するようになった。軍隊、警察、裁判所から批判者が取りのぞかれ、反体制派は逮捕・追放され、独立したメディア機関は閉鎖された。[44] チャベス政権はみるみる独裁色を強めていったが、国民からの信頼を失って弱体化した野党はその動きを食い止めることができなかった。

一方、アルバロ・ウリベ政権下のコロンビアでは、野党のある戦略がより優れた成果を上げた。[45]二〇〇二年に大統領に選ばれたウリベは、チャベスと似た方法を使って権力の集中に乗り出した。[46]ウリベ政権は批判者に反逆者やテロリストのレッテルを貼って攻撃し、ライバルやジャーナリストを監視し、裁判所を骨抜きにしようとした。さらに、任期制限を超えた再選を狙い、二回にわたって憲法改正を試みた。これに対してコロンビアの野党は、ベネズエラの反対勢力とは異なり、超憲法的な手段を用いずにウリベ政権を倒そうとした。

政治学者のローラ・ガンボアが指摘するように、彼らが重きを置いたのは議会と裁判所での行動だった。そのため、ウリベが対立相手を反民主主義だと非難したり、それを理由に取り締まりを正当化したりすることはよりむずかしくなった。[47]彼は職権乱用を繰り返したが、ベネズエラのような組織的な争いが起こることはなく、コロンビアの民主主義制度は脅威にさらされることもなかった。二〇一〇年二月、ウリベの三選に憲法裁判所が違憲判決を下すと、彼の再選への道は絶たれた。コロンビアのこの動きから、次のような教訓を得ることができる――制度的な手段が存在するとき、野党勢力はそれを利用するべきである。

ルールや規範を護る

たとえ民主党が強硬な戦術を用いてトランプ大統領を弱体化、もしくは辞任させることに成功したとしても、それは割に合わない勝利となる。なぜなら、彼らが引き継ぐことになるのは、残り少ないガードレールさえもが根こそぎにされた民主主義だからだ。トランプ政権が議事進行妨害によって倒されたとき、あるいは超党派の強い同意なしに弾劾されたとき、党同士の敵対意識と規範の衰えはより強まり、さらに加速してしまうかもしれない。そもそも、そのような敵意や規範違反こそが、トランプ大統領に権力を与えることになった要因のひとつだった。おそらく国民の三分の一は、トランプの弾劾を左翼による大がかりな陰謀とみなすだろう。なかにはクーデターだと考える有権者もいるかもしれない。そんな状態になるとすれば、アメリカ政治は危険なほど不安定なままだ。

このような激しい闘いが大団円を迎えることはめったにない。民主党が相互的寛容と自制心の規範を自ら進んで取り戻そうとしなければ、次の民主党の大統領は厳しい対立相手と向き合うことになる。彼らは、どんな手を使ってでも倒しにかかってくるにちがいない。そして党同士の亀裂がさらに深まり、不文律が無視されつづければ、最終的にアメリカの国民はトランプより危険な大統領を選ぶという道に進むことになるかもしれない。

当然ながら、トランプ政権の独裁的な行動には断固とした態度で立ち向かわなくてはいけない。しかし、その過程で民主的なルールや規範を破るのではなく、むしろそれらを護る努力をするべきだ。反対行動は可能なかぎり、議会、裁判所、そして選挙を中心に進めなければいけない。民主主義の制度を通してトランプを打ち負かすことができたとしたら、その行動によって制度はさらに強固なものになる。

一般市民による抗議活動にも同じ考え方が当てはまる。民主主義において、公の抗議運動は基本的な権利であり、大きな意味をもつ活動である。しかしその目的は、権利や制度を壊すことではなく、むしろ護ることであるべきだ。一九六〇年代に行なわれた黒人の抗議活動の影響に関する貴重な研究のなかで、政治学者オマール・ワソーはある事実を突き止めた——黒人主導の非暴力抗議活動によって政府や議会が公民権の問題により注目するようになり、この課題に対する国民の支持が広がった。[48]反対に、暴力的な抗議活動が起きた場合には、白人からの支持は減った。それこそ、一九六八年の大統領選において、ハンフリーからニクソン勝利へと傾いた要因のひとつかもしれない。

親民主主義勢力の結集

私たちは自国の歴史から学ぶべきだ。反トランプ勢力は、親民主主義の幅広い協力体制を作り上げなければいけない。現代では、似たような考えをもつグループが集まって協力体制を築くことが多い。たとえば、進歩的なユダヤ教会堂《シナゴーグ》、イスラム教のモスク、カトリック教区教会、長老派教会が手に手を取り、貧困や人種差別と闘う異教徒間の協力体制を組むことがある。あるいは、ラテン系グループ、宗教団体、公民権擁護団体が集まり、移民の権利を護るための連合を作ることもあるだろう。同じ考えをもつグループによるこのような協力は効果的ではあるものの、それだけで民主主義を護ることはできない。もっとも効果的な連携が生まれるのは、多くの問題について異なる――あるいはまったく反対の――意見をもつグループが集まったときだ。つまり友人同士ではなく、敵同士で築かれた協力体制である。

アメリカの民主主義をしっかりと護るためには、企業幹部、宗教指導者（とくにキリスト教福音派の白人）、共和党支持者《レッド・ステイト》の多い州の共和党議員といった人々と進歩主義者たちによる連携が必要になる。企業幹部と民主党の活動家という組み合わせは、一見すると自然な協力体制には見えないかもしれない。しかしどちらも、規範を破りつづける不安定な政権を嫌うという考え方を共有しており、両者は強力なパートナーにもなりえる。

たとえば、州政府に対して起きたボイコット運動について考えてみてほしい。最近では、マーティン・ルーサー・キング・ジュニアの誕生日を祝うことを拒んで南部連合国旗を掲げつづけた州政府に対して、あるいはLGBTの権利を侵した州政府に反対して、大きなボイコット運動が起きた。このような進歩的なボイコットに大企業の応援が加わったとき、その活動の成功率は大きく上がる。
〝いつもの仲間〟以外と協力体制を組むのはそう簡単なことではない。そのような連携を成功させるためには、自分たちが深い関心をもつ問題をいったん脇に置く強い意志が必要になる。たとえば、あなたが進歩主義者だったとしよう。「中絶の権利」や「単一支払者制度による医療制度」といった問題への立場を〝リトマス試験紙〟に設定し、協力関係を結ぶ相手を選んだらどうなるだろう？　その場合、福音派や共和党支持の企業幹部らとの協力はほぼ不可能に近い。私たちは時間的視野を広げ、ぐっと我慢し、大きく譲歩しなければいけない。自分にとって大切な理念を放棄するべきだと言っているわけではない。共通の道徳的立場を見つけるために、一時的に意見のちがいに眼をつぶらなくてはいけないということだ。

　反対派を巻き込んだ幅広い協力体制を組むことには大きなメリットがある。まずひとつ目として、アメリカ社会のより広範な領域の人々に訴えかけることによって、民主主義の擁護者による協力体制はさらに強固なものになる。反トランプ主義は進歩的な民主党支持者の多い州《ブルー・ステイト》だけにとどまるのではなく、アメリカのより広い範囲にまで届くはずだ。このような幅広い関与がなければ、独裁政権を孤立させて倒すことはできない。

　くわえて、（信仰心の薄い進歩的な都会の住人による）狭い範囲の反トランプ連合だけでは、現在の党派分裂の対立軸をさらに強めるだけになってしまうかもしれない。一方で、より幅広い協力体制は対立軸を弱め、それを抑え込むことにも役立つ。たとえ一時的だとしても、企業家とバーニー・サンダースの支持者、福音派と宗教色の薄いフェミニスト団体、地方の共和党支持者と都会のブラック・ライブズ・マター支持者が集まって政治運動を起こしたら？　この国の二大政党の両陣営のあいだに大きく開いた亀裂に、コミュニケーションのための新たな経路が生み出されるにちがいない。そして、党派を超えたつながりが希薄なこの社会において、より横断的な連携をうながす一助になるだろう。

政治による分断が党派と複雑に絡まる社会のなかでは、私たちはさまざまなタイミングでさまざまな人とさまざまな問題の側面について協力し合うことになる。妊娠中絶について隣人と意見が異なったとしても、健康保険については考えを共有しているかもしれない。別の隣人とは移民問題についての意見はちがうとしても、最低賃金の引き上げについてはどちらも賛成かもしれない。そのような相手と提携することは、相互的寛容の規範の構築・維持に大いに役に立つ。政治的な対立相手と少なくともいくつかの局面で同意することができれば、彼らを敵だとみなすリスクも低くなるはずだ。

二極化に向き合うためのふたつの選択肢

もちろん、トランプ政権による職権乱用に抗う方法について考えるのは大切なことだ。しかしながら、アメリカの民主主義における根本的な問題は党同士の極端な分裂であり、その状態はトランプが登場するまえもあとも変わらない。その分裂は政策のちがいだけでなく、人種や宗教のちがいに関する深刻な怒りの種によってさらに悪化している。アメリカの驚くべき二極化は、トランプ政権の誕生前から起きていたことであり、トランプ政権後も続く可能性がきわめて高い。

極端な二極化に向き合おうとする政治指導者には、ふたつの選択肢がある。ひとつ目の選択肢は、社会の分裂を当たりまえの事実と理解しつつ、政治レベルでの協力と妥協によってその影響力を弱めようとするというものだ。これこそ、チリの政治家たちがやり遂げたことだった。第5章で説明したとおり、チリ社会党を中心とする左派で構成された政府とキリスト教民主党のあいだの激しい争いは、一九七三年にチリの民主主義が崩壊する大きな要因となった。両者のあいだの強い不信感は何年にもわたって続いた。その不信感は、彼らが共有するピノチェトの独裁政権への激しい反発をも上まわるものだった。[49] チリ社会党の元指導者で、アメリカに渡ってノースカロライナ大学で教員を務めていたリカルド・ラゴスは、こんなエピソードについて語った。一九七五年にキリスト教民主党のエドゥアルド・フレイ・モンタルバ元大統領が大学を訪問したとき、彼と顔を合わせることに耐えられなかったラゴスは、仮病を使って仕事を休んだという。[50]

ところがしばらくすると、政治家たちは互いに話をするようになった。一九七八年にチリに戻ったラゴスは、キリスト教民主党のトーマス・レイエス元上院議員の夕食会に招かれた。その後、ふたりは定期的に会うようになった。[51] ほぼ時を同じくして、キリスト教民主党の指導者パトリシオ・エイルウィンは、さまざまな党を支持する弁護士や学者が集まる会合に出席した。その参加者の多くは、政治犯を弁護する際に法廷で闘い合ったことのあるライバル同士だった。[52]「グループ・オブ・24[53]」と呼ばれたこの会合はメンバーの家で行なわれる気軽な夕食会だったが、エイルウィンによると、「かつては敵同士だった者たちのあいだで信頼関係が築かれていった」という。最後には、これらの会話が実を結ぶことになった。

一九八五年八月、キリスト教民主党、チリ社会党、そのほか一九の政党がサンティアゴの由緒あるスペイン・サークル・クラブに集まり、〈全面的民主化のための国民協定〉を締結した。[54] この合意こそが、のちにコンセルタシオン・デモクラシア政党連合が生まれる礎《いしずえ》となった。[55] この政党連合は、重要な決定を社会党とキリスト教民主党の指導者のあいだで交渉するという「合意政治[56]」の慣習を作り出した。それが成功のカギになった。コンセルタシオン・デモクラシアは、一九八八年の国民投票でピノチェト政権を打ち倒すことに成功。さらに一九八九年には大統領選挙で勝利し、その後二〇年にわたって大統領を出しつづけた。

コンセルタシオンは、一九七〇年代とまったく異なる政治スタイルを築いていった。生まれたばかりのチリの民主主義が新たな対立によって脅かされることを怖れた指導者たちは、「合意民主主義」と呼ばれる非公式の協力体制を慣習として作り出した。[57]それは、議会に法案を提出するまえに大統領がすべての党の指導者に相談するという慣習だった。ピノチェトが一九八〇年に作った憲法は、予算を決める権限をほぼ独占的に大統領に与えるものだった。[58]しかしキリスト教民主党のエイルウィンは、予算案を提出するまえに社会党などの政党としっかり議論を重ねた。ただ仲間内で相談するだけではなかった。エイルウィンはさらに、ピノチェトの独裁政権を支援・擁護した右派政党にも法案について相談を持ちかけた。[59]政治学者のピーター・シアベリスは、チリのこの新しい規範は「連立政権の内部でも、連立政権と野党のあいだでも、不安定要素となりうる対立を取りのぞくことに役立った」[60]と主張する。結果、チリはここ三〇年にわたって、南米でもきわめて優れた民主主義を安定的に保ってきた。

アメリカの民主党と共和党がチリと同じ道をたどるとは考えにくい。礼儀正しさと助け合い精神がなくなったとただ嘆き、古き良き時代の超党派の協力を懐かしむのは簡単なことだ。しかし政治家たちが集団で努力しなければ、新しい規範を作り出すことはできない。一定数の指導者が新しい不文律を受け容れ、それにしたがった場合にのみ規範は機能する。一般的にこのようなことが実際に起きるのは、異なる思想をもった政治指導者が深淵を見つめ、二極化に対処する方法が見つからなければ民主主義は死ぬと気づいたときだ。しかし、チリのように暴力的な独裁政治に長いあいだ苦しまなければ、あるいはスペインのように激しい内戦によって大きな傷を負わなければ、その危険が明らかにならないことも多い。

二極化の克服

根本的な二極化を乗り越えて協力体制を築く代わりに、その二極化を克服するという選択肢もある。アメリカ国内の党同士の敵対意識をなんとか和らげようと、政治学者たちはさまざまな選挙改革について提案してきた。ゲリマンダリングの禁止、よりオープンな予備選挙の導入、投票の義務化、議会議員の選挙方式の変更[61]……。ところが、そのような改革にどれほどの効果があるのかはまったくの未知数だ。私たち著者は、アメリカの二極化を惹き起こすふたつの根本的な原因に焦点を当てることのほうがより重要だと考えている――人種や宗教の構成の変化と経済的不平等の拡大だ。これらの社会基盤にかかわる問題に対処するには、アメリカの政党の本来の意味について考え直す必要があるのではないだろうか。

党と党のあいだの亀裂を広げてきたのはおもに共和党だった。[62] 二〇〇八年以降、共和党は議事進行妨害、民主党への敵意、過激な政策姿勢などを通して、たびたび反体制政党のように振る舞ってきた。二五年にわたって右への移行を続けたことによって、共和党の組織の中核は空洞化してしまった。ここ四半世紀のあいだ、党執行部の構造はさまざまな要因によって骨抜きにされてきた。まず、資金の豊かな外部団体の出現があった。全米税制改革協議会やアメリカンズ・フォー・プロスペリティーなどの外部組織が、その優れた資金調達能力を武器に、多くの共和党議員の政策に多かれ少なかれ影響を与えるようになった。さらに、フォックス・ニュースをはじめとする右翼メディアの力が増したことによって、党執行部は主導権を失っていった。有力なメディア司会者やコーク兄弟などの裕福な外部の支援者は、共和党の執行部よりも所属議員に対してはるかに大きな影響力を及ぼした。共和党は依然として全国の選挙で優位に闘いを進めているものの、かつて共和党の「エスタブリッシュメント」と呼ばれたものはもはや幻になった。この空洞化によって共和党は、過激派が乗っ取りやすい組織に変わってしまった。[63]

二極化を和らげるためには、共和党は（ゼロから設立しなおすとまではいかないまでも）組織を刷新する必要がある。まずなにより、自らのエスタブリッシュメントを再建しなければいけない。これは、四つの大きな分野において党幹部の主導権を取り戻すことを意味する――財政、草の根組織、情報発信、候補者選び。党執行部が外部の支援組織や右翼メディアの支配から抜け出すことができなければ、共和党は自分たちを変えることはできない。そのためには大きな変化が必要だ。まず、共和党は過激主義の要素を党内から取りのぞかなければいけない。より多様な層から有権者を取り込むことを目指し、規模が縮小しつつある白人キリスト教徒の支持層への依存をやめるべきだ。そして、白人至上主義に訴えることなく選挙に勝つ方法を見つけなければいけない。つまり、アリゾナ州選出の共和党上院議員ジェフ・フレイクが名づけた「ポピュリズム、移民排斥主義、大衆扇動のシュガーハイ」[64]に頼るのをやめる必要がある。

アメリカの主要な中道右派政党を再び作り直すというのは、一筋縄ではいかない仕事になる。しかし、そのような変革には歴史的な先例があり、より厳しい状況のなかで行なわれたこともあった。そして保守政党の改革のあとには、決まって民主主義の復活が待っていた。[65]なかでも劇的だったのが、第二次世界大戦後の西ドイツの民主化だ。この成功の中心には、公にはあまり評価されていないある動きがあった――一度は国民に見捨てられた保守と右翼の残骸のなかから、中道右派のドイツキリスト教民主同盟（ＣＤＵ）が誕生したのだ。[66]

ドイツの事例から学ぶべきこと

一九四〇年以前のドイツには、組織的で選挙に強い保守政党もなければ、穏健で民主的な保守政党もなかった。ドイツの保守主義はつねに、内部の分裂と組織の弱さに悩まされてきた。[67]とくに、保守的なプロテスタントとカトリック教徒のあいだのぴりぴりとした分裂は中道右派に政治的空白を作り出し、過激主義者と独裁者につけ込む隙を与えた。この負の流れは、ヒトラーの権力への行進を背景にどん底へと達した。

第二次世界大戦が終わった一九四五年以降、ドイツの中道右派はそれまでとは異なる基準によって再建された。新たに設立されたＣＤＵは、まず過激派と権威主義者を自分たちから切り離した。その基礎を作り上げたのは、コンラート・アデナウアーなどの〝確固とした反ナチス思想[68]〟をもつ保守的な政治家だった。党の創設時の声明では、前政権とその行動や思想のすべてに真っ向から反対する旨がしっかりと謳われていた。一九四五年、ＣＤＵ党首のアンドレアス・ヘルメスは破壊の大きさを痛感しつつ、「古い世界は沈み、われわれは新しいものを作ることを望んでいる[69]」と述べた。ＣＤＵはドイツの民主的な未来予想図をはっきりと示した。[70]彼らが目指したのは、独裁者を拒絶し、自由と寛容を受け容れた〝キリスト教社会〟だった。[71]

ＣＤＵはさらに、カトリックとプロテスタント教徒の両方を迎え入れることによって、その支持基盤を広げて多様化させることに成功した。これは大きな挑戦だった。しかし、ナチズムと第二次世界大戦のトラウマを抱えた保守系カトリックとプロテスタントの指導者たちは、かつてドイツ社会を分裂させた長年の不和を克服しなければいけないと痛切に感じていた。地方のあるＣＤＵ幹部は当時の協力体制についてこう語った。「刑務所、地下牢、強制収容所でカトリックとプロテスタントによる密な協力が生まれると、古い対立が終わり、両者のあいだに橋が築かれるようになった」[72]。CDUが創設された一九四五年から四六年にかけて、カトリックとプロテスタントの新たな指導者たちは両宗派の教徒の家々を戸別に訪問してまわり、ドイツ社会を再び形作る新しい中道右派政党を魔法のように作り出した。CDUはその後、戦後ドイツの民主主義を支える大切な柱となった。

戦後のアメリカは、CDUの設立をうながすうえで大きな役割を果たした。だとすれば、今日のアメリカがそのような過去の成功例から自分たちの民主主義を救う手立てを学ぶことができるという事実は、歴史の偉大な皮肉といっていいだろう。誤解のないようにいうと、私たち著者はドナルド・トランプやほかの共和党議員をドイツのナチスと同一視しているわけではない。とはいえ、ドイツの中道右派政党が見事な再建を遂げたプロセスから、共和党はいくつかの役に立つ教訓を得られるはずだ。ドイツのCDUと同じように、共和党は過激主義者を党内から追い出し、トランプ政権の独裁主義と白人至上主義ときっぱり決別し、白人キリスト教徒以外にも支持を広げる方法を見つけなければいけない。CDUは、その理想的なモデルとなるものかもしれない。共和党が白人ナショナリズムを放棄し、極端な自由市場主義を和らげれば、幅広い層の宗教保守派を取り込んで持続可能な支持基盤を作り出すことができるはずだ。プロテスタントやカトリック教徒はもちろんのこと、相当数の少数民族票を得ることもできるだろう。

当然ながら、ドイツの保守主義の再構築のまえには大きな惨事があり、CDUには改革以外の選択肢は残されていなかった。今日の共和党にとっての問題は、より深刻な危機に突入するまえに、CDUと同じような改革を行なえるかどうかということだ。共和党の指導者たちはさらなる被害が及ぶまえに洞察力を働かせ、政治的勇気を奮い立たせ、ますます機能不全に陥りつつある政党を新しい方向へと導けるだろうか？　それとも、変化をうながすための大惨事が起きるまでただ待つのだろうか？

白人労働者階級からの支持を取り戻す

アメリカの二極化を悪化させてきたのがおもに共和党だとしても、民主党にもそれを和らげる後押しができる。一部の民主党議員は、いわゆる「白人労働者階級」「大学教育を受けていない白人有権者」からの支持を取り戻すことに党は焦点を当てるべきだと主張してきた。これは、二〇一六年の大統領選でのヒラリー・クリントンの悲劇的な敗北のあとにとりわけ重要な課題として注目されたものだった。バーニー・サンダースや一部の穏健主義者は、アメリカ中西部から東部の〝ラストベルト〟(さびついた工業地帯)やアパラチア地域などにひっそりと住む白人ブルーカラー層の支持をもう一度取り戻さなければいけないと情熱的に訴えてきた。[73]

それを実現するために、移民の囲い込みや〝アイデンティティー政治〟(民族の多様性や、近年のブラック・ライブズ・マターに代表される警察官の暴力に対する抵抗運動などを包括的に意味する広義の言葉)から民主党は距離を置く必要があると主張する声も多い。政治戦略家マーク・ペンと民主党のアンドリュー・スタインは『ニューヨーク・タイムズ』紙に寄せた論説のなかで、民主党はアイデンティティー政治をやめ、移民政策への姿勢を和らげて白人労働者階級の票を取り戻すべきだと訴えた。[74] 少数意見であることはまちがいないとしても、彼らの伝えたいメッセージは明確だ──民主党は少数民族への影響力を弱め、白人労働者階級の有権者を取り返さなくてはいけない。

このような戦略には、党同士の二極化を和らげる効果があるかもしれない。民主党が少数民族の声を無視し、それを重要性の低い課題として扱うようになれば、中低所得層の白人有権者からの一定の支持をほぼ確実に取り戻すことができるだろう。その結果、民主党は一九八〇年代から九〇年代の姿に戻ることになる──おもに白人を対象とし、少数民族の有権者はせいぜい〝ジュニア・パートナー〟という位置づけの党だ。そのような民主党は、まさに共和党のライバルという存在になるにちがいない。そして、移民と人種の問題についてトランプ支持者の立場に近づくにつれて、つまり両方の問題により不寛容な態度になるにつれて、共和党から民主党への敵意も薄まっていく。

これはひどい考えだ、と私たち著者は声を大にして言いたい。わざわざ強調するまでもないものの、党に対する少数派グループの影響力を減らそうとすることは、二極化を改善するための誤った方法でしかない。それは、私たちの国のもっとも恥ずべきまちがいを繰り返すことを意味する。共和国としてのアメリカが建国されたとき、人種差別がそのまま保たれたせいで、最後には南北戦争が起きてしまった。失敗に終わったレコンストラクションのあと、民主党と共和党はやっとのことで合意に至ったものの、その和解はまたもや人種排斥にもとづくものだった。一九六〇年代の改革によって、アメリカは真の多民族民主主義を築くための三度目のチャンスを与えられた。どれほど並はずれてむずかしい課題だとしても、アメリカは絶対にそれを成し遂げなければいけない。私たち著者の同僚でもある政治学者ダニエル・アレンは次のように主張する。

単純な事実として、これまで世界で完全なる多民族民主主義が生まれたことはない。特定の民族が多数を占めるのではなく、すべての集団に対して政治的、社会的、経済的な平等が与えられた多民族民主主義はまだ存在しない(75)。

これはアメリカにとって非常に大きな挑戦だ。だとしても、私たちはそこから逃げ出すことはできない。

経済的不平等の克服

民主党は、別の方法によって政治の再構築を試みることもできる。今日のアメリカにおける党同士の敵意の強さは、民族構成が多様化したことのみならず、経済成長の低迷、中低所得者の賃金の伸びの鈍化、経済的不平等の広がりといったさまざまな要因によって惹き起こされたものだ[76]。人種にもとづく党の二極化は、ある特定の時期——経済成長が落ち込み、所得分布の底辺にいる人々にとりわけ大きな影響が及んだ一九七五年から現在までの期間——に民族の多様性が急に高まったという背景とともに生まれたものでもある[77]。多くのアメリカ人にとって、ここ数十年のあいだの経済の変化は、雇用の不安定と労働時間の延長という悪夢をもたらし、キャリアアップの望みを打ち砕くものだった[78]。結果として社会の不満は募り、その不満が二極化に拍車をかけることになった。だとすれば、みるみる深刻化する党同士の分断を止める方法のひとつとして、(人種に関係なく)長いあいだ無視されてきた人口層の日々の懸念に誠実に向き合うというやり方が考えられるのではないだろうか。

　経済的不平等に対処することを目的とした政策は、実際にどう実行されるかによって、二極化を解消することもあれば、逆に加速させてしまうこともある。ほかの多くの先進民主主義国家の制度とは異なり、アメリカの社会福祉政策は資力調査《ミーンズ・テスト》に大きく依存するものが多い。つまり、一定の所得水準を下まわるか、そのほかの基準を満たした人にのみ手当が支給されるという制度だ。所得にもとづいたこのような制度は、多くの中流階級の市民のあいだに「貧しい人だけが福祉政策から恩恵を受けることができる」という認識を作り出すことになる。さらに、アメリカでは歴史的に人種と貧困の問題が重なり合ってきたため、これらの制度そのものが一部の人種への非難につながることもある。社会福祉の充実に消極的な政治家たちは、所得にもとづく制度に対して人種差別的なレトリックを多用してきた。その典型例であるロナルド・レーガンは、食料配給券《フード・スタンプ》で高級ステーキを買う人々のことを「福祉の女王《ウェルフェア・クイーン》[79]」「黒人《バック》の若者たち」と揶揄した。不正受給が多いという印象が広まったアメリカでは、〝福祉〟はいつしか軽蔑的な言葉になった。

対照的に、厳格な資力調査ではなく、北欧で一般的な「普遍主義的モデル」に重きを置いた保障政策には、アメリカ社会の緊張を和らげる効果があるかもしれない[80]。アメリカの社会保障制度（Social Security）〔失業保険、老齢年金、遺族年金などの制度の総称〕やメディケア〔高齢者や障害者を対象とした公的医療保険〕などの全員が平等に恩恵を受けられる福祉政策は、社会の不満を緩和し、アメリカ国内のさまざまな層の有権者のあいだの溝を埋めることができる。また、人種を動機とした反発を避けながら、所得格差を減らすための永続的な政策に対する社会的な支持を保つこともできる。

そのような普遍主義的な福祉政策の代表例が、包括的な総合健康保険制度だ。そのほかの例としては、より積極的な最低賃金の引き上げ、あるいはユニバーサル・ベーシックインカム（ニクソン政権下で本格的に検討され、議会でも議論された政策）などがある。また、「家族政策」も忘れてはいけない。たとえば、子育て中の親のための有給休暇制度、共働き夫婦の子どものための補助金付き保育所の設置、誰でも参加できる幼稚園教育の実施[81]……。現在、アメリカの家族政策への支出は先進国の平均の三分の一程度にとどまり、メキシコやトルコと同じ水準に甘んじている[82]。民主党はさらに、より包括的な労働市場政策についても検討を始めるべきだろう[83]。たとえば、より広範にわたる職業訓練、再就職や訓練のための賃金補助制度、高校生やコミュニティ・カレッジ生のための就労体験プログラム、失業者のための交通手当……。このような政策には、社会の不満と二極化の要因となる経済的不平等を和らげる効果があるはずだ。それどころか、アメリカの政治を再編するための幅広く永続的な協力体制を築く手助けになるかもしれない。

いうまでもなく、社会的立場や経済の不平等に対処するための政策を進めることは、政治的に容易な仕事ではない。なぜなら、そういった政策は二極化（とその結果として生じる制度の手詰まり）の解消に取り組もうとするものだからだ。くわえて、少数民族と労働者階級の白人の両方を含んだ多民族による協力体制を築くという道には、当然ながら数々の障壁が待ち構えている。[84] 普遍主義的な社会保障政策が、そのような協力体制の基盤になると断言することはできない。ただし、現行の所得にもとづく制度よりも優れた効果を上げる可能性が高いことはたしかだろう。どんなに困難な道だとしても、民主党は不平等の問題から逃げ出すことはできない。結局のところ、これは社会的正義などの範疇にとどまる話ではなく、アメリカの民主主義の健全性そのものの運命を左右する問題なのだ。

民主主義とは何か？

世界のほかの地域や別の時代の民主主義の危機と現在の米国の窮状を比べたとき、アメリカがそれらの国々とあまり変わらないことが明らかになる。アメリカの憲法制度は、歴史上のほかのどの制度よりも古く強固なものだ。しかし同時に、世界じゅうで民主主義を殺してきた病気への免疫があるわけではない。だとすれば究極的には、アメリカの民主主義の運命は、合衆国市民である私たちの手に委ねられているといっていい。いかなる政治指導者も、誰かひとりで民主主義を終わらせることはできないし、ひとりでそれを救うこともできない。民主主義は全員で共有する事業である。その運命を決めるのは私たちなのだ。

暗黒の日々が続く第二次世界大戦中、アメリカの未来そのものが危機にひんしていたさなか、米連邦政府の文筆家戦時委員会は作家のE・B・ホワイトに「民主主義とは何か？」という問いに対する短い答えを執筆するよう依頼した。ホワイトの答えは何気ない内容だったが、じつに感動的なものだった。

当然ながら、委員会は民主主義がなんなのかを知っているはずです。それは右側にできる列です。それは「押すな」の「〜するな」の部分です。それは、おがくずが少しずつ漏れている、パンパンに膨らんだシャツの穴です。それはシルクハットの凹みです。民主主義とは、半分以上の場合に半分以上の人が正しいのではないか、というたびたび生じる漠然とした思いです。それは、投票ブースでのプライバシーの感覚、図書館での共有の感覚、あらゆる場所における生命感です。民主主義は編集者への手紙です。民主主義は野球の九回が始まるときのスコアです。それは、まだ誤りであることが証明されていないアイディアです。歌詞が古くならない歌です。それは、ホットドッグのマスタードです。配給のコーヒーのなかのクリームです。民主主義とは、戦争のさなかの朝にやってくる、民主主義が何かを知りたいという戦時委員会からの要請です。(85)

E・B・ホワイトによって描かれた平等主義、礼節、自由の感覚、そして共通の目的は、二〇世紀なかばのアメリカの民主主義の本質だった。今日では、アメリカだけでなく西側のあらゆる先進工業国において、そのようなビジョンが危機にさらされている。過ぎ去った時代の自由民主主義的な理想をただ復活させるだけでは、今日の先進諸国の民主主義を蘇らせることはできない。私たちは、民主主義の規範を取り戻すだけでなく、ますます多様化する社会全体にそのような規範を行き渡らせなくてはいけない。これは、じつに手ごわい挑戦だ。

人類の歴史のなかで、多民族の共存と真の民主主義の両方を成し遂げた社会はほとんど存在しない。しかし先例はあるし、希望もある。一世紀前のイギリスと北欧では、労働者階級が自由民主主義のシステムのなかにうまく組み込まれていった。そのわずか数十年前には、そんなことは不可能だと考えられていた。アメリカではまず、イタリア系およびアイルランド系カトリック教徒、東欧系ユダヤ人による移民の第一の波がやってきた。当初は悲観的な予測がされていたにもかかわらず、移民たちは民主主義的な生活にうまく溶け込んでいった。

歴史は、民主主義と多様性が共存できることを私たちに教えてくれる。これこそ、私たちが取り組むべき挑戦だ。前世代のヨーロッパ人やアメリカ人は、外部の大きな脅威から民主主義制度を護るために並はずれた犠牲を払ってきた。民主主義を当然のものだととらえながら成長してきた私たちの世代は、いま別のむずかしい課題に向き合っている——私たちは、民主主義がその内側から死ぬことを防がなくてはいけない。

謝辞

リサーチ・アシスタントを務めてくれた優秀な学生たちの協力がなければ、この本が完成することはなかった。以下の学生たちに深謝したい――フェルナンド・ビザーロ、ケイトリン・クリスウェル、ジャスミン・ハキミアン、デイビッド・イフコビッツ、栗脇《くりわき》志《し》郎《ろう》、マーティン・トロエイン、マヌエル・メレンデス、ブライアン・パルミター、ジャスティン・ポトル、マット・ライカート、ブリタ・バン・スタールドゥイネン、アーロン・ワタナベ、セレナ・ジャオ。複雑な注に関して、非の打ちどころのない仕事をしてくれたデイビッド・イフコビッツとジャスティン・ポトルにとくにありがとうと言いたい。これらの学生たちによる研究の成果は本書の全体に反映されており、彼らにもそれが伝わることを願っている。

この本のなかのアイディアは、友人や同僚たちとの数々の会話から生まれたものである。私たちの話に耳を傾け、議論を交わし、さまざまなことを教えてくれた次の方々にとくにお礼を言いたい――ダニエル・カーペンター、ライアン・イーノス、グレッチェン・ヘルムケ、アリーシャ・ホランド、ダニエル・ホプキンス、ジェフ・コップスタイン、エバン・リーバーマン、ロバート・ミッキー、エリック・ネルソン、ポール・ピアソン、ピア・ラフラー、ケネス・ロバーツ、シーダ・スコチポル、ダン・スレイター、トッド・ウォッシュバーン、ルーカン・アハマッド・ウェイ。早い段階で仮原稿を読んでくれた、ラリー・ダイアモンド、スコット・マインウォーニング、タレク・マスード、ジョン・サイズ、ルーカン・アハマッド・ウェイに深く感謝したい。

エージェントのジル・ニーリムには感謝の念でいっぱいだ。ジルはこの本の出版プロジェクトを考え出し、最初から最後まで私たちを導いてくれた。励ましと賢い助言、くわえて優れた編集が大いに必要だったとき、それを与えてくれたのは彼女だった。

担当編集者であるクラウン・パブリッシャーズ社のアマンダ・クック、私たちを信頼してくれてありがとう。そして、ふたりの政治学者をうまく操っておもしろい本を作り出すよう導いてくれたその忍耐力と不屈の努力に敬意を示したい。さらに、懸命な働きと我慢強いサポートで助けてくれたクラウンのメーガン・ハウザー、ザック・フィリップス、キャスリーン・クインラン、ペニー・サイモンにも感謝したい。モリー・スターンはプロジェクトに大きな活力をもたらしてくれた。ありがとう。

最後に、家族に心からの謝意を伝えたい。

《スティーブ》

サッカー・ダッズ・クラブのみんな（クリス、ジョナサン、トッド）、絶え間ないユーモアとサポート（そしてもちろん、政治への洞察）を与えてくれてありがとう。もっとも大切なふたり、リズ・ミネオとアレハンドラ・ミネオ＝レビツキーに深く感謝したい。

《ダニエル》

スリヤ、タリア、ライラ・ジブラット、果てしない応援と忍耐で支えてくれてありがとう。そして、父デイビッド・ジブラットに――その会話、洞察力、知的な交流、揺るぎないインスピレーションに心から感謝している。

82 Ibid.

83 Harold Wilensky, *American Political Economy in Global Perspective* (Cambridge: Cambridge University Press, 2012), p. 225.

84 多民族による協力体制がうまく機能した例については、Eric Schickler, *Racial Realignment* におけるニューディール連合に関する修正主義的な説明を参照。

85 E. B. White, "The Meaning of Democracy," *The New Yorker*, July 3, 1943.

58 Ibid., p. 49.

59 Ibid., pp. 48–49.

60 Ibid., p. 50.

61 たとえば以下を参照：Nathaniel Persily, ed., *Solutions to Political Polarization in America* (New York: Cambridge University Press, 2015).

62 Jacob Hacker and Paul Pierson, *Off Center: The Republican Revolution and the Erosion of American Democracy* (New Haven, CT: Yale University Press, 2006); Mann and Ornstein, *It's Even Worse Than It Looks*; Grossman and Hopkins, *Asymmetric Politics*; Michael Barber and Nolan McCarty, "Causes and Consequences of Polarization," in Persily, *Solutions to Political Polarization in America*.

63 Nathaniel Persily, "Stronger Parties as a Solution to Polarization," in Persily, *Solutions to Political Polarization in America*, p. 123.

64 Jeff Flake, *Conscience of a Conservative: A Rejection of Destructive Politics and a Return to Principle* (New York: Random House, 2017), p. 8.

65 Ziblatt, *Conservative Parties and the Birth of Democracy*.

66 Charles Maier, "The Two Postwar Eras and the Conditions for Stability in Twentieth-Century Western Europe," *American Historical Review* 86, no. 2 (1981), pp. 327–52.

67 Ziblatt, *Conservative Parties and the Birth of Democracy*, pp. 172–333.

68 Jeffrey Herf, *Divided Memory: The Nazi Past in the Two Germanys* (Cambridge, MA: Harvard University Press, 1997), p. 270. 結成からまだ早い段階では、ナチス政権とかかわりのある政治家が党内にいたため、それがいつも批判の対象となっていた。

69 Noel Cary, *The Path to Christian Democracy: German Catholics and the Party System from Windthorst to Adenauer* (Cambridge, MA: Harvard University Press, 1996), p. 147.

70 Geoffrey Pridham, *Christian Democracy in Western Germany* (London: Croom Helm, 1977), pp. 21–66.

71 Ibid., p. 32.

72 Quoted in ibid., pp. 26–28.

73 Mark Penn and Andrew Stein, "Back to the Center, Democrats," *New York Times*, July 6, 2017; Bernie Sanders, "How Democrats Can Stop Losing Elections," *New York Times*, June 13, 2017; 以下も参照：Mark Lilla, "The End of Identity Liberalism," *New York Times*, November 18, 2016.

74 Penn and Stein, "Back to the Center, Democrats." または Mark Lilla, "The End of Identity Liberalism."

75 Danielle Allen, "Charlottesville Is Not the Continuation of an Old Fight. It Is Something New.," *Washington Post*, August 13, 2017.

76 Thomas Piketty, *Capital in the Twenty-First Century* (Cambridge, MA: Harvard University Press, 2013).〔邦訳：トマ・ピケティ『21世紀の資本』山形浩生・守岡桜・森本正史訳、みすず書房、2014年〕

77 Robert Gordon, *The Rise and Fall of American Growth: The U.S. Standard of Living Since the Civil War* (Princeton, NJ: Princeton University Press, 2016), p. 613.

78 Katherine Cramer, *The Politics of Resentment: Rural Consciousness in Wisconsin and the Rise of Scott Walker* (Chicago: University of Chicago Press, 2016), p. 3.

79 Ian Haney López, *Dog Whistle Politics* (Oxford: Oxford University Press, 2013).

80 Gøsta Esping-Andersen, *The Three Worlds of Welfare Capitalism* (Princeton, NJ: Princeton University Press, 1990).〔邦訳：G・エスピン・アンデルセン『福祉資本主義の三つの世界　比較福祉国家の理論と動態』岡沢憲芙・宮本太郎監訳、ミネルヴァ書房、2001年〕

81 Paul Krugman, "What's Next for Progressives?," *New York Times*, August 7, 2017.

29 Montesquieu, *The Spirit of the Laws* (Cambridge: Cambridge University Press, 1989).〔邦訳：モンテスキュー『法の精神』〕
30 Gunnar Myrdal, *An American Dilemma: The Negro Problem and Modern Democracy* (New York: Harper and Brothers, 1944), pp. 3–4.
31 David Faris, "It's Time for Democrats to Fight Dirty," *The Week*, December 1, 2016.
32 Dahlia Lithwick and David S. Cohen, "Buck Up, Democrats, and Fight Like Republicans," *New York Times*, December 14, 2016.
33 Quoted in Daniella Diaz and Eugene Scott, "These Democrats Aren't Attending Trump's Inauguration," CNN.com, January 18, 2017.
34 Quoted in Theodore Schleifer, "John Lewis: Trump Is Not a 'Legitimate' President," CNN.com, January 14, 2017.
35 Michelle Goldberg, "Democrats Have Finally Learned to Fight Like Republicans," *Slate*, January 19, 2017.
36 Faris, "It's Time for Democrats to Fight Dirty." または Graham Vyse, "Democrats Should Stop Talking About Bipartisanship and Start Fighting," *The New Republic*, December 15, 2016.
37 Michelle Goldberg, "The End Is Nigh," *Slate*, May 16, 2017.
38 Daniella Diaz, "Rep. Maxine Waters: Trump's Actions 'Leading Himself' to Impeachment," CNN.com, February 6, 2017.
39 Goldberg, "The End Is Nigh."
40 Ibid.
41 参照：Laura Gamboa, "Opposition at the Margins: Strategies Against the Erosion of Democracy in Colombia and Venezuela," *Comparative Politics* 49, no. 4 (July 2017), pp. 457–77.
42 Ibid., p. 466.
43 Laura Gamboa, "Opposition at the Margins: The Erosion of Democracy in Latin America," Ph.D. Dissertation, Department of Political Science, University of Notre Dame (2016), pp. 129–51.
44 Ibid., pp. 102–7.
45 Ibid.
46 Gamboa, "Opposition at the Margins: Strategies Against the Erosion of Democracy in Colombia and Venezuela," pp. 464–68.
47 Ibid., pp. 468–72.
48 Omar Wasow, "Do Protests Matter? Evidence from the 1960s Black Insurgency," unpublished manuscript, Princeton University, February 2, 2017.
49 "Interview with President Ricardo Lagos," in *Democratic Transitions: Conversations with World Leaders*, eds. Sergio Bitar and Abraham F. Lowenthal (Baltimore: Johns Hopkins University Press, 2015), p. 85.
50 Ibid., p. 74.
51 Ibid.
52 "Interview with President Patricio Aylwin," in Bitar and Lowenthal, *Democratic Transitions*, pp. 61–62.
53 Ibid.
54 Constable and Valenzuela, *A Nation of Enemies*, pp. 271–72.
55 "Interview with President Ricardo Lagos," p. 83.
56 Ibid.
57 Peter Siavelis, "Accommodating Informal Institutions and Chilean Democracy," in *Informal Institutions and Democracy*, eds. Helmke and Levitsky, pp. 40–48.

3 参照：Larry Diamond, "Facing Up to the Democratic Recession," *Journal of Democracy* 26, no. 1 (January 2015), pp. 141–55; and Roberto Stefan Foa and Yascha Mounk, "The Democratic Disconnect," *Journal of Democracy* 27, no. 3 (July 2016), pp. 5–17.

4 Diamond, "Facing Up to the Democratic Recession."

5 Steven Levitsky and Lucan Way, "The Myth of Democratic Recession," *Journal of Democracy* 26, no. 1 (January 2015), pp. 45–58.

6 Levitsky and Way, *Competitive Authoritarianism*; Mainwaring and Pérez-Liñán, *Democracies and Dictatorships in Latin America.*

7 都市部に民主党の有権者を集中させることによって、共和党は政府のさまざまな機関を掌握できるようになる。地方都市や田舎の票を独占した共和党は、国政レベルではほぼ敵無しになり、選挙人団やとりわけ上院で優位に立つにちがいない。

8 参照：https://www.census.gov/quickfacts/NC.

9 Jedediah Purdy, "North Carolina's Partisan Crisis," *The New Yorker*, December 20, 2016.

10 "North Carolina Governor Signs Controversial Transgender Bill," CNN.com, March 24, 2016.

11 Quoted in Mark Joseph Stern, "North Carolina Republicans' Legislative Coup Is an Attack on Democracy," *Slate*, December 15, 2016.

12 Max Blau, "Drawing the Line on the Most Gerrymandered District in America," *The Guardian*, October 19, 2016.

13 参照：http://pdfserver.amlaw.com/nlj/7-29-16%204th%20Circuit%20NAACP%20v%20NC.pdf, pp.10, 13.

14 "North Carolina Governor Signs Extensive Voter ID Law," *Washington Post*, August 12, 2013; and "Critics Say North Carolina Is Curbing Black Vote. Again," *New York Times*, August 30, 2016.

15 "Justices Reject 2 Gerrymandered North Carolina Districts, Citing Racial Bias," *New York Times*, May 22, 2017.

16 "Critics Say North Carolina Is Curbing Black Vote. Again."

17 "North Carolina Governor Alleges Voter Fraud in Bid to Hang On," *Politico*, November 21, 2016; "North Carolina Gov. Pat McCrory Files for Recount as Challenger's Lead Grows," NBCNews.com, November 23, 2016.

18 "Democrats Protest as GOP Calls Surprise Special Session," WRAL.com, December 14, 2016.

19 "NC in the Hot National Spotlight Yet Again as Media Focus on General Assembly, Cooper," *Charlotte Observer*, December 16, 2016; Stern, "North Carolina Republicans' Legislative Coup Is an Attack on Democracy."

20 "A Brazen Power Grab in North Carolina," *New York Times*, December 15, 2016.

21 "Proposed Cuts to Gov.-Elect Roy Cooper's Appointment Powers Passes NC House in 70–36 Vote," *News & Observer*, December 15, 2016; 参照："Bill Would Curb Cooper's Appointment Powers," WRAL.com, December 14, 2016.

22 "Before Leaving Office, McCrory Protected 908 State Jobs from Political Firings," *News & Observer*, February 23, 2017.

23 "Senate Passes Controversial Merger of Ethics, Elections Boards," WRAL.com, December 15, 2016.

24 参照：https://www.ncsbe.gov/about-us.

25 Purdy, "North Carolina's Partisan Crisis."

26 "Proposed Cuts to Gov.-Elect Roy Cooper's Appointment Powers Passes NC House in 70–36 Vote."

27 "Rebuked Twice by Supreme Court, North Carolina Republicans Are Unabashed," *New York Times*, May 27, 2017.

28 Quoted in Purdy, "North Carolina's Partisan Crisis."

2017.
99 *PolitiFact*. 参照：http://www.politifact.com/personalities/donald-trump/.
100 David Leonhardt and Stuart Thompson, "Trump's Lies," *New York Times*, https://www.nytimes.com/interactive/2017/06/23/opinion/trumps-lies.html?mcubz=1.
101 Rebecca Savransky, "Trump Falsely Claims He Got Biggest Electoral College Win Since Reagan," *The Hill*, February 16, 2017; Tom Kertscher, "Donald Trump Not Close in Claiming He Has Signed More Bills in First Six Months Than Any President," *PolitiFact Wisconsin*, July 20, 2017, http://www.politifact.com/wisconsin/statements/2017/jul/20/donald-trump/donald-trump-not-close-claiming-he-has-signed-more/.
102 Ella Nilsen, "Trump: Boy Scouts Thought My Speech Was 'Greatest Ever Made to Them.' Boy Scouts: No.," *Vox*, August 2, 2017.
103 2017年なかばの調査では、57パーセントのアメリカ人が大統領は正直ではないと答えた。参照：Quinnipiac University Poll, "U.S. Voters Approve Of Obama, Disapprove Of Trump, Quinnipiac University National Poll Finds," January 10, 2017 (https://poll.qu.edu/national/release-detail?ReleaseID=2415); "U.S.Voters Send Trump Approval to Near Record Low," May 10, 2017 (https://poll.qu.edu/national/release-detail?ReleaseID=2456); "Trump Gets Small Bump from American Voters," June 29, 2017 (https://poll.qu.edu/national/release-detail?ReleaseID=2471).
104 参照：Robert Dahl, *Polyarchy: Participation and Opposition* (New Haven, CT: Yale University Press, 1971).
105 "With False Claims, Trump Attacks Media on Turnout and Intelligence Rift," *New York Times*, January 21, 2017. 以下も参照：http://video.foxnews.com/v/5335781902001/?#sp=show-clips.
106 https://twitter.com/realdonaldtrump/status/880408582310776832, https://twitter.com/realdonaldtrump/status/880410114456465411.
107 "CNN, New York Times, Other Media Barred from White House Briefing," *Washington Post*, February 24, 2017.
108 "Trump Not the Only President to Ban Media Outlets from the White House," abc10.com, February 24, 2017.
109 Daniel Patrick Moynihan, "Defining Deviancy Down: How We've Become Accustomed to Alarming Levels of Crime and Destructive Behavior," *The American Scholar* 62, no. 1 (Winter 1993), pp. 17–30.
110 メイン州選出のスーザン・コリンズは79パーセントの割合でトランプに賛成した。参照：https://projects.fivethirtyeight.com/congress-trump-score/?ex_cid=rrpromo.
111 参照：https://projects.fivethirtyeight.com/congress-trump-score/?ex_cid=rrpromo.
112 "GOP Candidate in Montana Race Charged with Misdemeanor Assault After Allegedly Body-Slamming Reporter," *Washington Post*, May 24, 2017.
113 "Attitudes Towards the Mainstream Media Take an Unconstitutional Turn," *The Economist*, August 2, 2017; https://www.economist.com/blogs/graphicdetail/2017/08/daily-chart-0.
114 "Why Join the National Rifle Association? To Defeat Liberal Enemies, Apparently," *The Guardian*, July 1, 2017.
115 " 'We're Coming for You': NRA Attacks New York Times in Provocative Video," *The Guardian*, August 5, 2017.

第9章　民主主義を護る

1 Mickey, *Paths out of Dixie*.
2 Mickey, Levitsky, and Way, "Is America Still Safe for Democracy?," pp. 20–29.

82 Christine Hauser, "The Inaugural Parade, and the Presidents Who Walked It," *New York Times*, January 19, 2017.

83 Paul F. Boller, Jr., *Presidential Campaigns: From George Washington to George W. Bush* (Oxford: Oxford University Press, 2004), p. 70

84 以降の説明は以下にもとづく：Clarence Lusane, *The Black History of the White House* (San Francisco: City Lights Books, 2011), pp. 219–78.

85 Ibid.

86 "President Trump Breaks 150-Year Tradition of Pets in the White House," AOL.com, July 28, 2017.

87 Yashar Ali, "What George W. Bush Really Thought of Donald Trump's Inauguration," *New York Magazine*, March 29, 2017.

88 OGE のウォルター・シャウブ元局長は次のように述べた。「つまり、アメリカ合衆国エネルギー省の長官になった人物がシェブロンやエクソン、BP の株を保有しつづけたとしても、その長官が毎日出勤し、机に両足を上げて新聞を読み、何もしないかぎり、法律に違反したことにはならないというわけだ」。参照：Lizza, "How Trump Broke the Office of Government Ethics."

89 トランプは、国際的なビジネス取引やトランプ・オーガナイゼーションとの密接な関係から生まれる多くの潜在的な利益相反をそのまま放置した。選挙から数週のうちにサンライト財団は「レッドカード」に値する利益相反リストを作成し、2016 年 11 月に 32 件の利益相反を指摘した。2017 年 7 月までにリストはさらに膨れ上がり、600 件以上の潜在的な利益相反が明らかになった。エネルギー、金融、ロビー活動の業界から引き抜かれたトランプ政権の閣僚や顧問の多くにも、潜在的な利益相反の疑いがあった。以下のウェブサイトのデータを参照：http://www.sunlightfoundation.com.

90 "As Trump Inquiries Flood Ethics Office, Director Looks to House for Action," NPR.org, April 17, 2017. トランプの弁護士チームは、一族の財産から完全に自身を切り離さなかった政府高官の例としてネルソン・ロックフェラー元副大統領を挙げた。しかしロックフェラー副大統領は当時、潜在的な利益相反について 4 カ月にわたって審問を受けた。参照："Conflicts of Interest: Donald Trump 2017 vs. Nelson Rockefeller 1974," CBSNews.com, January 13, 2017.

91 参照：https://twitter.com/realdonaldtrump/status/802972944532209664?lang=en.

92 "California Official Says Trump's Claim of Voter Fraud Is 'Absurd,' " *New York Times*, November 28, 2016; "Voter Fraud in New Hampshire? Trump Has No Proof and Many Skeptics," *New York Times*, February 13, 2017; "Trump's Baseless Assertions of Voter Fraud Called 'Stunning,' " *Politico*, November 27, 2016.

93 "Un Tercio de los Mexicanos Cree Que Hubo Fraude en las Elecciones de 2006," *El País*, July 3, 2008. 参照：https://elpais.com/internacional/2008/07/03/actualidad/1215036002_850215.html; Emir Olivares Alonso, "Considera 71% de los Mexicanos que Puede Haber Fraude Electoral," *La Jornada*, June 29, 2012. 参照：http://www.jornada.unam.mx/2012/06/29/politica/003n1pol.

94 Sam Corbett-Davies, Tobias Konitzer, and David Rothschild, "Poll: 60% of Republicans Believe Illegal Immigrants Vote; 43% Believe People Vote Using Dead People's Names," *Washington Post*, October 24, 2016.

95 "Many Republicans Doubt Clinton Won Popular Vote," *Morning Consult*, July 26, 2017.

96 Ariel Malka and Yphtach Lelkes, "In a New Poll, Half of Republicans Say They Would Support Postponing the 2020 Election If Trump Proposed It," *Washington Post*, August 10, 2017.

97 https://twitter.com/realdonaldtrump/status/837996746236182529; 以下も参照：http://www.politifact.com/truth-o-meter/article/2017/mar/21/timeline-donald-trumps-false-wiretapping-charge%2F.

98 "Many Politicians Lie. But Trump Has Elevated the Art of Fabrication," *New York Times*, August 7,

The Hill, July 19, 2017.
60 Waldman, "Why We Should Be Very Afraid of Trump's Vote Suppression Commission."
61 Goel, Meredith, Morse, Rothschild, and Shirani-Mehr, "One Person, One Vote."
62 2017年7月、44州とワシントンDCが投票者情報を委員会に提供することを拒否したと報道された。参照："Forty-Four States and DC Have Refused to Give Certain Voter Information to Trump Commission," CNN.com, July 5, 2017.
63 "Poland's President Vetoes 2 Proposed Laws Limiting Courts' Independence," *New York Times*, July 24, 2017.
64 2016年の選挙期間中、テレビ番組「アクセス・ハリウッド」の収録の際にドナルド・トランプが女性蔑視発言をしていたことが発覚。そのときでさえ、カリフォルニア州選出のダンカン・ハンター下院議員はトランプを表立って擁護した。参照："Trump's 10 Biggest Allies in Congress," *The Hill*, December 25, 2016.
65 "Special Counsel Appointment Gets Bipartisan Praise," *The Hill*, May 17, 2017.
66 "Republicans to Trump: Hands off Mueller," *Politico*, June 12, 2017.
67 Ibid.
68 参照：https://projects.fivethirtyeight.com/congress-trump-score/?ex_cid=rrpromo.
69 "Senators Unveil Two Proposals to Protect Mueller's Russia Probe," *Washington Post*, August 3, 2017; Abigail Tracy, "As Mueller Closes In, Republicans Turn Away from Trump," *Vanity Fair*, August 4, 2017.
70 Jeffrey M. Jones, "Trump Has Averaged 50% or Higher Job Approval in 17 States," Gallup News Service, July 24, 2017. 参照：http://www.gallup.com/poll/214349/trump-averaged-higher-job-approval-states.aspx.
71 参照：https://projects.fivethirtyeight.com/congress-trump-score/?ex_cid=rrpromo.
72 "Trump's 10 Biggest Allies in Congress."
73 "In West Virginia, Trump Hails Conservatism and a New G.O.P. Governor," *New York Times*, August 3, 2017.
74 再度、以下を参照：Mueller, *War, Presidents, and Public Opinion.* アメリカにおける「旗の下への結集」効果に関する最近の実証的研究には以下のような例がある：Oneal and Bryan, "The Rally 'Round the Flag Effect in U.S. Foreign Policy Crises, 1950–1985," Baum, "The Constituent Foundations of the Rally-Round-the-Flag Phenomenon," and Chatagnier, "The Effect of Trust in Government on Rallies 'Round the Flag."
75 Moore, "Bush Job Approval Highest in Gallup History."
76 Huddy, Khatib, and Capelos, "The Polls—Trends," pp. 418–50; Davis and Silver, "Civil Liberties vs. Security"; Huddy, Feldman, and Weber, "The Political Consequences of Perceived Threat and Felt Insecurity," pp. 131–53; and Berinsky, *In Time of War*, Chapter 7.
77 Howell, *Power Without Persuasion*; Ackerman, *The Decline and Fall of the American Republic*, pp. 67–85.
78 Howell, *Power Without Persuasion*, p. 184.
79 2016年の選挙期間中、元ブッシュ政権関係者を中心とした50人の共和党の外交政策専門家たちが、トランプの無知と無謀さは「わが国の国家安全保障を危機にさらすもの」であると警告する文書を発表した。参照："50 G.O.P. Officials Warn Donald Trump Would Put Nation's Security 'At Risk,' " *New York Times*, August 8, 2016.
80 David Brooks, "Getting Trump out of My Brain," *New York Times*, August 8, 2017.
81 James Wieghart and Paul Healy, "Jimmy Carter Breaks Protocol at Inauguration in 1977," *Daily News*, January 21, 1977.

33 "Judge Blocks Trump Effort to Withhold Money from Sanctuary Cities," *New York Times*, April 25, 2017.

34 "Venezuela Lawmakers Strip Power from Caracas Mayor," *Reuters*, April 8, 2009.

35 "Judge Blocks Trump Effort to Withhold Money from Sanctuary Cities."

36 Aaron Blake, "Trump Wants More Power and Fewer Checks and Balances—Again," *Washington Post*, May 2, 2017. 以下も参照：https://twitter.com/realdonaldtrump/status/869553853750013953.

37 Aaron Blake, "Trump Asks for More Power. Here's Why the Senate GOP Will Resist," *Washington Post*, May 30, 2017.

38 参照：Hasen, *The Voting Wars*; Ari Berman, *Give Us the Ballot: The Modern Struggle for Voting Rights in America* (New York: Picador, 2016).

39 Berman, *Give Us the Ballot*; Benjamin Highton, "Voter Identification Laws and Turnout in the United States," *Annual Review of Political Science* 20, no. 1 (2017), pp. 149–67.

40 Justin Levitt, "The Truth About Voter Fraud," New York University School of Law Brennan Center for Justice (2007). 参照：https://www.brennancenter.org/publication/truth-about-voter-fraud; または Minnite, *The Myth of Voter Fraud*; Hasen, *The Voting Wars*, pp. 41–73; Sharad Goel, Marc Meredith, Michael Morse, David Rothschild, and Houshmand Shirani-Mehr, "One Person, One Vote: Estimating the Prevalence of Double Voting in U.S. Presidential Elections," unpublished manuscript, October 24, 2017.

41 たとえば、以下を参照：Levitt, "The Truth About Voter Fraud"; Minnite, *The Myth of Voter Fraud*.

42 Quoted in Berman, *Give Us the Ballot*, p. 223.

43 Ibid., p. 223.

44 Quoted in ibid., p. 254.

45 Ibid., pp. 260–61.

46 Highton, "Voter Identification Laws and Turnout in the United States," pp. 152–53.

47 Charles Stewart III, "Voter ID: Who Has Them? Who Shows Them?" *Oklahoma Law Review* 66 no. 1 (2013).

48 Ibid., pp. 41–42.

49 Berman, *Give Us the Ballot*, p. 254.

50 Ibid., p. 264.

51 Highton, "Voter Identification Laws and Turnout in the United States," p. 153.

52 Paul Waldman, "Why We Should Be Very Afraid of Trump's Vote Suppression Commission," *Washington Post*, June 30, 2017.

53 参照：Ari Berman, "The Man Behind Trump's Voter-Fraud Obsession," *New York Times Magazine*, June 13, 2017.

54 参照：https://twitter.com/realdonald trump/status/802972944532209664?lang=en.

55 "Without Evidence, Trump Tells Lawmakers 3 Million to 5 Million Illegal Ballots Cost Him the Popular Vote," *Washington Post*, January 23, 2017. トランプのこの発言のもとになったのは、有名な陰謀論者であるアレックス・ジョーンズが自身のウェブサイト Infowars に掲載した主張だと考えられる。参照：Jessica Huseman and Scott Klein, "There's No Evidence Our Election Was Rigged," ProPublica, November 28, 2016.

56 Huseman and Klein, "There's No Evidence Our Election Was Rigged."

57 "There Have Been Just Four Documented Cases of Voter Fraud in the 2016 Election," *Washington Post*, December 1, 2016.

58 Berman, "The Man Behind Trump's Voter-Fraud Obsession."

59 Max Greenwood and Ben Kamisar, "Kobach: 'We May Never Know' If Clinton Won Popular Vote,"

10 Nolan McCaskill and Louis Nelson, "Trump Coy on Sessions' Future: 'Time Will Tell,' " *Politico*, July 25, 2017; Chris Cillizza, "Donald Trump Doesn't Want to Fire Jeff Sessions. He Wants Sessions to Quit," CNN.com, July 24, 2017.

11 Michael S. Schmidt, Maggie Haberman, and Matt Apuzzo, "Trump Aides, Seeking Leverage, Investigate Mueller's Investigators," *New York Times*, July 20, 2017.

12 "Venezuela's Chief Prosecutor Luisa Ortega Rejects Dismissal," BBC.com, August 6, 2017.

13 "Trump Criticizes 'So-Called Judge' Who Lifted Travel Ban," *Wall Street Journal*, February 5, 2017.

14 White House Office of the Press Secretary, "Statement on Sanctuary Cities Ruling," April 25, 2017. 参照：https://www.whitehouse.gov/briefings-statements/statement-sanctuary-cities-ruling/

15 "President Trump Is 'Absolutely' Considering Breaking Up the Ninth Circuit Court," *Time*, April 26, 2017.

16 数日前、トランプは集会で拍手喝采する支持者に向かって言った。「ここにいるみんなはジョー保安官が好きかい？」。彼はさらに大げさな口調で続けた。「要は、ジョー保安官は自分の仕事をしていただけなのに、有罪判決を受けたのでは？」。参照："Trump Hints at Potential Pardon for Ex-Sheriff Joe Arpaio," CNN.com, August 23, 2017.

17 "Trump's Lawyers Are Exploring His Pardoning Powers to Hedge Against the Russia Investigation," *Business Insider*, July 20, 2017.

18 Martin Redish, "A Pardon for Arpaio Would Put Trump in Uncharted Territory," *New York Times*, August 24, 2017.

19 Ryan Lizza, "How Trump Broke the Office of Government Ethics," *The New Yorker*, July 14, 2017.

20 ジョージ・W・ブッシュ政権の倫理顧問弁護士だったリチャード・ペインターは、チャフェッツ委員長の行動を「強力な武装」「政治的報復」と表現した。"G.O.P. Lawmaker Hints at Investigating Ethics Chief Critical of Trump," *New York Times*, January 13, 2017.

21 "White House Moves to Block Ethics Inquiry into Ex-Lobbyists on Payroll," *New York Times*, May 22, 2017.

22 Lizza, "How Trump Broke the Office of Government Ethics."

23 "Trump Faces Tough Choices in FBI Pick," *The Hill*, May 15, 2017. トランプが最終的に指名したクリストファー・レイは、FBIの独立の維持に重きを置く人物だと広くみられていた。

24 "Trump Is Reportedly Thinking About Bringing Rudy Giuliani on as Attorney General amid Troubles with Jeff Sessions," *Business Insider*, July 24, 2017.

25 "Trump Calls the News Media the 'Enemy of the American People,' " *New York Times*, February 17, 2017.

26 "Remarks by President Trump at the Conservative Political Action Conference," White House Office of the Press Secretary, February 24, 2017. 参照：https://www.whitehouse.gov/the-press-office/2017/02/24/remarks-president-trump-conservative-political-action-conference.

27 参照：https://twitter.com/realdonaldtrump/status/847455180912181249.

28 Jonathan Turley, "Trump's Quest to Stop Bad Media Coverage Threatens Our Constitution," *The Hill*, May 2, 2017.

29 "Confrontation, Repression in Correa's Ecuador," Committee to Protect Journalists, September 1, 2011, https://cpj.org/reports/2011/09/confrontation-repression-correa-ecuador.php.

30 Conor Gaffey, "Donald Trump vs. Amazon: All the Times the President and Jeff Bezos Have Called Each Other Out," *Newsweek*, July 25, 2017.

31 Philip Bump, "Would the Trump Administration Block a Merger Just to Punish CNN?," *Washington Post*, July 6, 2017.

32 "President Trump Vows to Take Aggressive Steps on Immigration," *Boston Globe*, January 25, 2017.

148 Ibid., p. 152.
149 Quoted in Grossman and Hopkins, *Asymmetric Politics*, p. 177.
150 Skocpol and Hertel-Fernandez, "The Koch Network," pp. 681–99.
151 Elizabeth Drew, *Whatever It Takes: The Real Struggle for Political Power in America* (New York: Viking Press, 1997), p. 65.
152 Skocpol and Hertel-Fernandez, "The Koch Network," p. 683.
153 Ibid., p. 684.
154 Grossman and Hopkins, *Asymmetric Politics*, pp. 43–46, 118–23.
155 Abramowitz, *The Disappearing Center*, p. 129.
156 Richard Hofstadter, *The Paranoid Style in American Politics and Other Essays* (New York: Vintage, 1967), p. 4.
157 Parker and Barreto, *Change They Can't Believe In*, pp. 3, 157.
158 Arlie Russell Hochschild, *Strangers in Their Own Land: Anger and Mourning on the American Right* (New York: The New Press, 2016).
159 エリザベス・セイス＝モースは、全国での調査結果の分析にもとづき、もっとも強くアメリカ人を自認する人々が「真のアメリカ人」の条件を次のように考える傾向があることを発見した——①国内生まれ、②英語話者、③白人、④キリスト教徒。参照：Elizabeth Theiss-Morse, *Who Counts as an American?: The Boundaries of National Identity* (New York: Cambridge University Press, 2009), pp. 63–94.
160 Ann Coulter, *¡Adios, America!: The Left's Plan to Turn Our Country into a Third World Hellhole* (Washington, DC: Regnery Publishing, 2015), p. 19.
161 Parker and Barreto, *Change They Can't Believe In*.

第８章　トランプの一年目——独裁者の成績表

1 Thomas E. Patterson, "News Coverage of Donald Trump's First 100 Days," Shorenstein Center on Media, Politics and Public Policy, May 18, 2017, https://shorensteincenter.org/news-coverage-donald-trumps-first-100-days. この調査の対象となったのは『ニューヨーク・タイムズ』、『ウォールストリート・ジャーナル』、『ワシントン・ポスト』、ＣＮＮ、ＣＢＳ、フォックス・ニュース、ＮＢＣ、ヨーロッパの３つの報道機関。
2 参照：Glenn Thrush and Maggie Haberman, "At a Besieged White House, Tempers Flare and Confusion Swirls," *New York Times*, May 17, 2017.
3 Patterson, "News Coverage of Donald Trump's First 100 Days."
4 "Trump Says No President Has Been Treated More Unfairly," *Washington Post*, May 18, 2017.
5 "Comey Memo Says Trump Asked Him to End Flynn Investigation," *New York Times*, May 16, 2017; "Top Intelligence Official Told Associates Trump Asked Him If He Could Intervene with Comey on FBI Russia Probe," *Washington Post*, June 6, 2017.
6 Josh Gerstein, "Trump Shocks with Ouster of FBI's Comey," *Politico*, May 9, 2017; and "Trump Said He Was Thinking of Russia Controversy When He Decided to Fire Comey," *Washington Post*, May 11, 2017.
7 Philip Bump, "Here's How Unusual It Is for an FBI Director to Be Fired," *Washington Post*, May 9, 2017; "FBI Director Firing in Early '90s Had Some Similarities to Comey Ouster," *U.S. News & World Report*, May 10, 2017.
8 Tina Nguyen, "Did Trump's Personal Lawyer Get Preet Bharara Fired?," *Vanity Fair*, June 13, 2017; "Mueller Expands Probe to Trump Business Transactions," *Bloomberg*, July 20, 2017.
9 "Mueller Expands Probe to Trump Business Transactions."

Abramowitz, *The Disappearing Center: Engaged Citizens, Polarization, and American Democracy* (New Haven, CT: Yale University Press, 2010), pp. 54–56.

120 Geoffrey Layman, *The Great Divide: Religious and Cultural Conflict in American Party Politics* (New York: Columbia University Press, 2001), p. 171.

121 Schickler, *Racial Realignment*, p. 179; Edward G. Carmines and James A. Stimson, *Issue Evolution: Race and the Transformation of American Politics* (Princeton, NJ: Princeton University Press, 1989), Chapter 3.

122 Ibid., p. 119.

123 Binder and Smith, *Politics or Principle?*, p. 88.

124 参照：Mickey, *Paths out of Dixie*.

125 Abramowitz, *The Disappearing Center*, pp. 66–73; Tesler, *Post-Racial or Most-Racial?*, pp. 11–13.

126 Earl Black and Merle Black, *The Rise of Southern Republicans* (Cambridge, MA: Harvard University Press, 2002); Abramowitz, *The Disappearing Center*, pp. 66–73.

127 Carmines and Stimson, *Issue Evolution*.

128 Matthew Levendusky, *The Partisan Sort: How Liberals Became Democrats and Conservatives Became Republicans* (Chicago: University of Chicago Press, 2009).

129 Ibid.; Abramowitz, *The Disappearing Center*, pp. 63–73.

130 参照：Pew Research Center, "Political Polarization in the American Public" (Washington, DC: Pew Foundation), June 12, 2014.

131 このセクションの議論は以下にもとづく：Hetherington and Weiler, *Authoritarianism and Polarization in American Politics*; Abramowitz, *The Disappearing Center*; Abramowitz, *The Polarized Public?*; and Alan I. Abramowitz and Steven Webster, "The Rise of Negative Partisanship and the Nationalization of U.S. Elections in the 21st Century," *Electoral Studies* 41 (2016), pp. 12–22.

132 "It's Official: The U.S. Is Becoming a Minority-Majority Nation," *U.S. News & World Report*, July 6, 2015.

133 Sandra L. Colby and Jennifer M. Ortman, "Projections of the Size and Composition of the U.S. Population: 2014–2060," *United States Census Bureau Current Population Reports*, March 2015. 参照：https://www.census.gov/content/dam/Census/library/publications/2015/demo/p25-1143.pdf.

134 Tesler, *Post-Racial or Most-Racial?*, p. 166; Abramowitz, *The Polarized Public?*, p. 29.

135 Tesler, *Post-Racial or Most-Racial?*, pp. 166–68.

136 Layman, *The Great Divide*; Abramowitz, *The Polarized Public?*, pp. 69–77.

137 "The Parties on the Eve of the 2016 Election: Two Coalitions, Moving Further Apart," *Pew Research Center*, September 13, 2016, http://www.people-press.org/2016/09/13/2-party-affiliation-among-voters-1992-2016/.

138 Abramowitz, *The Polarized Public?*, p. 67.

139 Abramowitz, *The Disappearing Center*, p. 129.

140 Ibid., p. 129.

141 Hetherington and Weiler, *Authoritarianism and Polarization in American Politics*, pp. 27–28, 63–83.

142 Grossman and Hopkins, *Asymmetric Politics*; Mann and Ornstein, *It's Even Worse Than It Looks.*

143 Levendusky, *How Partisan Media Polarize America*, pp. 14–16; Grossman and Hopkins, *Asymmetric Politics*, pp. 149–64.

144 Levendusky, *How Partisan Media Polarize America*, p. 14.

145 Grossman and Hopkins, *Asymmetric Politics*, pp. 170–74.

146 Skocpol and Hertel-Fernandez, "The Koch Network and Republican Party Extremism."

147 Levendusky, *How Partisan Media Polarize America*, p. 152.

92 "Reid, Democrats Trigger 'Nuclear' Option; Eliminate Most Filibusters on Nominees," *Washington Post*, November 21, 2013.

93 Quoted in ibid.

94 Quoted in Jonathan Turley, "How Obama's Power Plays Set the Stage for Trump," *Washington Post*, December 10, 2015.

95 参照：Nelson, "Are We on the Verge of the Death Spiral That Produced the English Revolution of 1642–1649?"

96 "Obama Mandates Rules to Raise Fuel Standards," *New York Times*, May 21, 2010.

97 "Obama to Permit Young Migrants to Remain in U.S.," *New York Times*, June 15, 2012.

98 "Obama Orders Cuts in Federal Greenhouse Gas Emissions," *New York Times*, March 19, 2015.

99 "McConnell Urges States to Defy U.S. Plan to Cut Greenhouse Gas," *New York Times*, March 4, 2015.

100 "A New Phase in Anti-Obama Attacks," *New York Times*, April 11, 2015.

101 Mann and Ornstein, *It's Even Worse Than It Looks*, p. 5.

102 Ibid., pp. 6–7.

103 Grossman and Hopkins, *Asymmetric Politics*, pp. 295–96; Mann and Ornstein, *It's Even Worse Than It Looks*, pp. 7–10.

104 Mann and Ornstein, *It's Even Worse Than It Looks*, pp. 25–26.

105 Ibid., pp. 7–8, 26–27.

106 Ibid., p. 26.

107 ジョージ・W・ブッシュ元大統領のスピーチ・ライターだったマイケル・ガーソンはこう指摘した。「上院には外国政府と、とりわけ敵対する相手と外交を行なう権利はない……コットンの書簡は、共和党上院議員が交渉の失敗を狙っているという印象を与えるものである」：Michael Gerson, "The True Scandal of the GOP Senators' Letter to Iran," *Washington Post*, March 12, 2015.

108 Quoted in Susan Milligan, "Disrespecting the Oval Office," *U.S. News & World Report*, March 16, 2015.

109『ニューヨーク・デイリー・ニューズ』紙は翌日の一面の見出しで大々的に「裏切り者」という言葉を使った。

110 Kar and Mazzone, "The Garland Affair."

111 "Republican Senators Vow to Block Any Clinton Supreme Court Nominee Forever," *Guardian*, November 2, 2016.

112 Ibid.

113 Quoted in ibid.

114 Bill Bishop with Robert G. Cushing, *The Big Sort: Why the Clustering of Like-Minded America Is Tearing Us Apart* (New York: Houghton Mifflin, 2008), p. 23.

115 Marc J. Hetherington and Jonathan D. Weiler, *Authoritarianism and Polarization in American Politics* (New York: Cambridge University Press, 2009); Abramowitz, *The Polarized Public?*

116 Shanto Iyengar, Gaurav Sood, and Yphtach Lelkes, "Affect, Not Ideology: A Social Identity Perspective on Polarization," *Public Opinion Quarterly* 76, no. 3 (2012), pp. 417–18.

117 Ibid.

118 Pew Research Center, "Partisanship and Political Animosity in 2016," June 22, 2016, http://www.people-press.org/2016/06/22/partisanship-and-political-animosity-in-2016/.

119 参照：James L. Sundquist, *Dynamics of the Party System: Alignment and Realignment of Political Parties in the United States* (Washington, DC: Brookings Institution Press, 1983), pp. 214–27; Alan I.

61 参照：Christopher S. Parker and Matt A. Barreto, *Change They Can't Believe In: The Tea Party and Reactionary Politics in America* (Princeton, NJ: Princeton University Press, 2013); 以下も参照：Theda Skocpol and Vanessa Williamson, *The Tea Party and the Remaking of Republican Conservatism* (New York: Oxford University Press, 2013).

62 "Georgia Congressman Calls Obama Marxist, Warns of Dictatorship," *Politico*, November 11, 2008.

63 "Broun Is Asked Who'll 'Shoot Obama,' " *Politico*, February 25, 2011.

64 Mann and Ornstein, *It's Even Worse Than It Looks*, p. 214.

65 参照：Parker and Barreto, *Change They Can't Believe In*.

66 Quoted in Ibid., p. 2.

67 Quoted in Jonathan Alter, *The Center Holds: Obama and His Enemies* (New York: Simon & Schuster, 2013), p. 36.

68 Quoted in Parker and Barreto, *Change They Can't Believe In*, p. 200.

69 "Newt Gingrich: Obama 'First Anti-American President,' " *Newsmax*, March 23, 2016; and "Gingrich: Obama's World View Shaped by Kenya," *Newsmax*, September 12, 2010.

70 Darren Samuelsohn, "Giuliani: Obama Doesn't Love America," *Politico*, February 18, 2015.

71 "Mike Coffman Says Obama 'Not an American' at Heart, Then Apologizes," *Denver Post*, May 16, 2012.

72 Gabriel Winant, "The Birthers in Congress," *Salon*, July 28, 2009.

73 Ibid.

74 "What Donald Trump Has Said Through the Years About Where President Obama Was Born," *Los Angeles Times*, September 16, 2016.

75 Parker and Barreto, *Change They Can't Believe In*, p. 210.

76 "Fox News Poll: 24 Percent Believe Obama Not Born in U.S.," FoxNews.com, April 7, 2011.

77 "Poll: 43 Percent of Republicans Believe Obama is a Muslim," *The Hill*, September 13, 2015.

78 Daniel Stone, "Newsweek Poll: Democrats May Not Be Headed for Midterm Bloodbath," *Newsweek*, August 27, 2010.

79 Quoted in Abramowitz, *The Polarized Public?*, p. 101.

80 Skocpol and Williamson, *The Tea Party and the Remaking of Republican Conservatism*, pp. 83–120.

81 "How the Tea Party Fared," *New York Times*, November 4, 2010. または Michael Tesler, *Post-Racial or Most-Racial?: Race and Politics in the Obama Era* (Chicago: University of Chicago Press, 2016), pp. 122–23.

82 "Who Is the Tea Party Caucus in the House?," CNN.com (*Political Ticker*), July 29, 2011.

83 "Ted Cruz Calls Barack Obama 'The Most Lawless President in the History of This Country,' " Tu94.9FM. 参照：http://tu949fm.iheart.com/articles/national-news-104668/listen-ted-cruz-calls-barack-obama-14518575/.

84 以下の報告を参照：Michael Grunwald, *The New New Deal: The Hidden Story of Change in the Obama Era* (New York: Simon & Schuster, 2013), pp. 140–42.

85 Ibid., pp. 140–42.

86 Quoted in Abramowitz, *The Polarized Public?*, p. 122.

87 最終的に法案は可決された。参照：Joshua Green, "Strict Obstructionist," *The Atlantic*, January/February 2011.

88 Mann and Ornstein, *It's Even Worse Than It Looks*, pp. 87–89.

89 Ibid., p. 85.

90 Milkis and Nelson, *The American Presidency*, p. 490.

91 Mann and Ornstein, *It's Even Worse Than It Looks*, pp. 92–94.

27 Sam Tanenhaus, "Tom DeLay's Hard Drive," *Vanity Fair*, July, 2004.
28 Brownstein, *The Second Civil War*, p. 227.
29 Tanenhaus, "Tom DeLay's Hard Drive."
30 Brownstein, *The Second Civil War*, pp. 263–323.
31 Ibid., pp. 339–40.
32 Todd Gaziano, "A Diminished Judiciary: Causes and Effects of the Sustained High Vacancy Rates in the Federal Courts," The Heritage Foundation, October 10, 2002; Mann and Ornstein, *The Broken Branch*, pp. 164–65.
33 Neil Lewis, "Washington Talk; Democrats Readying for Judicial Fight," *New York Times*, May 1, 2001.
34 Tushnet, "Constitutional Hardball," pp. 524–25; Epstein and Segal, *Advice and Consent*, p. 99.
35 Quoted in Mann and Ornstein, *The Broken Branch*, p. 167.
36 米上院によるデータ：https://www.senate.gov/pagelayout/reference/cloture_motions/clotureCounts.htm.
37 Mann and Ornstein, *It's Even Worse Than It Looks*, pp. 7, 50.
38 Mann and Ornstein, *The Broken Branch*, p. 172.
39 Ibid., p. xi.
40 Brownstein, *The Second Civil War*, pp. 274–75.
41 Ibid.
42 Tushnet, "Constitutional Hardball," p. 526.
43 Steve Bickerstaff, *Lines in the Sand: Congressional Redistricting in Texas and the Downfall of Tom DeLay* (Austin: University of Texas Press, 2007), pp. 132, 171.
44 Ibid., pp. 84–108.
45 Ibid., pp. 102–4.
46 Quoted in ibid., p. 108.
47 Ibid., pp. 220, 228.
48 Ibid., pp. 251–53.
49 Quoted in ibid., pp. 251–53.
50 "First Democrat Issue: Terrorist Rights," *The Rush Limbaugh Show*, January 10, 2006. 参照：https://origin-www.rushlimbaugh.com/daily/2006/01/10/first_democrat_issue_terrorist_rights/.
51 Ann Coulter, *Treason: Liberal Treachery from the Cold War to the War on Terrorism* (New York: Three Rivers Press, 2003).〔邦訳：アン・コールター『リベラルたちの背信　アメリカを誤らせた民主党の60年』栗原百代訳、草思社、2004年〕
52 Ibid., pp. 292, 16.〔邦訳17、360頁から引用〕
53 "Coulter Right on Rape, Wrong on Treason," CoulterWatch, December 11, 2014. 参照：https://coulterwatch.wordpress.com/2014/12/11/coulter-right-on-rape-wrong-on-treason/#_edn3.
54 これらの攻撃の概要については以下を参照：Martin A. Parlett, *Demonizing a President: The "Foreignization" of Barack Obama* (Santa Barbara, CA: Praeger, 2014).
55 Grossman and Hopkins, *Asymmetric Politics*, pp. 129–30.
56 Parlett, *Demonizing a President*, p. 164.
57 "Rep. Steve King: Obama Will Make America a 'Totalitarian Dictatorship,' " *ThinkProgress*, October 28, 2008.
58 Grossman and Hopkins, *Asymmetric Politics*, p. 130.
59 Dana Milbank, "Unleashed, Palin Makes a Pit Bull Look Tame," *Washington Post*, October 7, 2008.
60 Frank Rich, "The Terrorist Barack Hussein Obama," *New York Times*, October 11, 2008.

副大統領が選挙を経ずに大統領に就任したケースだった（19世紀のあいだ、副大統領からそのまま就任した大統領が本物の大統領なのか、たんに大統領代行なのかという憲法的議論があった）。

4 以下にもとづく：Kar and Mazzone, “The Garland Affair,” pp. 107–14.

5 演説文の引用は以下より：“To College Republicans: Text of Gingrich Speech,” *West Georgia News.* Reprinted: http://www.pbs.org/wgbh/pages/frontline/newt/newt78speech.html.

6 Ike Brannon, “Bob Michel, House GOP Statesman Across Five Decades, Dies at Age 93,” *Weekly Standard*, February 17, 2017.

7 Ronald Brownstein, *The Second Civil War: How Extreme Partisanship Has Paralyzed Washington and Polarized America* (New York: Penguin, 2007), pp. 137, 144; Thomas E. Mann and Norman J. Ornstein, *The Broken Branch: How Congress Is Failing America and How to Get It Back on Track* (Oxford: Oxford University Press, 2008), p. 65.

8 Matt Grossman and David Hopkins, *Asymmetric Politics: Ideological Republicans and Group Interest Democrats* (New York: Oxford University Press, 2016), p. 285.

9 Brownstein, *The Second Civil War*, p. 142.

10 Thomas E. Mann and Norman J. Ornstein, *It's Even Worse Than It Looks: How the American Constitutional System Collided with the New Politics of Extremism* (New York: Basic Books, 2016), p. 35.

11 Quoted in James Salzer, “Gingrich's Language Set New Course,” *Atlanta Journal-Constitution*, January 29, 2012.

12 Quoted in Salzer, “Gingrich's Language Set New Course.”

13 Gail Sheehy, “The Inner Quest of Newt Gingrich,” *Vanity Fair*, January 20, 2012.

14 Mann and Ornstein, *It's Even Worse Than It Looks*, p. 39; Salzer, “Gingrich's Language Set New Course.”

15 Sean Theriault, *The Gingrich Senators: The Roots of Partisan Warfare in Congress* (Oxford: Oxford University Press, 2013).

16 Quoted in Salzer, “Gingrich's Language Set New Course.”

17 Michael Wines, “G.O.P. Filibuster Stalls Passage of Clinton's $16 Billion Jobs Bill,” *New York Times*, April 2, 1993.

18 Binder and Smith, *Politics or Principle?*, pp. 10–11; Mann and Ornstein, *The Broken Branch*, pp. 107–8.

19 チャールズ・マティアス元上院議員の発言：quoted in Binder and Smith, *Politics or Principle?*, p. 6.

20 米上院によるデータ：https://www.senate.gov/pagelayout/reference/cloture_motions/clotureCounts.htm.

21 Mann and Ornstein, *The Broken Branch*, pp. 109–10; Grossman and Hopkins, *Asymmetric Politics*, p. 293.

22 Whittington, “Bill Clinton Was No Andrew Johnson,” p. 459.

23 1868年のアンドリュー・ジョンソンの弾劾ははるかに深刻な事例で、大統領の憲法上の権限に関するきわめて大きな論争を呼ぶものだった。参照：Whittington, “Bill Clinton Was No Andrew Johnson.”

24 Mann and Ornstein, The Broken Branch, p. 122.

25 Jacob Hacker and Paul Pierson, *Winner-Take-All Politics* (New York: Simon & Schuster, 2010), p. 207.

26 Quoted in John Ydstie, “The K Street Project and Tom DeLay,” NPR, January 14, 2006.

97 Quoted in ibid., p. 123.

98 Ibid., p. 125.

99 Quoted in ibid., p. 125.

100 Quoted in Robert Griffith, *The Politics of Fear: Joseph R. McCarthy and the Senate* (Amherst: University of Massachusetts Press, 1970), pp. 53–54.

101 Iwan Morgan, *Nixon* (London: Arnold Publishers, 2002), p. 19.

102 Matthews, *U.S. Senators and Their World*, p. 70.

103 Fried, *Nightmare in Red*, p. 22.

104 David Nichols, *Ike and McCarthy: Dwight Eisenhower's Secret Campaign Against Joseph McCarthy* (New York: Basic Books, 2017), pp. 12–15.

105 Morgan, *Nixon*, p. 53.

106 Ibid., p. 57.

107 Geoffrey Kabaservice, *Rule and Ruin: The Downfall of Moderation and the Destruction of the Republican Party, from Eisenhower to the Tea Party* (New York: Oxford University Press, 2012), p. 126.

108 Morgan, *Nixon*, pp. 158–59; Keith W. Olson, *Watergate: The Presidential Scandal That Shook America* (Lawrence: University Press of Kansas, 2003), p. 2.

109 Jonathan Schell, "The Time of Illusion," *The New Yorker*, June 2, 1975; Olson, *Watergate*, p. 30.

110 Morgan, *Nixon*, p. 24.

111 Rick Perlstein, *Nixonland: The Rise of a President and the Fracturing of America* (New York: Scribner, 2008), p. 667.

112 Morgan, *Nixon*, pp. 160, 179; Olson, *Watergate*, p. 12; Perlstein, *Nixonland*, pp. 517, 676.

113 Morgan, *Nixon*, p. 24.

114 Perlstein, *Nixonland*, p. 413.

115 Olson, *Watergate*, pp. 35–42.

116 Quoted in ibid., p. 90.

117 Ibid., pp. 76–82.

118 Ibid., p. 102.

119 Ibid., p. 155.

120 Morgan, *Nixon*, pp. 186–87.

121 Olson, *Watergate*, p. 164.

122 Eric Schickler, *Racial Realignment: The Transformation of American Liberalism, 1932–1965* (Princeton, NJ: Princeton University Press, 2016).

123 以下も参照：Mickey, Levitsky, and Way, "Is America Still Safe for Democracy?," pp. 20–29.

第7章　崩れていく民主主義

1 スカリアの死へのソーシャルメディアの反応についての説明は、以下のふたつの情報源より：Jonathan Chait, "Will the Supreme Court Just Disappear?," *New York Magazine*, February 21, 2016, and "Supreme Court Justice Antonin Scalia Dies: Legal and Political Worlds React," *The Guardian*, February 14, 2016.

2 Ibid.

3 Kar and Mazzone, "The Garland Affair," pp. 53–111. Kar and Mazzone によると、アメリカの歴史のなかでは――すべて 20 世紀よりまえに――大統領の最高裁判事指名候補への投票が上院で拒否されたことが 6 回あったという。この 6 つの事例のすべてにおいて、任命の合法性が疑問視された。それらは、次期大統領が選挙で決まったあとに指名がなされたケース、あるいは

64 Matthews, *U.S. Senators and Their World*, p. 100.

65 Ibid., p. 101; Wawro and Schickler, *Filibuster*, p. 41.

66 Matthews, *U.S. Senators and Their World*, p. 101.

67 Ibid.; 以下も参照：Donald Matthews, "The Folkways of the United States Senate: Conformity to Group Norms and Legislative Effectiveness," *American Political Science Review* 53, no. 4 (December 1959), pp. 1064–89.

68 Matthews, *U.S. Senators and Their World*, pp. 98–99.

69 Quoted in Matthews, "The Folkways," p. 1069.

70 Matthews, *U.S. Senators and Their World*, p. 98.

71 Ibid., p. 99.

72 Matthews, "The Folkways," p. 1072.

73 Quoted in Matthews, *U.S. Senators and Their World*, p. 100.

74 上院でのフィリバスターの誕生とその発展については以下を参照：Sarah Binder and Steven Smith, *Politics or Principle?: Filibustering in the United States Senate* (Washington, DC: Brookings Institution Press, 1997); Wawro and Schickler, *Filibuster*; and Koger, *Filibustering*.

75 Wawro and Schickler, *Filibuster*, pp. 25–28.

76 Binder and Smith, *Politics or Principle?*, p. 114.

77 Ibid., p. 11.

78 Wawro and Schickler, *Filibuster*, p. 41.

79 Binder and Smith, *Politics or Principle?*, p. 60.

80 Ibid., p. 9.

81 Horwill, *The Usages of the American Constitution*, pp. 126–28; Epstein and Segal, *Advice and Consent* ; Robin Bradley Kar and Jason Mazzone, "The Garland Affair: What History and the Constitution *Really* Say About President Obama's Powers to Appoint a Replacement for Justice Scalia," *New York University Law Review* 91 (May 2016), pp. 58–61.

82 Horwill, *The Usages of the American Constitution*, pp. 137–38; Kar and Mazzone, "The Garland Affair," pp. 59–60.

83 Epstein and Segal, *Advice and Consent*, p. 21.

84 Horwill, *The Usages of the American Constitution*, pp. 137–38.

85 以下にもとづく：Kar and Mazzone, "The Garland Affair," pp. 107–14.

86 Epstein and Segal, *Advice and Consent*, p. 106.

87 Ibid., p. 107.

88 以下にもとづく：Kar and Mazzone, "The Garland Affair," pp. 107–14.

89 James Bryce, *The American Commonwealth* (New York: Macmillan and Company, [1888] 1896), p. 211.

90 Keith Whittington, "An Impeachment Should Not Be a Partisan Affair," *Lawfare*, May 16, 2017.

91 Ibid.

92 Tushnet, "Constitutional Hardball," p. 528.

93 データは以下より：Gerhard Peters and John T. Woolley, "The American Presidency Project" (2017), http://www.presidency.ucsb.edu/executive_orders.php?year=2017.

94 憲法学者のノア・フェルドマンは、裁判所の抱き込み計画を「憲法を出し抜こうとした過去もっとも大胆な事例のひとつ」と称した。参照：Feldman, *Scorpions*, p. 108.

95 Edward Shils, *The Torment of Secrecy* (Glencoe: Free Press, 1956), p. 140.

96 Richard Fried, *Nightmare in Red: The McCarthy Era in Perspective* (Oxford: Oxford University Press, 1990), p. 122.

41 Quoted in Milkis and Nelson, *The American Presidency*, pp. 125–27.
42 Quoted in ibid., p. 125.
43 Ibid., p. 128.
44 Sidney Milkis and Michael Nelson, *The American Presidency: Origins and Development, 1776–2007*, Fifth Edition (Washington, DC: Congressional Quarterly Press, 2008), p. 217.
45 Ibid., pp. 289–90.
46 Crenson and Ginsberg, *Presidential Power*, p. 211; Ackerman, *The Decline and Fall of the American Republic*, p. 87.
47 Lauren Schorr, "Breaking the Pardon Power: Congress and the Office of the Pardon Attorney," *American Criminal Law Review* 46 (2009), pp. 1535–62.
48 Alexander Pope Humphrey, "The Impeachment of Samuel Chase," *The Virginia Law Register* 5, no. 5 (September 1899), pp. 283–89.
49 Ellis, *American Sphinx*, p. 225.
50 Humphrey, "The Impeachment of Samuel Chase," p. 289. 歴史家のリチャード・ホフスタッターはチェイスの弾劾を「純然たる党派争い」だと評した。(Hofstadter, *The Idea of a Party System*, p. 163).
51 Lee Epstein and Jeffrey A. Segal, *Advice and Consent: The Politics of Judicial Appointments* (New York: Oxford University Press, 2005), p. 31.
52 7つの例は以下のとおり。① 1800年、連邦党率いる死に体の議会が判事を6人から5人に減らし、ジェファーソンの司法能力を制限しようとした。② 1801年、ジェファーソン派が新しく主導権を握った議会は、裁判所の規模を5人から6人に戻した。③ 1807年、議会は最高裁の判事を7人に増やし、ジェファーソンが追加で判事を任命できるようにした。④ 1837年、議会は最高裁の規模を9人に増やし、アンドリュー・ジャクソンが追加で2人の判事を指名できるようにした。⑤ 1863年、議会は最高裁の規模を10人に増やし、リンカーンが奴隷制反対派の判事を指名することを許可した。⑥ 1866年、共和党が支配する議会は判事を7人に減らし、民主党のアンドリュー・ジョンソン大統領の司法能力を制限しようとした。⑦ 1869年、議会は裁判所の規模を9人に拡大し、新たに選出された共和党のユリシーズ・S・グラント大統領が追加で2人の判事を指名できるようにした。参照：Jean Edward Smith, "Stacking the Court," *New York Times*, July 26, 2007.
53 Woodrow Wilson, *An Old Master, and Other Political Essays* (New York: Charles Scribner's Sons, 1893), p. 151.
54 Benjamin Harrison, *This Country of Ours* (New York: Charles Scribner's Sons, 1897), p. 317.
55 Horwill, *The Usages of the American Constitution*, p. 190.
56 Epstein and Segal, *Advice and Consent*, p. 46.
57 Quoted in H. W. Brands, *Traitor to His Class: The Privileged Life and Radical Presidency of Franklin Delano Roosevelt* (New York: Doubleday, 2008), pp. 470–71.
58 Quoted in Feldman, *Scorpions*, p. 108.
59 Brands, *Traitor to His Class*, p. 472.
60 Gene Gressley, "Joseph C. O'Mahoney, FDR, and the Supreme Court," *Pacific Historical Review* 40, no. 2 (1971), p. 191.
61 Morison and Commager, *The Growth of the American Republic*, p. 618.
62 Gregory Koger, *Filibustering: A Political History of Obstruction in the House and Senate* (Chicago: University of Chicago Press, 2010); Gregory J. Wawro and Eric Schickler, *Filibuster: Obstruction and Lawmaking in the U.S. Senate* (Princeton, NJ: Princeton University Press, 2006).
63 Wawro and Schickler, *Filibuster*, p. 6.

Company, 1885).
19 Robert Green Ingersoll, *Fifty Great Selections, Lectures, Tributes, After Dinner Speeches* (New York: C. P. Farrell, 1920), pp. 157–58.
20 H. W. Horwill, *The Usages of the American Constitution* (New York: Oxford University Press, 1925), p. 188.
21 Keith Whittington, "Bill Clinton Was No Andrew Johnson: Comparing Two Impeachments," *University of Pennsylvania Journal of Constitutional Law* 2, no. 2 (March 2000), pp. 438–39.
22 Charles Calhoun, *From Bloody Shirt to Full Dinner Pail: The Transformation of Politics and Governance in the Gilded Age* (New York: Hill and Wang, 2010), p. 88.
23 C. Vann Woodward, *Reunion and Reaction: The Compromise of 1877 and the End of Reconstruction* (Boston: Little, Brown and Company, 1966).
24 Nolan McCarty, Keith Poole, and Howard Rosenthal, *Polarized America: The Dance of Ideology and Unequal Riches* (Cambridge, MA: MIT Press, 2008), p. 10.
25 Kimberly Morgan and Monica Prasad, "The Origins of Tax Systems: A French-American Comparison," *American Journal of Sociology* 114, no. 5 (2009), p. 1366.
26 James Bryce, *The American Commonwealth,* vol. 1 (New York: Macmillan and Company, 1896), pp. 393–94.〔邦訳：ヂェイムズ・ブライス『アメリカ国家論　上巻』名原広三郎訳、橘書店、1944年〕
27 Howell, *Power Without Persuasion*, pp. 13–14.
28 Arthur M. Schlesinger Jr., *The Imperial Presidency* (Boston: Houghton Mifflin, [1973] 2004); Crenson and Ginsberg, *Presidential Power*; Ackerman, *The Decline and Fall of the American Republic*; Milkis and Nelson, *The American Presidency*; Chris Edelson, *Power Without Constraint: The Post-9/11 Presidency and National Security* (Madison: University of Wisconsin Press, 2016).
29 Ackerman, *The Decline and Fall of the American Republic*, pp. 87–119; Crenson and Ginsberg, *Presidential Power*, pp. 180–351; Edelson, *Power Without Constraint.*
30 William Howell, "Unilateral Powers: A Brief Overview," *Presidential Studies Quarterly* 35, no. 3 (2005), p. 417.
31 参照：James F. Simon, *Lincoln and Chief Justice Taney: Slavery, Secession, and the President's War Powers* (New York: Simon & Schuster, 2006).
32 Hamilton, *Federalist* 74.〔邦訳：『ザ・フェデラリスト［新装版］』361頁より引用〕
33 Quoted in Fred Greenstein, *Inventing the Job of President: Leadership Style from George Washington to Andrew Jackson* (Princeton, NJ: Princeton University Press, 2009), p. 9.
34 Milkis and Nelson, *The American Presidency*, p. 91.
35 Ibid., p. 82.
36 Quoted in ibid., p. 82.
37 Gerhard Peters and John T. Woolley, "Executive Orders," The American Presidency Project, eds. Gerhard Peters and John T. Woolley, Santa Barbara, CA, 1999–2017. 以下で閲覧可能：http://www.presidency.ucsb.edu/data/orders.php.
38 Garry Wills, *Cincinnatus: George Washington and the Enlightenment* (Garden City, NY: Doubleday, 1984), p. 23.
39 Gordon Wood, *Revolutionary Characters: What Made the Founders Different* (New York: Penguin, 2006), pp. 30–31. 以下も参照：Seymour Martin Lipset, "George Washington and the Founding of Democracy," *Journal of Democracy* 9, no. 4 (October 1998), pp. 24–36.
40 Stephen Skowronek, *The Politics Presidents Make: Leadership from John Adams to Bill Clinton* (Cambridge, MA: Harvard University Press, 1993), pp. 243–44.

80 Sigmund, *The Overthrow of Allende*, p. 164.
81 Valenzuela, *The Breakdown of Democratic Regimes*, p. 67; Constable and Valenzuela, *A Nation of Enemies*, p. 28.
82 Valenzuela, *The Breakdown of Democratic Regimes*, pp. 67–77.
83 Israel, *Politics and Ideology in Allende's Chile*, p. 80.
84 Jorge Tapia Videla, "The Difficult Road to Socialism: The Chilean Case from a Historical Perspective," in *Chile at the Turning Point*, eds. Gil, Lagos, and Landsberger, p. 56; Sigmund, *The Overthrow of Allende*, p. 282; Valenzuela, *The Breakdown of Democratic Regimes*, pp. 83–85.
85 Valenzuela, *The Breakdown of Democratic Regimes*, pp. 89–94.
86 Cohen, *Radicals, Reformers, and Reactionaries*, p. 117.

第6章　アメリカ政治の不文律
1 フランクリン・ルーズベルトの就任演説（1933 年 3 月 4 日）, The Avalon Project: Documents in Law, History and Diplomacy, Yale Law School, http://avalon.law.yale.edu/20th_century/froos1.asp.
2 Samuel Eliot Morison and Henry Steele Commager, *The Growth of the American Republic* (New York: Oxford University Press, 1953), pp. 615–16.
3 Sidney Milkis and Michael Nelson, *The American Presidency: Origins and Development, 1776–2014*, Seventh Edition (Washington, DC: Congressional Quarterly Press, 2016), pp. 378–79.
4 Noah Feldman, *Scorpions: The Battles and Triumphs of FDR's Great Supreme Court Justices* (New York: Twelve, 2010), p. 108.
5 Hofstadter, *The Idea of a Party System*, p. 107.
6 Matthew Crenson and Benjamin Ginsberg, *Presidential Power: Unchecked and Unbalanced* (New York: W. W. Norton, 2007), pp. 49–50; Hofstadter, *The Idea of a Party System*, pp. 107–11.
7 Hofstadter, *The Idea of a Party System*, pp. 136, 140; Wood, *The Idea of America*, p. 246.
8 Ibid., p. 216.
9 Donald B. Cole, *Martin Van Buren and the American Political System* (Princeton, NJ: Princeton University Press, 1984), pp. 39, 430.
10 参照：Hofstadter, *The Idea of a Party System*, pp. 216–31.
11 Don Fehrenbacher, *The South and Three Sectional Crises* (Baton Rouge: Louisiana State University Press, 1980), p. 27.
12 Quoted in John Niven, *John C. Calhoun and the Price of Union: A Biography* (Baton Rouge: Louisiana State University Press, 1988), p. 325.
13 ヘンリー・M・ショー下院議員の米下院での発言（1858 年 4 月 20 日）。参照：https://archive.org/details/kansasquestionsp00shaw; Ulrich Bonnell Phillips, *The Life of Robert Toombs* (New York: The Macmillan Company, 1913), p. 183.
14 タデウス・スティーブンス下院議員の米下院での発言（1850 年 2 月 20 日）。参照：https://catalog.hathitrust.org/Record/009570624.
15 Joanne B. Freeman, "Violence Against Members of Congress Has a Long, and Ominous, History," *Washington Post*, June 15, 2017. 以下も参照：Joanne B. Freeman, *The Field of Blood: Violence in Congress and the Road to Civil War* (New York: Farrar, Straus and Giroux, 2018).
16 Milkis and Nelson, *The American Presidency*, pp. 212–13.
17 Louis Menand, *The Metaphysical Club: A Story of Ideas in America* (New York: Farrar, Straus and Giroux, 2001), p. 61.〔邦訳：ルイ・メナンド『メタフィジカル・クラブ　米国 100 年の精神史』野口良平・那須耕介・石井素子訳、みすず書房、2011 年〕
18 Woodrow Wilson, *Congressional Government: A Study in American Politics* (Boston: Houghton Mifflin

57 1992年制定のパラグアイ憲法第225条は、議会が「職務遂行能力の低さ」を理由に大統領を弾劾することを認めている。この条項は「わざと曖昧になっており、現役の上院議員の3分の2の意図によってほぼどのようにでも解釈することができる」。参照：Toro, "What's in a Coup?"

58 Aníbal Pérez-Liñán, *Presidential Impeachment and the New Political Instability in Latin America* (New York: Cambridge University Press, 2007), p. 26.

59 Carlos de la Torre, *Populist Seduction in Latin America*, Second Edition (Athens, OH: Ohio University Press, 2010), p. 106; Pérez-Liñán, *Presidential Impeachment and the New Political Instability in Latin America*, p. 155.

60 参照：de la Torre, *Populist Seduction in Latin America*, p. 102; Ximena Sosa, "Populism in Ecuador: From José M. Velasco to Rafael Correa," in *Populism in Latin America*, Second Edition, ed. Michael L. Conniff (Tuscaloosa, AL: University of Alabama Press, 2012), pp. 172–73; and Pérez-Liñán, *Presidential Impeachment and the New Political Instability in Latin America*, p. 26.

61 Kousser, *The Shaping of Southern Politics*, pp. 134–36.

62 Nelson, "Are We on the Verge of the Death Spiral That Produced the English Revolution of 1642–1649?" または Linz, "The Perils of Presidentialism," and Helmke, *Institutions on the Edge*.

63 Nelson, "Are We on the Verge of the Death Spiral That Produced the English Revolution of 1642–1649?"

64 参照：Arturo Valenzuela, *The Breakdown of Democratic Regimes: Chile* (Baltimore: Johns Hopkins University Press, 1978), pp. 13–20.

65 Pamela Constable and Arturo Valenzuela, *A Nation of Enemies: Chile Under Pinochet* (New York: W. W. Norton, 1991), pp. 21–22. または Luis Maira, "The Strategy and Tactics of the Chilean Counterrevolution in the Area of Political Institutions," in *Chile at the Turning Point: Lessons of the Socialist Years, 1970–1973*, eds. Federico Gil, Ricardo Lagos, and Henry Landsberger (Philadelphia: Institute for the Study of Human Issues, 1979), p. 247.

66 Constable and Valenzuela, *A Nation of Enemies*, p. 21.

67 Valenzuela, *The Breakdown of Democratic Regimes*, pp. 22–39.

68 Constable and Valenzuela, *A Nation of Enemies*, p. 25.

69 Youssef Cohen, *Radicals, Reformers, and Reactionaries: The Prisoner's Dilemma and the Collapse of Democracy in Latin America* (Chicago: University of Chicago Press, 1994), p. 100.

70 Rodrigo Tomic, "Christian Democracy and the Government of the Unidad Popular," in *Chile at the Turning Point*, eds. Gil, Lagos, and Landsberger, p. 232.

71 Paul Sigmund, *The Overthrow of Allende and the Politics of Chile, 1964–1976* (Pittsburgh: University of Pittsburgh Press, 1977), p. 18; Valenzuela, *The Breakdown of Democratic Regimes*, p. 45.

72 Julio Faúndez, *Marxism and Democracy in Chile: From 1932 to the Fall of Allende* (New Haven, CT: Yale University Press, 1988), p. 181.

73 Valenzuela, *The Breakdown of Democratic Regimes*, p. 48; Sigmund, *The Overthrow of Allende*, p. 111.

74 Sigmund, *The Overthrow of Allende*, pp. 118– 20; Faúndez, *Marxism and Democracy in Chile*, pp. 188–90.

75 Valenzuela, *The Breakdown of Democratic Regimes*, p. 49.

76 Ibid., pp. 50–60, 81; Ricardo Israel Zipper, *Politics and Ideology in Allende's Chile* (Tempe: Arizona State University, Center for Latin American Studies, 1989), pp. 210–16.

77 Sigmund, *The Overthrow of Allende*, p. 133; Cohen, *Radicals, Reformers, and Reactionaries*, pp. 104–5.

78 Maira, "The Strategy and Tactics of the Chilean Counterrevolution," pp. 249–56.

79 Ibid., pp. 249–56; Israel, *Politics and Ideology in Allende's Chile*, p. 216.

York: W. W. Norton, 1988), p. 21; Bendix, *Kings or People*, p. 234.

38 Anthony Dawson and Paul Yachnin, eds., *Richard II*, The Oxford Shakespeare (Oxford: Oxford University Press, 2011), p. 241.〔邦訳：シェイクスピア『リチャード二世』〕

39 Whittington, "The Status of Unwritten Constitutional Conventions in the United States," p. 107.

40 Julia R. Azari and Jennifer K. Smith, "Unwritten Rules: Informal Institutions in Established Democracies," *Perspectives on Politics* 10, no. 1 (March 2012); または Whittington, "The Status of Unwritten Constitutional Conventions in the United States," pp. 109–12.

41 トマス・ジェファーソン、バーモント州議会への手紙（1807年12月10日）。以下より引用：Thomas H. Neale,"Presidential Terms and Tenure: Perspectives and Proposals for Change" (Washington, DC: Congressional Research Service, 2009), p. 5.

42 Bruce Peabody, "George Washington, Presidential Term Limits, and the Problem of Reluctant Political Leadership," *Presidential Studies Quarterly* 31, no. 3 (2001), p. 442.

43 Whittington, "The Status of Unwritten Constitutional Conventions in the United States," p. 110. 1912年にセオドア・ルーズベルトは連続ではない3期目を目指したものの、共和党の候補選で敗北。独立候補として出馬したが、大統領の2期制限を護るべきだと主張する男に遊説中に狙撃された。参照：Elkins, Ginsburg, and Melton, *The Endurance of National Constitutions*, p. 47.

44 Azari and Smith, "Unwritten Rules," p. 44.

45 参照：Nelson, "Are We on the Verge of the Death Spiral That Produced the English Revolution of 1642–1649?"

46 Juan J. Linz, "The Perils of Presidentialism," *Journal of Democracy* 1, no. 1 (January 1990), pp. 51–69; 以下も参照：Gretchen Helmke, *Institutions on the Edge: The Origins and Consequences of Inter-Branch Crises in Latin America* (New York: Cambridge University Press, 2017).

47 Mark Tushnet, "Constitutional Hardball," *The John Marshall Law Review* 37 no. 2 (2004), pp. 550, 523–53.

48 Page, *Perón, a biography*, p. 165.

49 Delia Ferreira Rubio and Matteo Goretti, "When the President Governs Alone: The *Decretazo* in Argentina, 1989–93," in *Executive Decree Authority*, eds. John M. Carey and Matthew Soberg Shugart (New York: Cambridge University Press, 1998).

50 Ferreira Rubio and Goretti, "When the President Governs Alone," pp. 33, 50.

51 "Venezuela's Supreme Court Consolidates President Nicolás Maduro's Power," *New York Times*, October 12, 2016; "El Supremo de Venezuela declara constitucional el Decreto de Emergencia Económica," *El País*, January 21, 2016. 参照: http://internacional.elpais.com/internacional/2016/01/21/america/1453346802_377899.html.

52 "Venezuela Leaps Towards Dictatorship," *The Economist*, March 31, 2017; "Maduro podrá aprobar el presupuesto a espaldas del Parlamento," *El País*, October 13, 2016. 参照：http://internacional.elpais.com/internacional/2016/10/13/america/1476370249_347078.html; "Venezuela's Supreme Court Consolidates President Nicolás Maduro's Power," *New York Times*; "El Supremo de Venezuela declara constitucional el Decreto de Emergencia Económica," *El País*.

53 "Radiografía de los chavistas que controlan el TSJ en Venezuela," *El Tiempo*, August 29, 2016. 参照：http://www.eltiempo.com/mundo/latinoamerica/perfil-de-los-jueces-del-tribunal-supremo-de-justicia-de-venezuela-44143.

54 Leiv Marsteintredet, Mariana Llanos, and Detlef Nolte, "Paraguay and the Politics of Impeachment," *Journal of Democracy* 24, no. 4 (2013), p. 113.

55 Marsteintredet, Llanos, and Nolte, "Paraguay and the Politics of Impeachment," pp. 112–14.

56 Francisco Toro, "What's in a Coup?," *New York Times*, June 29, 2012.

American Republic.

14 以下を参照：Gretchen Helmke and Steven Levitsky, eds., *Informal Institutions and Democracy: Lessons from Latin America* (Baltimore: Johns Hopkins University Press, 2006).

15 プリンストン大学の憲法学者キース・ウィッティントンはこれらの非公式のルールを「習慣」（conventions）と呼ぶ。参照：Keith E. Whittington, "The Status of Unwritten Constitutional Conventions in the United States," *University of Illinois Law Review* 5 (2013), pp. 1847–70.

16 以下を参照：Mainwaring and Pérez-Liñán, *Democracies and Dictatorships in Latin America.*

17 米上院の規範や習俗（folkway）に関する一般的な解説については以下を参照：Donald R. Matthews, *U.S. Senators and Their World* (Chapel Hill: University of North Carolina Press, 1960).

18 Richard Hofstadter, *The Idea of a Party System: The Rise of Legitimate Opposition in the United States, 1780–1840* (Berkeley: University of California Press, 1969), p. 8.

19 Joseph J. Ellis, *American Sphinx: The Character of Thomas Jefferson* (New York: Alfred Knopf, 1996), p. 122; Gordon S. Wood, *The Idea of America: Reflections on the Birth of the United States* (New York: Penguin Books, 2011), p. 114; Hofstadter, *The Idea of a Party System*, pp. 105, 111.

20 Wood, *The Idea of America*, pp. 244–45; Hofstadter, *The Idea of a Party System*, p. 94.

21 Wood, *The Idea of America*, p. 245.

22 Hofstadter, *The Idea of a Party System.*

23 Gabriel Jackson, *The Spanish Republic and the Civil War, 1931–1939* (Princeton, NJ: Princeton University Press, 1965), p. 52.

24 Shlomo Ben-Ami, "The Republican 'Take-Over': Prelude to Inevitable Catastrophe?," in *Revolution and War in Spain, 1931–1939*, ed. Paul Preston (London: Routledge, 2001), pp. 58–60.

25 Gerard Alexander, *The Sources of Democratic Consolidation* (Ithaca, NY: Cornell University Press, 2002), p. 111.

26 Raymond Carr, *Spain 1808–1939* (Oxford: Oxford University Press, 1966), p. 621.

27 Michael Mann, *Fascists* (Cambridge: Cambridge University Press, 2004), p. 330.

28 Juan J. Linz, "From Great Hopes to Civil War: The Breakdown of Democracy in Spain," in *The Breakdown of Democratic Regimes: Europe,* eds. Linz and Stepan, p. 162.

29 Jackson, *The Spanish Republic and the Civil War, 1931-1939,* pp. 147–48.

30 Quoted in Linz, "From Great Hopes to Civil War," p. 161.

31 この弾圧によって2000人もの国民が殺され、約2万人の左翼主義者が投獄された。参照：Hugh Thomas, *The Spanish Civil War* (London: Penguin Books, 2001), p. 136〔邦訳：ヒュー・トマス『スペイン市民戦争』都築忠七訳、みすず書房、1988年〕; Stanley Payne, *The Franco Regime, 1936–1975* (Madison: University of Wisconsin Press, 1987), p. 43.

32 Jackson, *The Spanish Republic and the Civil War*, pp. 165–68.

33「自制心」（forbearance）という言葉はアリーシャ・ホランドの論文から拝借した：Alisha Holland, "Forbearance," *American Political Science Review* 110, no. 2 (May 2016), pp. 232–46; and Alisha Holland, *Forbearance as Redistribution: The Politics of Informal Welfare in Latin America* (New York: Cambridge University Press, 2017). 以下も参照：Eric Nelson, "Are We on the Verge of the Death Spiral That Produced the English Revolution of 1642–1649?," History News Network, December 14, 2014, http://historynewsnetwork.org/article/157822.

34 オックスフォード・ディクショナリーより：https://en.oxforddictionaries.com/definition/forbearance.

35 Whittington, "The Status of Unwritten Constitutional Conventions in the United States," p. 106.

36 Reinhard Bendix, *Kings or People: Power and the Mandate to Rule* (Berkeley: University of California Press, 1978), p. 7.

37 Edmund Morgan, *Inventing the People: The Rise of Popular Sovereignty in England and America* (New

106 Baker and Glasser, *Kremlin Rising*, p. 55.
107 Richard Sakwa, *Putin: Russia's Choice*, Second Edition (New York: Routledge, 2007), pp. 20–22; Masha Gessen, *The Man Without a Face: The Unlikely Rise of Vladimir Putin* (London: Penguin, 2012), pp. 23–42〔邦訳：マーシャ・ゲッセン『そいつを黙らせろ　プーチンの極秘指令』松宮克昌訳、柏書房、2013 年〕; Dunlop, *The Moscow Bombings of September 1999.*
108 Cagaptay, *The New Sultan*, pp. 181–82.
109 "Turkey: Events of 2016," Human Rights Watch World Report 2017, https://www.hrw.org/world-report/2017/country-chapters/turkey. または "Turkey Coup Attempt: Crackdown Toll Passes 50,000," BBC.com, July 20, 2016.
110 この改革によって、議会の解散権にくわえ、憲法裁判所の 5 分の 4 の判事を独断で任命する権限が大統領に与えられた。以下で閲覧可能なトルコ弁護士協会による憲法改正に対する評価を参照：http://anayasadegisikligi.barobirlik.org.tr/Anayasa_Degisikligi.aspx.

第 5 章　民主主義のガードレール

1 Karen Orren and Stephen Skowronek, *The Search for American Political Development* (Cambridge: Cambridge University Press, 2004), p. 36.
2 情報源は以下を参照：Guillermo O'Donnell and Laurence Whitehead, "Two Comparative Democratization Perspectives: 'Brown Areas' and 'Immanence,' " in *Democratization in America*, eds. King, Lieberman, Ritter, and Whitehead, p. 48.
3 Kenneth F. Ledford, "German Lawyers and the State in the Weimar Republic," *Law and History Review* 13, no. 2 (1995), pp. 317–49.
4 George Athan Billias, *American Constitutionalism Heard Round the World, 1776–1989: A Grobal Perspective* (New York: New York University Press, 2009), pp. 124–25; Zachary Elkins, Tom Ginsburg, and James Melton, *The Endurance of National Constitutions* (New York: Cambridge University Press, 2009), p. 26.
5 Jonathan M. Miller, "The Authority of a Foreign Talisman: A Study of U.S. Constitutional Practice as Authority in Nineteenth Century Argentina and the Argentine Elite's Leap of Faith," *The American University Law Review* 46, no. 5 (1997), pp. 1483–572. または Billias, *American Constitutionalism Heard Round the World, 1776-1989*, pp. 132–35.
6 Miller, "The Authority of a Foreign Talisman," pp. 1510–11.
7 Raul C. Pangalangan, "Anointing Power with Piety: People Power, Democracy, and the Rule of Law," in *Law and Newly Restored Democracies: The Philippines Experience in Restoring Political Participation and Accountability*, ed. Raul C. Pangalangan (Tokyo: Institute of Developing Economies, 2002), p. 3.
8 Benjamin Harrison, *This Country of Ours* (New York: Charles Scribner's Sons, 1897), p. ix.
9 Huq and Ginsburg, "How to Lose a Constitutional Democracy," p. 72; または William G. Howell, *Power Without Persuasion: The Politics of Direct Presidential Action* (Princeton, NJ: Princeton University Press, 2003), pp. 13–16.
10 Huq and Ginsburg, "How to Lose a Constitutional Democracy," pp. 61–63; または Bruce Ackerman, *The Decline and Fall of the American Republic* (Cambridge, MA: Harvard University Press, 2010), p. 183.
11 Huq and Ginsburg, "How to Lose a Constitutional Democracy," p. 70.
12 Ibid., pp. 29, 31. または Howell, *Power Without Persuasion*, pp. 13–14, 183–87; and Ackerman, *The Decline and Fall of the American Republic*, pp. 67–85.
13 Huq and Ginsburg, "How to Lose a Constitutional Democracy," pp. 60, 75. イェール大学の憲法学者ブルース・アッカマンも似た結論を導き出した。参照：Ackerman, *The Decline and Fall of the*

る「旗の下への結集」効果に関する最近の実証的研究には以下のような例がある：John R. Oneal and Anna Lillian Bryan, "The Rally 'Round the Flag Effect in U.S. Foreign Policy Crises, 1950–1985," *Political Behavior* 17, no. 4 (1995), pp. 379–401; Matthew A. Baum, "The Constituent Foundations of the Rally-Round-the-Flag Phenomenon," *International Studies Quarterly* 46, no.2 (2002), pp. 263–98; and J. Tyson Chatagnier, "The Effect of Trust in Government on Rallies 'Round the Flag," *Journal of Peace Research* 49, no. 5 (2012), pp. 631–45.

91 David W. Moore, "Bush Job Approval Highest in Gallup History," *Gallup News Service*, September 24, 2001. 参照：http://www.gallup.com/poll/4924/bush-job-approval-highest-gallup-history.aspx.

92 Leonie Huddy, Nadia Khatib, and Theresa Capelos, "The Polls—Trends: Reactions to the Terrorist Attacks of September 11, 2001," *Public Opinion Quarterly* 66 (2002), pp. 418–50; Darren W. Davis and Brian D. Silver, "Civil Liberties vs. Security: Public Opinion in the Context of the Terrorist Attacks on America," *American Journal of Political Science* 48, no. 1 (2004), pp. 28–46; Leonie Huddy, Stanley Feldman, and Christopher Weber, "The Political Consequences of Perceived Threat and Felt Insecurity," *The Annals of the American Academy of Political and Social Science* 614 (2007), pp. 131–53; and Adam J. Berinsky, *In Time of War: Understanding American Public Opinion from World War II to Iraq* (Chicago: University of Chicago Press, 2009), Chapter 7.

93 Moore, "Bush Job Approval Highest in Gallup History."

94 Sourcebook of Criminal Justice Statistics Online. 以下よりアクセス: http://www.albany.edu/sourcebook/ind/TERRORISM.Public_opinion.Civil_liberties.2.html.

95 "Gallup Vault: WWII-Era Support for Japanese Internment," August 31, 2016, http://www.gallup.com/vault/195257/gallup-vault-wwii-era-support-japanese-internment.aspx.

96 南米の憲法における「例外状態」については以下を参照：Brian Loveman, *The Constitution of Tyranny: Regimes of Exception in Spanish America* (Pittsburgh: University of Pittsburgh Press, 1994). 米憲法については以下を参照：Huq and Ginsburg, "How to Lose a Constitutional Democracy," pp. 29–31.

97 Julio F. Carrión, "Public Opinion, Market Reforms, and Democracy in Fujimori's Peru," in *The Fujimori Legacy*, ed. Julio F. Carrión, p. 129.

98 Sterling Seagrave, *The Marcos Dynasty* (New York: Harper and Row, 1988), pp. 243–44〔邦訳：スターリング・シーグレーブ『マルコス王朝　フィリピンに君臨した独裁者の内幕〈上・下〉』早良哲夫・佐藤俊行訳、サイマル出版会、1989年〕; Rempel, *Delusions of a Dictator*, pp. 52–55. 1970年2月、マルコスは日記に「反共産主義の避難所に追い込まれるのはひどく悲しいことだ」と綴った (Rempel, *Delusions of a Dictator*, p. 53).

99 Rempel, *Delusions of a Dictator*, pp. 61, 122, 172–73.

100 Seagrave, *The Marcos Dynasty*, p. 244.

101 Rempel, *Delusions of a Dictator*, pp. 105–7.

102 "Philippines: Marcos Gambles on Martial Law," United States Department of State Declassified Intelligence Note, Bureau of Intelligence Research, Dated October 6, 1972. または Seagrave, *The Marcos Dynasty*, p. 242.

103 Stanley Karnow, *In Our Image: America's Empire in the Philippines* (New York: Ballantine Books, 1989), p. 359. または Seagrave, *The Marcos Dynasty*, p. 262.

104 リチャード・エバンズによる歴史的記述の説明を参照：Richard J. Evans, "The Conspiracists," *London Review of Books* 36, no. 9 (2014), pp. 3–9.

105 参照：John B. Dunlop, *The Moscow Bombings of September 1999: Examinations of Russian Terrorist Attacks at the Onset of Vladimir Putin's Rule* (London: Ibidem, 2014). または Baker and Glasser, *Kremlin Rising*, p. 55.

64 参照：V. O. Key Jr., *Southern Politics in State and Nation* (Knoxville: University of Tennessee Press, 1984); and Robert Mickey, *Paths out of Dixie: The Democratization of Authoritarian Enclaves in America's Deep South, 1944–1972* (Princeton, NJ: Princeton University Press, 2015).

65 Key, *Southern Politics in State and Nation*, p. 537; Richard Valelly, *The Two Reconstructions: The Struggle for Black Enfranchisement* (Chicago: University of Chicago Press, 2004), p. 122.

66 Mickey, *Paths out of Dixie*, p. 38.

67 Valelly, *The Two Reconstructions*, pp. 24, 33; Mickey, *Paths out of Dixie*, p. 38.

68 J. Morgan Kousser, *The Shaping of Southern Politics: Suffrage Restriction and the Establishment of the One-Party South, 1880–1910* (New Haven, CT: Yale University Press, 1974), pp. 15, 28–29.

69 Mickey, *Paths out of Dixie*, pp. 38, 73; Valelly, *The Two Reconstructions*, pp. 3, 78–79.

70 Valelly, *The Two Reconstructions*, p. 77; and Kousser, *The Shaping of Southern Politics*, p. 31.

71 Kousser, *The Shaping of Southern Politics*, pp. 26–27, 41.

72 Key, *Southern Politics in State and Nation*, p. 8.

73 Quoted in Kousser, *The Shaping of Southern Politics*, p. 209. トゥームズはかつて「南部におけるニグロの参政権を奪うためなら、30年にわたる戦争も辞さない構えだ」と発言したこともあった：Quoted in Eric Foner, *Reconstruction: America's Unfinished Revolution, 1863-1877* (New York: Harper and Row, 1988), pp. 590–91.

74 Key, *Southern Politics in State and Nation*, pp. 535–39; Kousser, *The Shaping of Southern Politics*; Valelly, *The Two Reconstructions*, pp. 121–48. 南部連合ではない2州（デラウェア州とオクラホマ州）でも、アフリカ系アメリカ人から参政権が剝奪された。(Valelly, *The Two Reconstructions*, pp. 122–23).

75 Mickey, *Paths out of Dixie*, pp. 42–43; Kousser, *The Shaping of Southern Politics.*

76 Alexander Keyssar, *The Right to Vote: The Contested History of Democracy in the United States* (New York: Basic Books, 2000), p. 112.

77 Kousser, *The Shaping of Southern Politics*, p. 190.

78 Mickey, *Paths out of Dixie*, pp. 72–73.

79 Kousser, *The Shaping of Southern Politics*, p. 145.

80 Ibid., p. 92.

81 Mickey, *Paths out of Dixie*, p. 73. 共和党は1974年になってやっと、サウスカロライナ州の知事選に勝利した。

82 Kousser, *The Shaping of Southern Politics*, pp. 103, 113. この段落の説明は以下にもとづく：Ibid., pp. 104–121.

83 Ibid., pp. 131–32.

84 8年後、憲法制定会議は投票税の導入と識字能力試験の実施を決め、投票できる経済要件を定めた。以下を参照：Ibid., p. 137.

85 Ibid., p. 224.

86 Stephen Tuck, "The Reversal of Black Voting Rights After Reconstruction," in *Democratization in America: A Comparative-Historical Analysis*, eds. Desmond King, Robert C. Lieberman, Gretchen Ritter, and Laurence Whitehead (Baltimore: Johns Hopkins University Press, 2009), p. 140.

87 Foner, *Reconstruction*, p. 582.

88 William C. Rempel, *Delusions of a Dictator: The Mind of Marcos as Revealed in His Secret Diaries* (Boston: Little, Brown and Company, 1993), pp. 32, 101–3.

89 1972年9月23日に行なわれたマルコスの演説の全映像は以下を参照：ABS-CBN News, https://www.youtube.com/watch?v=bDCHIIXEXes.

90 参照：John Mueller, *War, Presidents, and Public Opinion* (New York: Wiley, 1973). アメリカにおけ

41 Helmke, *Courts Under Constraints*, p. 64.

42 Dan Slater, "Iron Cage in an Iron Fist: Authoritarian Institutions and the Personalization of Power in Malaysia," *Comparative Politics* 36, no. 1 (October 2003), pp. 94–95. マハティール・モハマド首相が退任してから 1 年後の 2004 年、アンワル・イブラヒムの有罪判決は取り消された。

43 Corrales, "Autocratic Legalism in Venezuela," pp. 44–45; "Venezuelan Opposition Leader Leopoldo López Sentenced to Prison Over Protest," *New York Times*, September 10, 2015.

44 "El Universo Verdict Bad Precedent for Free Press in Americas," *Committee to Protect Journalists Alert*, February 16, 2012, https://cpj.org/2012/02/el-universo-sentence-a-dark-precedent-for-free-pre.php.

45 Soner Cagaptay, *The New Sultan: Erdogan and the Crisis of Modern Turkey* (London: B. Tauris, 2017), p. 124; または Svante E. Cornell, "As Dogan Yields, Turkish Media Freedom Plummets," *Turkey Analyst*, January 18, 2010, https://www.turkeyanalyst.org/publications/turkey-analyst-articles/item/196-as-dogan-yields-turkish-media-freedom-plummets.html.

46 Marshall Goldman, *PetroState: Putin, Power, and the New Russia* (Oxford: Oxford University Press, 2008), p. 102. 〔邦訳：マーシャル・I・ゴールドマン『石油国家ロシア　知られざる資源強国の歴史と今後』鈴木博信訳、日本経済新聞出版社、2010 年〕

47 Peter Baker and Susan Glasser, *Kremlin Rising: Vladimir Putin's Russia and the End of Revolution*, Revised Edition (Dulles, VA: Potomac Books, 2007), p. 83.

48 Ibid., p. 482.

49 "Venden TV Venezolana Globovisión y Anuncian Nueva Línea Editorial de 'Centro,' " *El Nuevo Herald*, May 13, 2013, http://www.elnuevoherald.com/noticias/mundo/america-latina/venezuela-es/article2023054.html.

50 "Media Mogul Learns to Live with Chávez," *New York Times*, July 5, 2007.

51 Baker and Glasser, *Kremlin Rising*, pp. 86–87; Goldman, *PetroState*, p. 102.

52 Goldman, *PetroState*, pp. 103, 106, 113–16. または Baker and Glasser, *Kremlin Rising*, pp. 286–92.

53 Levitsky and Way, *Competitive Authoritarianism*, p. 198.

54 "Rakibimiz Uzan," *Sabah*, June 4, 2003, http://arsiv.sabah.com.tr/2003/06/04/p01.html.

55 Svante E. Cornell, "Erdogan Versus Koç Holding: Turkey's New Witch Hunt," *Turkey Analyst*, October 9, 2013, http://www.turkeyanalyst.org/publications/turkey-analyst-articles/item/64-erdogan-vs-ko.

56 Edwin Williamson, *Borges: A Life* (New York: Penguin, 2004), pp. 292–95.

57 Gustavo Dudamel, "Why I Don't Talk Venezuelan Politics," *Los Angeles Times*, September 29, 2015.

58 Gustavo Dudamel, "A Better Way for Venezuela," *New York Times*, July 19, 2017.

59 "Venezuela Cancels Gustavo Dudamel Tour After His Criticisms," *New York Times*, August 22, 2017.

60 Harold Crouch, *Government and Society in Malaysia* (Ithaca, NY: Cornell University Press, 1996), pp. 58–59, 74.

61 William Case, "New Uncertainties for an Old Pseudo-Democracy: The Case of Malaysia," *Comparative Politics* 37, no. 1 (October 2004), p. 101.

62 Kim Lane Scheppele, "Understanding Hungary's Constitutional Revolution," in *Constitutional Crisis in the European Constitutional Area*, eds. Armin von Bogdandy and Pál Sonnevend (London: Hart/Beck, 2015), pp. 120–21; and Gábor Tóka, "Constitutional Principles and Electoral Democracy in Hungary," in *Constitution Building in Consolidated Democracies: A New Beginning or Decay of a Political System?*, eds. Ellen Bos and Kálmán Pócza (Baden-Baden: Nomos-Verlag, 2014).

63 Cas Mudde, "The 2014 Hungarian Parliamentary Elections, or How to Craft a Constitutional Majority," *Washington Post*, April 14, 2014.

15 Cameron, "The *Eighteenth Brumaire* of Alberto Fujimori," p. 55; Kenney, *Fujimori's Coup and the Breakdown of Democracy in Latin America*, pp. 56–57, 172–76, 186.

16 Jones, *¡Hugo!*, p. 1.

17 Kirk Hawkins, *Venezuela's Chavismo and Populism in Comparative Perspective* (New York: Cambridge University Press, 2010), p. 61.

18 "Silvio Berlusconi Says Communist Judges Out to Destroy Him," *Reuters*, October 28, 2009.

19 "Assaults on Media Make Ecuador an Odd Refuge," *The Age*, June 21, 2012, http://www.theage.com.au/federal-politics/political-news/assaults-on-media-make-ecuador-an-odd-refuge-20120620-20okw.html?deviceType=text.

20 Ahmet Şik, "Journalism Under Siege," English PEN, 2016, https://www.englishpen.org/wp-content/uploads/2016/03/JournalismUnderSiege_FINAL.pdf.

21 Joseph Page, *Perón, a biography* (New York: Random House, 1983), pp. 162–65.

22 Jones, *¡Hugo!*, p. 309.

23 János Kornai, "Hungary's U-Turn: Retreating from Democracy," *Journal of Democracy* 26, no. 3 (July 2015), p. 35.

24 Maxwell A. Cameron, "Endogenous Regime Breakdown: The Vladivideo and the Fall of Peru's Fujimori," in *The Fujimori Legacy: The Rise of Electoral Authoritarianism in Peru*, ed. Julio F. Carrión (University Park: Pennsylvania State University Press, 2006).

25 Conaghan, *Fujimori's Peru*, p. 167; Cameron, "Endogenous Regime Breakdown," p. 180.

26 Page, *Perón, a biography*, p. 165.

27 Gretchen Helmke, *Courts Under Constraints: Judges, Generals, and Presidents in Argentina* (New York: Cambridge University Press, 2005), p. 64.

28 Page, *Perón, a biography*, p. 165; Helmke, *Courts Under Constraints*, p. 64.

29 Conaghan, *Fujimori's Peru*, pp. 126–31.

30 Bojan Bugaric and Tom Ginsburg, "The Assault on Postcommunist Courts," *Journal of Democracy* 27, no. 3 (July 2016), p. 73.

31 Ibid., pp. 73–74.

32 Joanna Fomina and Jacek Kucharczyk, "Populism and Protest in Poland," *Journal of Democracy* 27, no. 4 (October 2016), pp. 62–63. 2016年はじめに憲法裁判所は改正案を違憲だと判断したが、政府は判決を無視。〈法と正義〉のヤロスワフ・カチンスキ党首は「たとえ裁判所にうながされたとしても、わが党はポーランドが無政府状態になることを赦さない」と宣言した：Bugaric and Ginsburg, "The Assault on Postcommunist Courts," p. 74.

33 Allan R. Brewer-Carías, *Dismantling Democracy in Venezuela: The Chávez Authoritarian Experiment* (New York: Cambridge University Press, 2010), pp. 58–59; Jones, *¡Hugo!*, pp. 241–42.

34 Jones, *¡Hugo!*, p. 242.

35 Brewer-Carías, *Dismantling Democracy in Venezuela*, p. 59.

36 Javier Corrales and Michael Penfold, *Dragon in the Tropics: Hugo Chávez and the Political Economy of Revolution in Venezuela* (Washington, DC: Brookings Institution Press, 2011), p. 27; and Brewer-Carías, *Dismantling Democracy in Venezuela*, pp. 236–38.

37 "El Chavismo Nunca Pierde en el Supremo Venezolano," *El País*, December 12, 2014, http://internacional.elpais.com/internacional/2014/12/12/actualidad/1418373177_159073.html; または Javier Corrales, "Autocratic Legalism in Venezuela," *Journal of Democracy* 26, no. 2 (April 2015), p. 44.

38 Conaghan, *Fujimori's Peru*, pp. 154–62.

39 Ibid.

40 Ibid., p. 137.

39 Ibid.
40 Ibid.
41 "78 Republican Politicians, Donors and Officials Who Are Supporting Hillary Clinton," *Washington Post*, November 7, 2016.
42 "French Election Results: Macron's Victory in Charts". 同記事内の以下の数値を参照："How Allegiances Shifted from the First to the Second Round of Voting in the French Presidential Election".
43 Alan Abramowitz, *The Polarized Public?: Why American Government Is So Dysfunctional* (New York: Pearson, 2012); "Partisanship and Political Animosity in 2016," Pew Research Center, June 22, 2016, http://www.people-press.org/2016/06/22/partisanship-and-political-animosity-in-2016/.
44 John Sides, Michael Tesler, and Lynn Vavreck, "The 2016 U.S. Election: How Trump Lost and Won," *Journal of Democracy* 28, no. 2 (April 2017), pp. 36–37; Sides, Tesler, and Vavreck, *Identity Crisis*, Chapter 2.

第４章　民主主義を破壊する

1 Gregory D. Schmidt, "Fujimori's 1990 Upset Victory in Peru: Electoral Rules, Contingencies, and Adaptive Strategies," *Comparative Politics* 28, no. 3 (1996), pp. 321–54.
2 Luis Jochamowitz, *Ciudadano Fujimori: La Construcción de un Político* (Lima: Peisa, 1993), pp. 259–63.
3 Charles Kenney, *Fujimori's Coup and the Breakdown of Democracy in Latin America* (Notre Dame, IN: University of Notre Dame Press, 2004), pp. 126–27; または Susan C. Stokes, *Mandates and Democracy: Neoliberalism by Surprise in Latin America* (New York: Cambridge University Press, 2001), pp. 69–71.
4 参照：Kenneth Roberts, "Neoliberalism and the Transformation of Populism in Latin America: The Peruvian Case," *World Politics* 48, no. 1 (October 1995), pp. 82–116.
5 Gregory Schmidt, "Presidential Usurpation or Congressional Preference? The Evolution of Executive Decree Authority in Peru," in *Executive Decree Authority*, eds. John M. Carey and Matthew S. Shugart (New York: Cambridge University Press, 1998), p. 124; Kenney, *Fujimori's Coup and the Breakdown of Democracy in Latin America*, pp. 131–32.
6 Yusuke Murakami, *Perú en la era del Chino: La política no institucionalizada y el pueblo en busca de un salvador* (Lima: Instituto de Estudios Peruanos, 2012), p. 282; Maxwell A. Cameron, "Political and Economic Origins of Regime Change in Peru: The *Eighteenth Brumaire* of Alberto Fujimori," in *The Peruvian Labyrinth: Polity, Society, Economy*, eds. Maxwell Cameron and Philip Mauceri (University Park: Pennsylvania State University Press, 1997), pp. 54–58; Cynthia McClintock, "La Voluntad Política Presidencial y la Ruptura Constitucional de 1992 en el Perú," in *Los Enigmas del Poder: Fujimori 1990–1996*, ed. Fernando Tuesta Soldevilla (Lima: Fundación Friedrich Ebert, 1996).
7 McClintock, "La Voluntad Política Presidencial y la Ruptura Constitucional," p. 65.
8 Catherine Conaghan, *Fujimori's Peru: Deception in the Public Sphere* (Pittsburgh: University of Pittsburgh Press, 2005), p. 30.
9 Kenney, *Fujimori's Coup and the Breakdown of Democracy in Latin America*, p. 132.
10 Schmidt, "Presidential Usurpation or Congressional Preference?," pp. 118–19.
11 Cameron, "The *Eighteenth Brumaire* of Alberto Fujimori," p. 55.
12 Conaghan, *Fujimori's Peru*, p. 30.
13 McClintock, "La Voluntad Política Presidencial y la Ruptura Constitucional," p. 65.
14 Kenney, *Fujimori's Coup and the Breakdown of Democracy in Latin America*, p. 146.

合は、ほかの候補の支持者に比べてトランプ支持者のほうが2倍以上多かった。参照：Pew Research Center, "Trump, Clinton Voters Divided in Their Main Source for Election News," January 18, 2017, pp. 3, 5.

15 参照：Sides, Tesler, and Vavreck, *Identity Crisis*, Chapter 4.

16 Nathaniel Persily, "The 2016 U.S. Election: Can Democracy Survive the Internet?," *Journal of Democracy* 28, no. 2 (April 2017), p. 67.

17 Ibid.

18 "Why the Never Trump Movement Failed at the Republican National Convention," ABCNews.com, July 20, 2016.

19 アメリカ合衆国での不正投票の一般的な状況については以下を参照：Richard L. Hasen, *The Voting Wars: From Florida 2000 to the Next Election Meltdown* (New Haven, CT: Yale University Press, 2012), and Lorraine C. Minnite, *The Myth of Voter Fraud* (Ithaca, NY: Cornell University Press, 2010). 2016年の選挙で不正が行なわれなかったことについては以下を参照：Jessica Huseman and Scott Klein, "There's No Evidence Our Election Was Rigged," ProPublica, November 28, 2016.

20 Darren Samuelsohn, "A Guide to Donald Trump's 'Rigged' Election," *Politico*, October 25, 2016.

21 Ibid.

22 Jeremy Diamond, "Trump: 'I'm Afraid the Election's Going to Be Rigged,' " CNN.com, August 3, 2016.

23 "US Election 2016: Trump Says Election 'Rigged at Polling Places,' " BBC.com, October 17, 2016.

24 "Donald Trump, Slipping in Polls, Warns of 'Stolen Election,' " *New York Times*, October 13, 2016.

25 "Poll: 41 Percent of Voters Say Election Could Be 'Stolen' from Trump," *Politico*, October 17, 2016.

26 "14 of Trump's Most Outrageous 'Birther' Claims—Half from After 2011," CNN.com, September 16, 2016.

27 Lisa Hagen, "Trump: Clinton 'Has to Go to Jail,' " *The Hill*, October 12, 2016.

28 "Donald Trump Says He May Pay Legal Fees of Accused Attacker from Rally," *New York Times*, March 13, 2016.

29 "Don't Believe Donald Trump Has Incited Violence at Rallies? Watch This Video," *Vox*, March 12, 2016, https://www.vox.com/2016/3/12/11211846/donald-trump-violence-rallies.

30 "Donald Trump Suggests 'Second Amendment People' Could Act Against Hillary Clinton," *New York Times*, August 9, 2016.

31 "Trump: Clinton 'Has to Go to Jail,' " CNN.com, October 13, 2016.

32 "Donald Trump Vows to Rewrite Libel Laws to Make It Easier to Sue the Media," *Business Insider*, February 26, 2016.

33 Ibid.

34 「集団的な権力の放棄」の定義とその説明は、大戦間のドイツとフランスに関する社会学者イワン・エルマコフの重要な研究にもとづく：Ivan Ermakoff, *Ruling Oneself Out: A Theory of Collective Abdications* (Durham, NC: Duke University Press, 2008).

35 Linz, *The Breakdown of Democratic Regimes*, p. 37.

36 2017年のフランス大統領選挙におけるこの動向を裏づけるデータについては以下を参照："French Election Results: Macron's Victory in Charts," *Financial Times*, May 9, 2017. https://www.ft.com/content/62d782d6-31a7-11e7-9555-23ef563ecf9a.

37 https://www.hillaryclinton.com/briefing/updates/2016/09/29/number-of-prominent-republicans-and-independents-backing-hillary-clinton-grows/ (2017年5月20日にアクセス).

38 Ibid.

Committee, April 1970), p. 14.
59 Quoted in Ceaser, *Presidential Selection*, p. 273.
60 Democratic National Committee, *Mandate for Reform*, p. 49.
61 Ceaser, *Presidential Selection*, p. 237.
62 両引用は以下より：David E. Price, *Bringing Back the Parties* (Washington, DC: Congressional Quarterly, 1984), pp. 149–50.
63 1972年、民主党の大統領指名候補はジョージ・ウォレスに決まりかけた。最終的に指名を受けたジョージ・マクガバンは、リチャード・ニクソンを相手に大差で負けた。1976年には、比較的アウトサイダー色の強いジミー・カーターが民主党の大統領候補に指名された。1980年の予備選挙では、カーター大統領はエドワード・ケネディ上院議員の猛追を受けた。
64 Nelson W. Polsby and Aaron Wildavsky, *Presidential Elections* (New York: The Free Press, 1968), p. 230.
65 Cohen, Karol, Noel, and Zaller, *The Party Decides*, pp. 175–79.
66 Hadley, *The Invisible Primary*.
67 Ibid., p. xiii.

第３章　共和党による規範の放棄

1 本書における「アウトサイダー」とは、それまで（選挙で選ばれる）公職や内閣の閣僚を務めたことのない候補者を指す。私たち著者は、予備選に出たことのある候補、および党大会で俎上に載せられたことのあるすべての候補について調べた。これらのデータの収集については、フェルナンド・ビザーロの協力に感謝したい。
2 この理由の詳細については以下を参照：Cohen, Karol, Noel, and Zaller, *The Party Decides*.
3 James Ceaser, Andrew Busch, and John Pitney Jr., *Defying the Odds: The 2016 Elections and American Politics* (Lanham: Rowman & Littlefield, 2017), p. 69.
4 Nate Silver, “Dear Media, Stop Freaking Out About Donald Trump’s Polls,” *FiveThirtyEight*, November 23, 2015, http://fivethirtyeight.com/features/dear-media-stop-freaking-out-about-donald-trumps-polls/.
5 Marty Cohen, David Karol, Hans Noel, and John Zaller, “Party Versus Faction in the Reformed Presidential Nominating System, *PS* 49, no. 4 (October 2016), pp. 704–5; Theda Skocpol and Alexander Hertel-Fernandez, “The Koch Network and Republican Party Extremism,” *Perspectives on Politics* 14, no. 3 (2016), pp. 681–99.
6 Ibid., p. 705.
7 Ibid., pp. 703–4.
8 David Frum, “The Great Republican Revolt,” *The Atlantic*, January/February, 2015.
9 参照：Matthew Levendusky, *How Partisan Media Polarize America* (Chicago: University of Chicago Press, 2013); Cass R. Sunstein, *#Republic: Divided Democracy in the Age of Social Media* (Princeton, NJ: Princeton University Press, 2017).
10 参照：John Sides, Michael Tesler, and Lynn Vavreck, *Identity Crisis: The 2016 Presidential Campaign and the Battle for the Meaning of America* (Princeton, NJ: Princeton University Press, 2018).
11 “The Endorsement Primary,” *FiveThirtyEight*, June 7, 2016, https://projects.fivethirtyeight.com/2016-endorsement-primary/.
12 Ibid.
13 Ibid.
14 共和党支持者のうちブライトバート・ニュースをおもなニュースの情報源として挙げた人の割

Press, 1979), p. 64.
29 Quoted in Robert Dahl, *How Democratic Is the American Constitution?,* Second Edition (New Haven, CT: Yale University Press, 2003), p. 76.〔邦訳：『ザ・フェデラリスト［新装版］』331、333 頁より引用〕
30 James W. Ceaser, *Reforming the Reforms: A Critical Analysis of the Presidential Selection Process* (Cambridge, MA: Ballinger Publishing Company, 1982), pp. 84–87.
31 Ibid., pp. 19–21.
32 Ibid., p. 23.
33 Ibid., p. 27.
34 たとえば、以下を参照：Nelson W. Polsby, *Consequences of Party Reform* (New York: Oxford University Press, 1983), pp. 169–70.
35 上院議事規則議員運営委員会でのオースティン・ラニーの証言（1980 年 9 月 10 日）。Quoted in Ceaser, *Reforming the Reforms*, p. 96.
36 Lipset and Raab, *The Politics of Unreason*, p. 111.
37 ヘンリー・フォードとナチス政権の関係についての詳細は以下を参照：Neil Baldwin, *Henry Ford and the Jews: The Mass Production of Hate* (New York: PublicAffairs, 2002).
38 参照：Reynold M. Wik, *Henry Ford and Grass-roots America* (Ann Arbor: University of Michigan Press, 1972).
39 Ibid., pp. 8–10, 42, 167.
40 Ibid., pp. 162, 172–73.
41 "Ford Leads in Presidential Free-for-All," *Collier's*, May 26, 1923, p. 7; "Politics in Chaos as Ford Vote Grows," *Collier's*, June 23, 1923, p. 8.
42 "Ford First in Final Returns," *Collier's*, July 14, 1923, p. 5.
43 Edward Lowry, "Dark Horses and Dim Hopes," *Collier's*, November 10, 1923, p. 12.
44 Quoted in Wik, *Henry Ford and Grass-roots America*, p. 162.
45 "If I Were President," *Collier's*, August 4, 1923, p. 29.
46 Brinkley, *Voices of Protest*, pp. 75–77; Hair, *The Kingfish and His Realm*, pp. 268–69; White, *Kingfish*, p. 191.
47 Snyder, "Huey Long and the Presidential Election of 1936," pp. 131–33.
48 Carlson, *George C. Wallace and the Politics of Powerlessness*, pp. 33–36.
49 Lipset and Raab, *The Politics of Unreason*, p. 21.
50 Lesher, *George Wallace*, pp. 387–88; Carlson, *George C. Wallace and the Politics of Powerlessness*, p. 71.
51 Lynne Olson, *Those Angry Days: Roosevelt, Lindbergh, and America's Fight over World War II, 1939–1941* (New York: Random House, 2014), pp. 18–20, 72.
52 A. Scott Berg, *Lindbergh* (New York: G. P. Putnam's Sons, 1998), p. 410.〔邦訳：A・スコット・バーグ『リンドバーグ　空から来た男〈上・下〉』広瀬順弘訳、角川文庫、2002 年〕
53 Olson, *Those Angry Days*, p. 442.
54 Berg, *Lindbergh*, p. 398.
55 Quoted in Norman Mailer, *Miami and the Siege of Chicago* (New York: Random House, 1968), p. 7.
56 Marty Cohen, David Karol, Hans Noel, and John Zaller, *The Party Decides: Presidential Nominations Before and After Reform* (Chicago: University of Chicago Press, 2008), p. 1.
57 "A Look Back at the 1968 Democratic Convention," https://www.youtube.com/watch? v=aUKzSsVmnpY (2017 年 5 月 11 日にアクセス).
58 Democratic National Committee, *Mandate for Reform* (Washington, DC, Democratic National

York: Vintage Books, 1983), p. 119.

4 Ibid., pp. 83, 175–77.

5 Ibid., p. 119. 1938年に行なわれたギャラップ社の世論調査では、27パーセントのアメリカ人がカフリン司祭を支持し、32パーセントが不支持を表明した。(Lipset and Raab, *The Politics of Unreason*, pp. 171–73).

6 Arthur M. Schlesinger Jr., *The Age of Roosevelt: The Politics of Upheaval, 1935–1936* (New York: Houghton Mifflin, [1960] 2003), pp. viii, 68.〔邦訳：アーサー・M・シュレジンガー『ローズヴェルトの時代 Ⅲ 大変動期の政治』中屋健一訳、ぺりかん社、1966年〕

7 Richard D. White Jr., *Kingfish: The Reign of Huey P. Long* (New York: Random House, 2006), pp. 45, 99, 171; Brinkley, *Voices of Protest*, p. 69.

8 Schlesinger, *The Age of Roosevelt*, p. 62; White, *Kingfish*, pp. 248–53; William Ivy Hair, *The Kingfish and His Realm: The Life and Times of Huey P. Long* (Baton Rouge: Louisiana State University Press, 1991), pp. 276–80.

9 White, *Kingfish*, p. 45.

10 Quoted in ibid., p. 253.

11 Ibid., p. 352.

12 Ibid., p. 198.

13 Robert E. Snyder, "Huey Long and the Presidential Election of 1936," *Louisiana History* 16, no. 2 (Spring 1975), p. 123; White, *Kingfish*, p. 198.

14 Brinkley, *Voices of Protest*, p. 81; Hair, *The Kingfish and His Realm*, pp. 306–7.

15 Snyder, "Huey Long and the Presidential Election of 1936," p. 128.

16 Lipset and Raab, *The Politics of Unreason*, pp. 209, 224.

17 Ibid., p. 21.

18 Ibid., p. 237.

19 Arthur T. Hadley, *The Invisible Primary* (Englewood Cliffs, NJ: Prentice Hall, 1976), p. 238; Jody Carlson, *George C. Wallace and the Politics of Powerlessness: The Wallace Campaigns for the Presidency, 1964–1976* (New Brunswick, NJ: Transaction Books, 1981), p. 6.

20 Lipset and Raab, *The Politics of Unreason*, pp. 355–56.

21 Dan T. Carter, *The Politics of Rage: George Wallace, the Origins of the New Conservatism, and the Transformation of American Politics*, Second Edition (Baton Rouge: Louisiana State University Press, 2000), pp. 344–52; Stephan Lesher, *George Wallace: American Populist* (Reading, MA: Addison-Wesley, 1994), pp. 276–78; Lipset and Raab, *The Politics of Unreason*, pp. 345–57.

22 Lipset and Raab, *The Politics of Unreason*, p. 21.

23 Carlson, *George C. Wallace and the Politics of Powerlessness*, p. 149.

24 1920年の共和党全国大会に関する説明は、以下のふたつの文献にもとづく：Francis Russell, *The Shadow of Blooming Grove: Warren G. Harding in His Times* (New York: McGraw-Hill, 1968), pp. 379–81; John Morello, *Selling the President, 1920: Albert D. Lasker, Advertising, and the Election of Warren G. Harding* (Westport, CT: Praeger, 2001), pp. 41–43.

25 Russell, *The Shadow of Blooming Grove*, p. 376.

26 参照：David Samuels and Matthew Shugart, *Presidents, Parties, and Prime Ministers: How the Separation of Powers Affects Party Organization and Behavior* (New York: Cambridge University Press, 2010).

27 Alexander Hamilton, *Federalist* 1.〔邦訳：A・ハミルトン、J・ジェイ、J・マディソン『ザ・フェデラリスト［新装版］』(齋藤眞・武則忠見訳、福村出版、1998年) 5頁より引用〕

28 James W. Ceaser, *Presidential Selection: Theory and Development* (Princeton, NJ: Princeton University

15 Quoted in Larry Eugene Jones, " 'The Greatest Stupidity of My Life': Alfred Hugenberg and the Formation of the Hitler Cabinet, January 1933," *Journal of Contemporary History* 27, no. 1 (1992), pp. 63–87.

16 Latinobarómetro, http://www.latinobarometro.org/latOnline.jsp (2017年3月16日にアクセス).

17 Juan J. Linz, *The Breakdown of Democratic Regimes: Crisis, Breakdown, and Reequilibration* (Baltimore: Johns Hopkins University Press, 1978), pp. 29–30.〔邦訳：J・リンス『民主体制の崩壊　危機・崩壊・均衡回復』(内山秀夫訳、岩波書店、1982年)、70~71頁〕

18 参照：ibid., pp. 27–38.

19 Steven Levitsky and James Loxton, "Populism and Competitive Authoritarianism in the Andes," *Democratization* 20, no. 1 (2013), pp. 107–36.

20 Nancy Bermeo, *Ordinary People in Extraordinary Times: The Citizenry and the Breakdown of Democracy* (Princeton, NJ: Princeton University Press, 2003), p. 238.

21 Ziblatt, *Conservative Parties and the Birth of Democracy*, p. 344.

22 Ibid.

23 Linz, *The Breakdown of Democratic Regimes*, pp. 32–33.

24 Ibid., p. 37.

25 Giovanni Capoccia, *Defending Democracy: Reactions to Extremism in Interwar Europe* (Baltimore: Johns Hopkins University Press, 2005), p. 121.

26 Ibid., p. 120.

27 Ibid., p. 121.

28 Ibid., pp. 122–23.

29 Ibid., p. 121.

30 Risto Alapuro and Erik Allardt, "The Lapua Movement: The Threat of Rightist Takeover in Finland, 1930–32," in *The Breakdown of Democratic Regimes: Europe*, eds. Juan J. Linz and Alfred Stepan (Baltimore: Johns Hopkins University Press, 1978), p. 130.

31 Ibid.

32 Bermeo, *Ordinary People in Extraordinary Times*, p. 240; Alapuro and Allardt, "The Lapua Movement," pp. 130–31.

33 Alapuro and Allardt, "The Lapua Movement," pp. 130–31.

34 Bermeo, *Ordinary People in Extraordinary Times*, p. 240.

35 Alapuro and Allardt, "The Lapua Movement," p. 130.

36 Ibid., p. 133.

37 Bermeo, *Ordinary People in Extraordinary Times*, p. 240.

38 Ibid., p. 241.

39 Ibid., pp. 239–41.

40 "Bürgerlicher Aufruf für Van der Bellen (Citizens Appeal to Van der Bellen)," *Die Presse*, May 14, 2016, http://diepresse.com/home/innenpolitik/bpwahl/4988743/Buergerlicher-Aufruf-fuer-Van-der-Bellen.

41 著者によるインタビュー (2017年3月16日)

第2章　アメリカの民主主義を護る門番

1 Seymour Martin Lipset and Earl Raab, *The Politics of Unreason: Right-Wing Extremism in America, 1790–1970* (New York: Harper & Row, 1970), p. 152.

2 Ibid., pp. 170–71.

3 Quoted in Alan Brinkley, *Voices of Protest: Huey Long, Father Coughlin & the Great Depression* (New

原　注

はじめに

1 憲法学者のアジズ・ハックとトム・ギンズバーグはこのような形態の民主主義の崩壊を「憲法の退行」(constitutional regression) と呼んだ。以下を参照：Aziz Huq and Tom Ginsburg, “How to Lose a Constitutional Democracy,” *UCLA Law Review* 65 (2017). 以下も参照：Ellen Lust and David Waldner, *Unwelcome Change: Understanding, Evaluating, and Extending Theories of Democratic Backsliding* (Washington, DC: U.S. Agency for International Development, 2015).

2 Bart Jones, *¡Hugo!: The Hugo Chávez Story from Mud Hut to Perpetual Revolution* (Hanover, NH: Steerforth Press, 2007), p. 225.

3 Steven Levitsky and Lucan A. Way, *Competitive Authoritarianism: Hybrid Regimes After the Cold War* (New York: Cambridge University Press, 2010). 以下も参照：Scott Mainwaring and Aníbal Pérez-Liñán, *Democracies and Dictatorships in Latin America: Emergence, Survival, and Fall* (New York: Cambridge University Press, 2013).

4 Huq and Ginsburg, “How to Lose a Constitutional Democracy,” p. 36.

5 Latinobarómetro, http://www.latinobarometro.org/latOnline.jsp (Question: Democracy -> Scale [country] is democratic). 2017 年 3 月 16 日にアクセス。

6 Robert Mickey, Steven Levitsky, and Lucan Ahmad Way, “Is America Still Safe for Democracy?,” *Foreign Affairs*, May/June 2017, pp. 20–29.

第 1 章　致命的な同盟

1 Simonetta Falasca-Zamponi, *Fascist Spectacle: The Aesthetics of Power in Mussolini's Italy* (Berkeley: University of California Press, 1997), p. 1.

2 Robert Paxton, *The Anatomy of Fascism* (New York: Vintage, 2004), p. 90.〔邦訳：ロバート・パクストン『ファシズムの解剖学』瀬戸岡紘訳、桜井書店、2009 年〕

3 Falasca-Zamponi, *Fascist Spectacle*, p. 2.

4 Ibid.

5 Quoted in Richard Evans, *The Coming of the Third Reich* (New York: Penguin, 2003), p. 308.

6 Hermann Beck, *The Fateful Alliance: German Conservatives and Nazis in 1933: The Machtergreifung in a New Light* (New York: Berghahn Books, 2011). 以下も参照：Daniel Ziblatt, *Conservative Parties and the Birth of Democracy* (Cambridge: Cambridge University Press, 2017).

7 Alexander De Grand, *The Hunchback's Tailor: Giovanni Giolitti and Liberal Italy from the Challenge of Mass Politics to the Rise of Fascism, 1882–1922* (Westport, CT: Praeger, 2001), pp. 241–42.

8 Cristina Marcano and Alberto Barrera Tyszka, *Hugo Chávez* (New York: Random House, 2004), p. 304.〔邦訳：クリスティーナ・マルカーノ、アルベルト・バレーラ・ティスカ『大統領チャベス』神尾賢二訳、緑風出版、2009 年〕

9 参照：José E. Molina, “The Unraveling of Venezuela's Party System,” in *The Unraveling of Representative Democracy in Venezuela*, eds. Jennifer L. McCoy and David J. Myers (Baltimore: Johns Hopkins University Press, 2004), p. 162.

10 Jones, *¡Hugo!*, p. 186.

11 Ibid., p. 189.

12 Marcano and Barrera Tyszka, *Hugo Chávez*, p. 107.

13 Jones, *¡Hugo!*, p. 226.

14 Quoted in Marcano and Barrera Tyszka, *Hugo Chávez*, p. 107.

スティーブン・レビツキー　Steven Levitsky
ダニエル・ジブラット　Daniel Ziblatt
ともに米ハーバード大学教授。レビツキーはラテンアメリカと世界の発展途上国を研究対象とし、著書に“Competitive Authoritarianism”（共著）などがある。ジブラットは 19 世紀から現在までのヨーロッパを研究し、著書に“Conservative Parties and the Birth of Democracy”などがある。二人ともニューヨークタイムズ紙やウェブメディア Vox などへの寄稿多数。

【訳者】濱野大道　はまの・ひろみち
翻訳家。ロンドン大学・東洋アフリカ学院（SOAS）タイ語および韓国語学科卒業。同大学院タイ文学専攻修了。訳書に『津波の霊たち』（リチャード・ロイド・パリー著、早川書房）、共訳書に『暴露』（グレン・グリーンウォルド著）、『プーチンの世界』（フィオナ・ヒル、クリフォード・G・ガディ著、ともに新潮社）などがある。

【解説】池上 彰　いけがみ・あきら
ジャーナリスト、名城大学教授、東京工業大学特命教授。慶應義塾大学経済学部卒業後、NHK 入局。記者やキャスターを経て、2005 年からフリーに。著書多数。

民主主義《みんしゅしゅぎ》の死《し》に方《かた》
二極化《にきょくか》する政治《せいじ》が招《まね》く独裁《どくさい》への道《みち》

著者　スティーブン・レビツキー
　　　ダニエル・ジブラット
訳者　濱野大道《はまのひろみち》

発行　2018. 9 .25
7 刷　2021. 2 .10

発行者　佐藤隆信
発行所　株式会社新潮社
〒 162-8711 東京都新宿区矢来町 71
電話　編集部　03-3266-5611
　　　読者係　03-3266-5111
http://www.shinchosha.co.jp
印刷所　株式会社光邦
製本所　大口製本印刷株式会社
乱丁・落丁本は、ご面倒ですが小社読者係宛お送り下さい。送料小社負担にてお取替えいたします。価格はカバーに表示してあります。

ISBN978-4-10-507061-8 C0031